四條男爵家関係文書

尚友倶楽部・華族史料研究会 編

四條家三代

四條隆謌

四條隆平

四條隆英

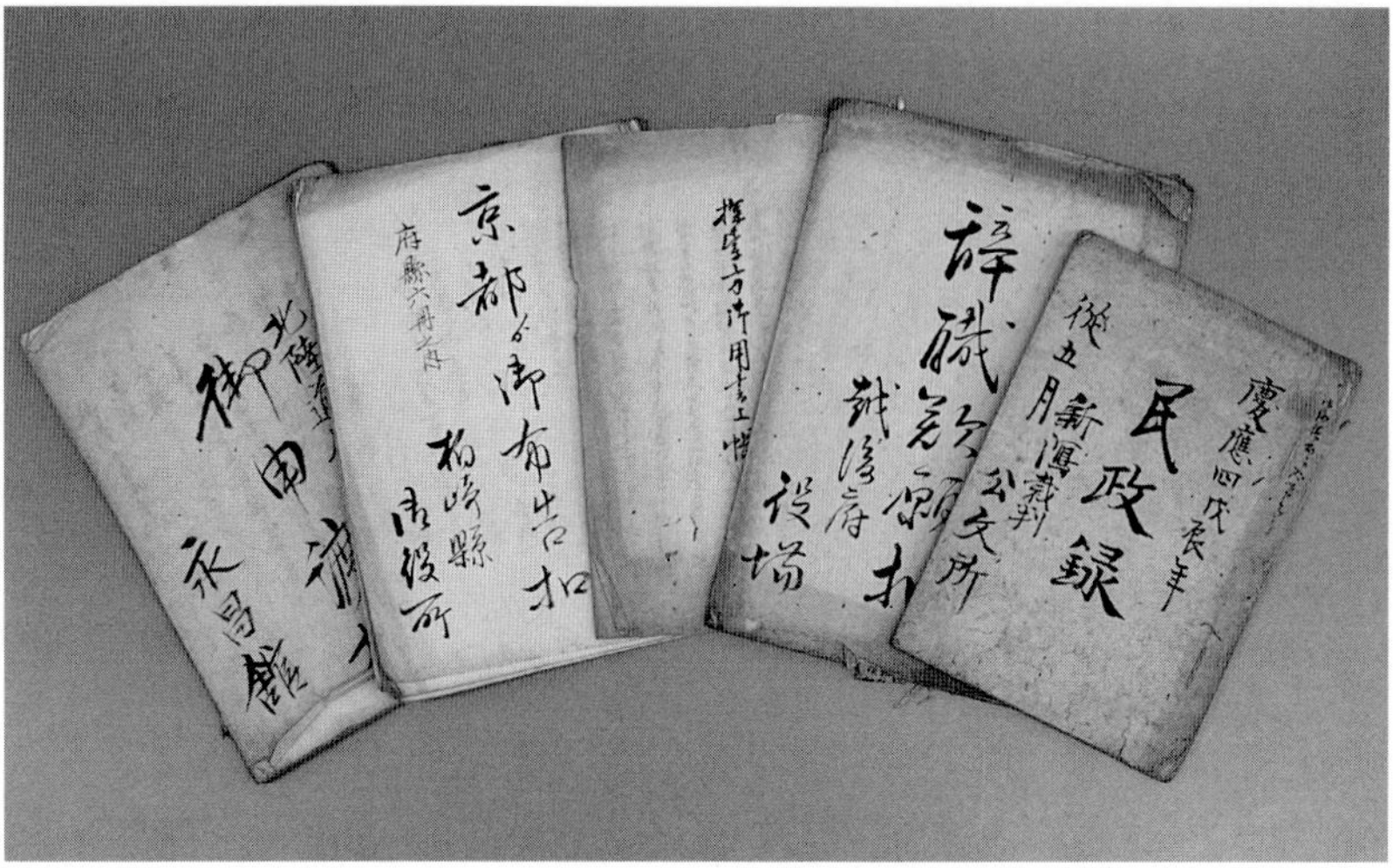

「Ⅰ　四條隆平と戊辰戦争」収録文書（一部）

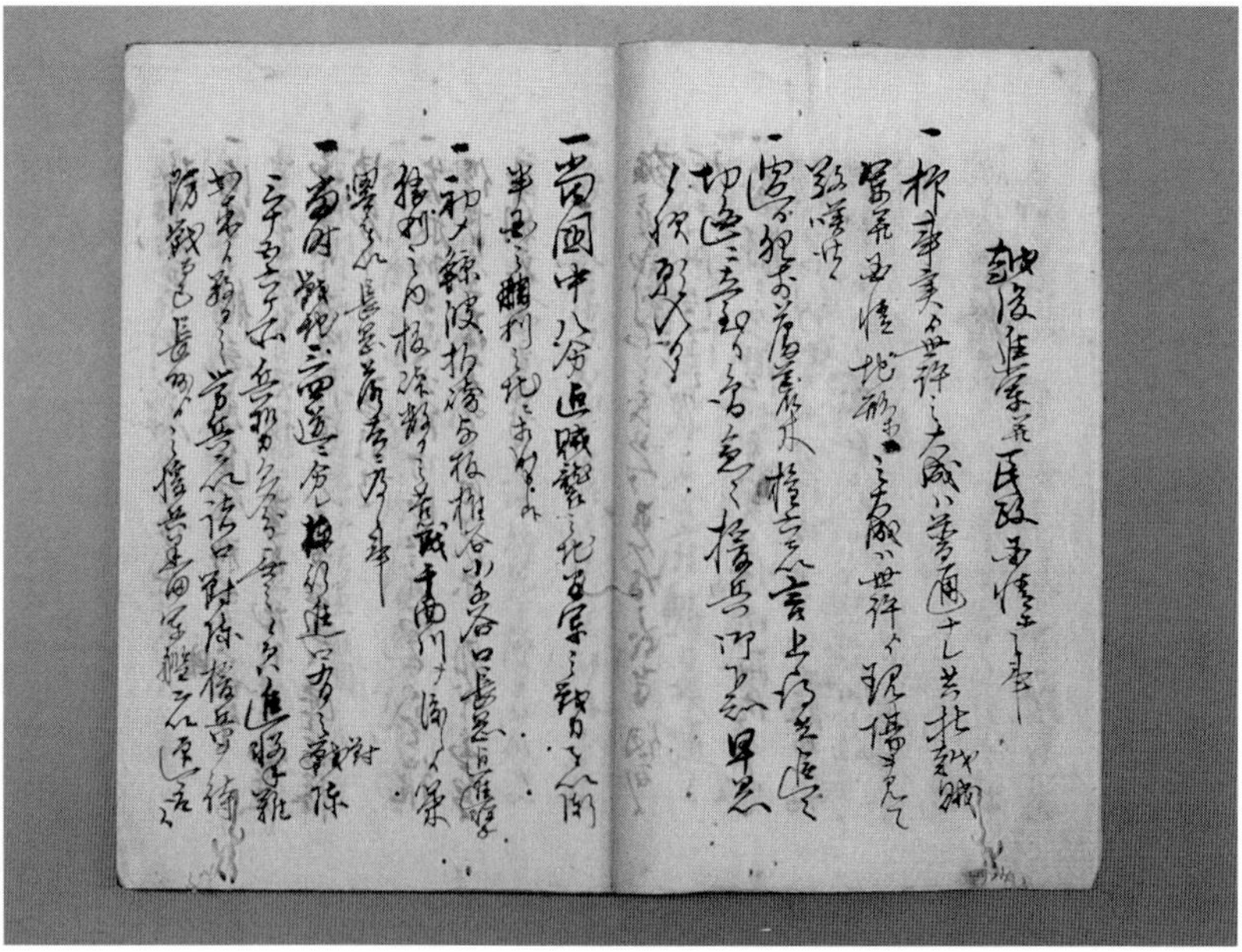

Ⅰ－2「御用諸方書状往復留」の「越後進軍並民政国情等之事」

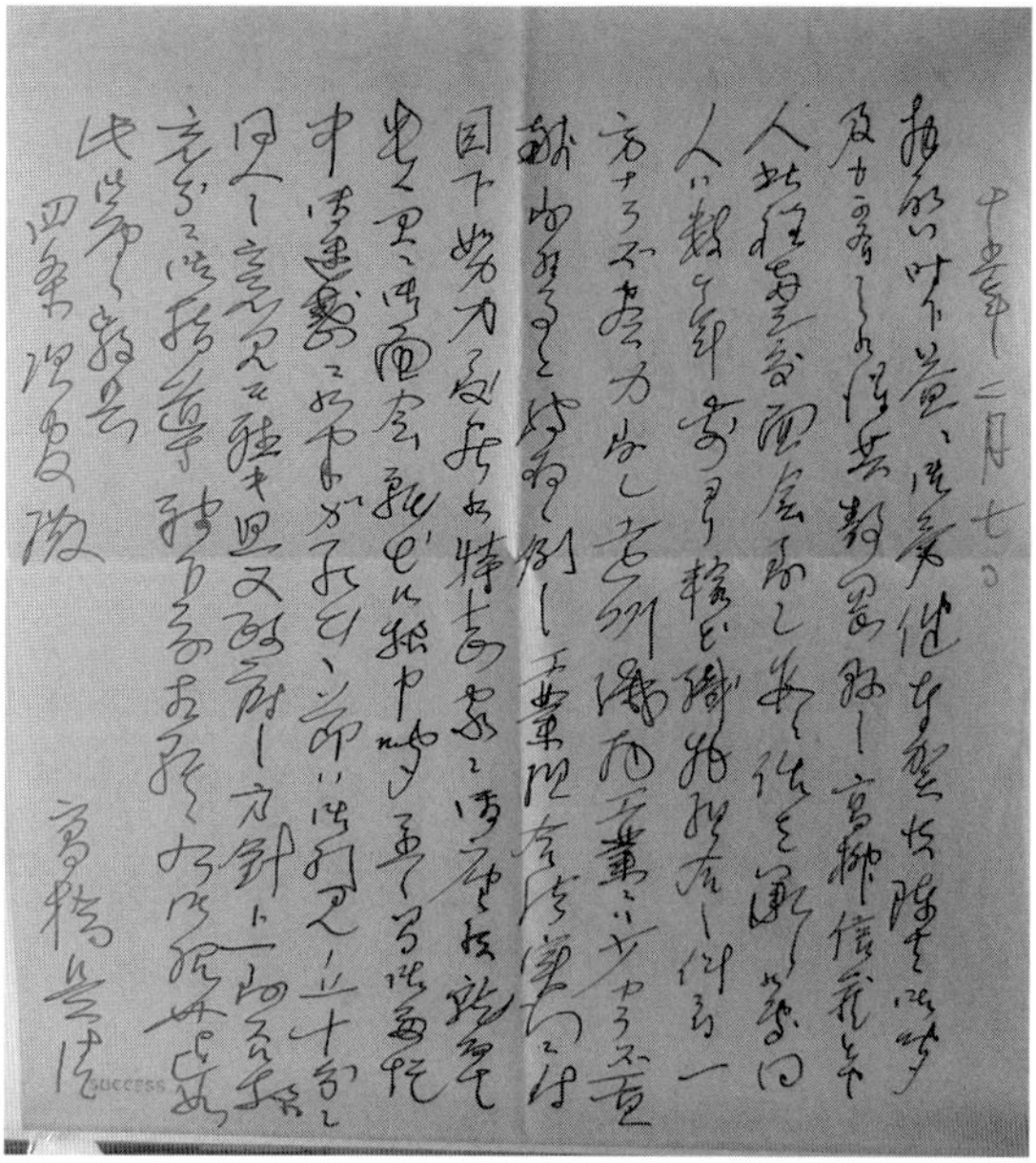

四條隆英宛 高橋是清書簡
大正15年２月７日

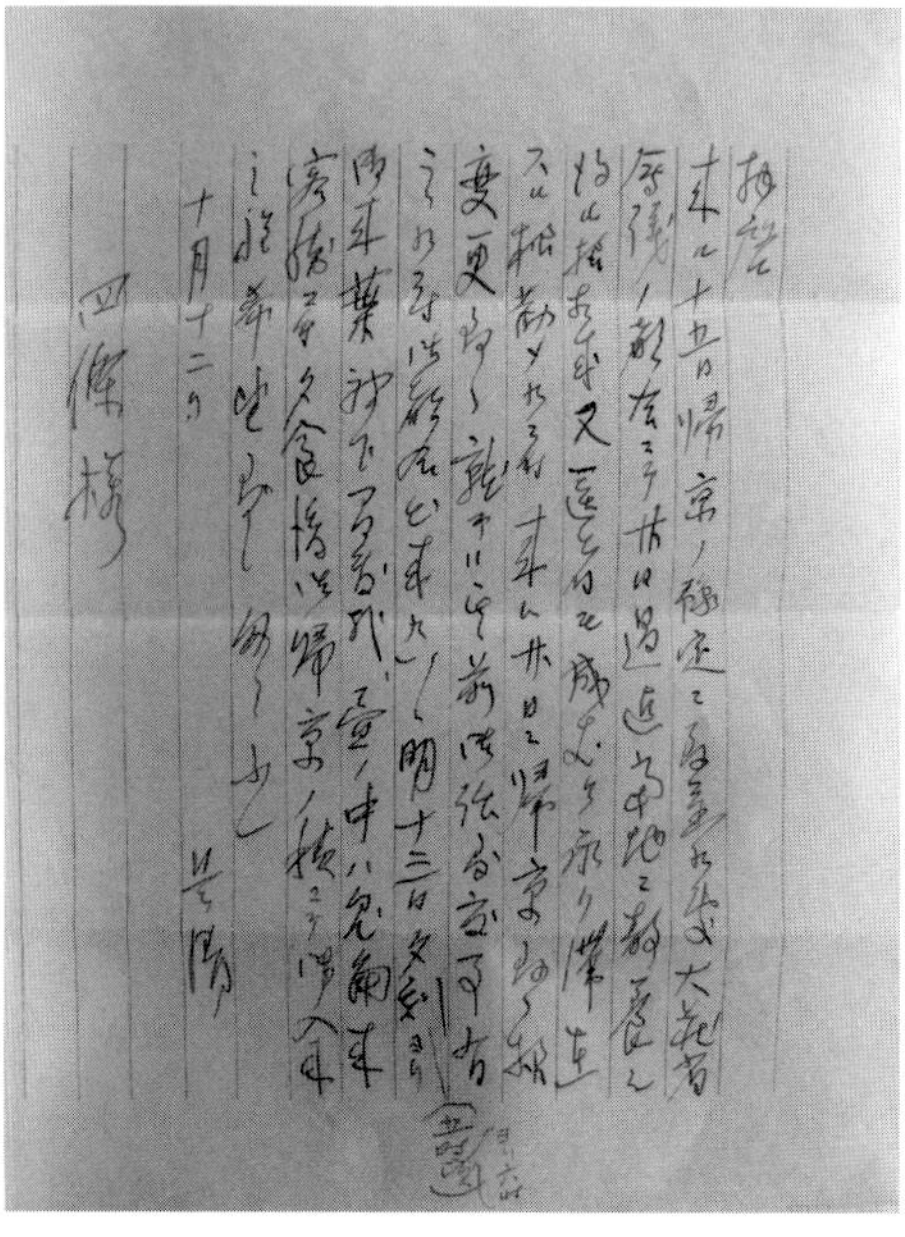

四條隆英宛 高橋是清書簡
（昭和７）年10月12日

四條隆英（左）と松平恒雄（右）
学生の頃

四條隆英　岡田啓介内閣の閣僚らと帝国ホテルにて

刊行のことば

この度尚友叢書17として『四條男爵家関係文書』を刊行する運びとなった。当史料は四條男爵家が長く保管されていたものであるが、若い研究者へ当主四條隆元氏が快く提供されたものを基盤としている。

今回翻刻した史料は、四條隆平、隆英二代にわたる史料で、四條隆平の史料は幕末から戊辰戦争、初期新潟県政、元老院に関わる貴重な内容を含んでいる。また隆英の史料は、大正初期から昭和初期にかけて農商務省官吏や、商工次官、貴族院議員としての華族の活躍が記されている。史料は幕末から昭和期にわたっており、近代における公家華族の果たした役割を伺うことの出来る貴重な内容であり、これまでの尚友叢書同様、日本近現代政治史研究に大きく寄与することとなろう。

尚、本史料を調査、分析し、研究基盤とした論考六編を本書の別巻・論文集『四條男爵家の維新と近代』として、平成二四年末に刊行した。本書をより深く理解していただくよう、併読を願う次第である。

史料を提供し、翻刻刊行を快諾された四條家当主・故四條隆元氏、史料の提供に力を貸され若い研究者を温かく見守られた尚友倶楽部会員・故大村泰敏氏、光子夫人（四條隆英氏四女）、若い力を結集して翻刻校訂、論文執筆を進められた「華族史料研究会」の阿部幸子、荒川将、今津敏晃、神谷久覚、久保正明、清水唯一朗、清水善仁、土田宏成、内藤一成、水野京子の諸氏、並びに論文執筆でご協力くださった西村慎太郎氏（人間文化研究機構国文学研究資料館准教授）、刑部芳則氏（日本大学商学部助教）、以上の方々に心より感謝申し上げる。

平成二五年四月

一般社団法人　尚友倶楽部

理事長　醍醐　忠久

目次

凡例

一　本書は四條家所蔵「四條男爵家関係文書」を四條隆平・隆英とに大別の上、翻刻、編纂したものである。

二　表記法は、書簡は原文通り、書類は漢字・片仮名を原則とし、仮名遣いは原文のままとした。変体仮名は者＝は、江＝え、についてはそのままとし、その他は片仮名に改めた。漢字は人名表記の四條を除いて、原則として常用漢字を用いた。

三　明らかな誤字・脱字は〔　〕に入れて右脇に示した。誤用・慣用が通用しているものについては、傍註を付さなかった場合がある。

四　翻刻に際し、本文の括弧は（　）で統一した。編者による註記は〔　〕とし、本文内、あるいは右脇に示した。

五　闕字・平出についてはこれを無視した。

六　句読点および中黒は適宜付した。

七　破損、汚損等により判読困難な箇所は□で示した。

八　書簡は発信人別、五十音順に配列した。同一発信人の書簡の配列は年月日順とし、不明のものは末尾に配列した。紀年法は日本年号を用いた。推定年代には（　）を付した。

九　史料の表題は、原題があるものはこれを尊重したが、無いものについては内容を斟酌の上、編者により適宜付し、史料末尾に註記をした。

一〇　史料のうち錯簡がみられるものについては正しい配列に改めた。

一一　一部に付箋の貼り付けられた史料があるが、これは当該史料の末尾に〔付箋〕と掲げ、本文を記した。

一二　個々の史料に関する情報、註記が必要な場合には、各史料の末尾に掲げた。

四條男爵家　関係文書

I　四條隆平と戊辰戦争

1　民政録

〔表紙〕

慶応四戊辰年

民政録

新潟裁判公文所

従五月

〔表紙端書〕

御沙汰書江入可申事

右印鑑京師ヨリ到来也

大政御一新、万機御親裁、千載之御一時ニ付、被為対御先霊、御至孝之実蹟相立、蒼生之艱苦ヲ被為救度、深ク被為遊宸憂候処、逆徒等様々之造言ヲ流布シ、愚民ヲ誑惑シ、姦徒ヲ誘ヒ、天子之御保全可被為遊王土ヲ掠メ、王民ヲ苦シメ、現ニ攘奪窃取至ラサル所ナシ。然ルニ只目前之偸安ヲ事トシ、往々逆徒之鼻息ヲ窺ヒ、臣子之大義ヲ忘失シ、進止曖昧両端ヲ持候藩モ有之歟ニ相聞、御遺憾ニ被思召候。他日御吟味之上、可被仰出旨モ可有之候ニ付、此段改テ為心得御沙汰候事。

閏四月

陸軍編制

一、高一万石ニ付

兵員十人　当分之内三人
但、京畿ニ常備九門及畿内要衝之箇所、其兵ヲ以テ警衛可被仰付候間、追テ御沙汰可有之候事。
一、高一万石ニ付
兵員五十人　但、在所ニ可備置事。
一、高一万石ニ付
金三百両
但、年分三度ニ上納、兵員ノ給料ニ充ツ。
右之通皇国一体物高ニ割付、陸軍編制被為立候条仰出候間、此旨申達候事。
但、勤方心得等仔細之儀ハ、軍防事務局へ可伺出事。
閏四月

柳沢甲斐守　凡　百人
藤堂和泉守　凡　百五十人
徳川元千代　凡　二百五十人
井伊掃部頭　凡　百三十人
戸田采女正　凡　八十人
酒井若狭守　凡　八十人
松平越前守　凡　百五十人
青山左京大夫　凡　五十人
松平図書頭　凡　五十人
本庄伯耆守　凡　五十人
紀伊中納言　凡　二百五十人
大河内刑部大輔　凡　五十人
前田宰相　凡　二百五十人
右大坂迄、但蔵屋敷江相渡
池田因幡守　凡　百五十人
松平出羽守　凡　百五十人
亀井隠岐守　凡　三十人
池田備前守　凡　百五十人
浅野安芸守　凡　百五十人
右尾之道迄
松平三河守　凡　八十人
阿部主計頭　凡　八十人

右鞆津迄
蜂須賀阿波守　凡　百三十人
松平讃岐守　凡　百人
右丸亀迄
伊達遠江守　凡　八十人
山内土佐守　凡　百三十人
右三ッ浜迄
中川修理大夫　凡　五十人
内藤備後守　凡　五十人
右鶴崎迄
毛利大膳大夫　凡　百五十人
右下之関迄
奥平大膳大夫　凡　八十人
右中津迄
小笠原豊千代丸　凡　五十人
右小倉迄
黒田美濃守　凡　百五十人
右博多迄
有馬中務大輔　凡　百三十人
立花飛驒守　凡　八十人
右君津迄
嶋津修理大夫　凡　二百五十人
右鹿児島迄
細川越中守　凡　百五十人
右高橋迄
〆三十四家　人数凡四千百人

切支丹宗之儀、年来元幕府ニ於テモ、固ク制止候得共、旧染余燼絶切不申、近来長崎近傍浦上村之住民、窃ニ其教ヲ信仰之者、追々蔓延イタシ候ニ付、今般広ク御評議被為在候上、格別之御仁旨ヲ以、御処置御決定被遊候。依之別紙之通御預被仰付候事。

一、右宗門元来御国禁不容易事ニ付、御預之上ハ人事ヲ尽シ、懇切ニ教諭イタシ、良民ニ立戻リ候様、厚可取扱候。若シ悔悟不仕者ハ、不得止可被処厳刑候間、此趣相心得、改心之目途不相立者ハ、可届出事。

一、改心之廉相立候迄ハ、領民トハ屹度絶交之事。
一、開発地土工、金工或ハ石炭掘其外夫役等勝手ニ可召使事。
一、山村ニ住居可為致候事。
一、当日ヨリ先ツ三ヶ年之間、一人ニ付一人扶持ツ、其藩々へ被申候事。
　但、長崎表ヨリ追々差送候間、支度次第早々到着所へ其藩々ヨリ人数差向受取可申事。

右之通被仰出候間、此段申達候事。

　閏四月

一、諸寺諸山住持職之儀是迄朝廷へ願出候向者勿論、其他旧幕府ニ於テ評状ヲ請来候諸寺ニ於テモ、向後大〔ママ〕政官代へ可願出候事。
一、諸末寺住職之儀者、本山ヨリ伺之上、本山ヨリ可申付候事。
一、諸宗本山者勿論末寺ニ至迄、其本山ニテ取調、宗門国郡寺号等巨細書付可指出候事。
一、公事、訴訟之儀者、其国裁判所へ可申出、大事件ニ至テハ総テ可願出候事。
一、従来藩々ニテ取扱来候分ハ、総テ是迄之通相心得、此節別段巨細書付差出ニ不及候事。
　但、是迄執奏家へ窺来候向者、先執奏家へ伺之上可任指揮之事。

右之通被仰出候ニ付、夫々可触示候。無本寺之向者、其国郡裁判所最寄之国之諸寺ヨリ可触示候。比丘尼寺ニ於テモ同断取計可申候事。

　但、執奏有之候寺院へ者、其執奏家ヨリ可触示候事。

　閏四月

王政御一新ニ付テ者、宮、公卿、諸侯並神社、寺院等領地高之儀、御改正可被仰付候間、是迄旧幕府ヨリ受封之判物、急々御用有之候間、内国事務局江差出候様被仰付候事。

　閏四月

皇政更始之折柄、富国之基礎被為建度、衆議ヲ尽シ一時之権法ヲ以テ、金札御製造被仰出、世上一同之困窮ヲ救助被遊度思食ニ付、当辰年ヨリ来辰年迄十三ヶ年之間皇国一円通用可有之候。御仕法ハ左之通相心得可申者也。

但、通用候銀之儀ハ、追テ可被仰出候事。

右之通被仰出候間、末々迄不洩様其向々ヨリ早々可相触候事。

辰閏四月　　太政官

一、金札御製造之上列藩石高ニ応シ、万石ニ付壱万両ツ、拝借被仰付候間、其筋へ可願出候事。

一、返納方之儀ハ、必其金札ヲ以テ毎年暮其金高ヨリ一割ツ、差出シ、来辰年迄十三ヶ年ニテ上納済切之事。

一、列藩拝借之金札ハ富国之基礎被為立度御趣意ヲ奉体認、是ヲ以テ産物等精々取建、其国益ヲ引起シ候様可致候。但其藩々役場ニ於テ、猥ニ遣ヒ込候儀ハ決テ不相成候事。

一、京摂及近郷之商売拝借願上度者ハ、金札役所へ可願出候。金高等ハ取扱候産物高ニ応シ御貸渡相成候事。

一、諸国裁判所始メ諸侯領地内農商之者共、拝借等申出候得ハ、其ハ身元厚薄之見込ヲ以テ、金高貸渡産業相立候様可致遣、尤返納之儀ハ、年々相当之元利為差出候事。

但シ、遊邑僻陬トイヘトモ、金札取扱向ハ京摂商売之振合ヲ以テ取計可致事。

一、拝借金高之内年割上納之札ハ、於会計局裁捨可申事。

但、正月ヨリ七月迄ニ拝借之分ハ、其暮一割上納、七月ヨリ十二月迄ニ拝借之分ハ、五分割上納可致事。

右之御趣意ヲ以テ、即今之不融通ヲ御補ヒ被為遊度御仁恤之思食ニ候間、心得違有之間敷候。尤金札ヲ以貸渡、金札ヲ以テ返納之御仕法ニ付、引替ハ一切無之候事。

四月

兼テ被仰出候通、二条城江被移玉座候。就テ者御造営並ニ是迄之官代御修覆〔ママ〕ニ付、自明廿一日当分之処、太政官代ヲ禁中へ被移候旨被仰出候事。

但、武家無関ヲ以テ弁事伝達所ニ相心得可申事。

閏四月廿日

親王、公卿、諸侯供廻之儀、侍六人、下部三人其以下ハ刀持二人、小者一人ヲ限トス。猶減少之儀可為勝手事。

但、兵隊警衛之儀不在此限。

閏四月

阿片、煙草之儀者、人之健康ヲ損シ、人命ヲ害シ候品ニ付御条約面ニ有之候通、外国人持渡之儀ハ厳禁ニ候。然ル所近頃外国人之内、阿片、煙草密ニ持渡候者有之趣ニ相聞、右煙草之儀者、前件生民之大害ニ相成候間、売買イタシ或ハ呑用ヒ候儀堅ク不相成候。若御法度相犯シ他ヨリ顕ルニ於テハ、厳重ニ咎可申付候間、心得違無之様末々之者迄可相守モノ也。

辰閏四月

右之通被仰出候事。

薩州
長州

今般新潟辺出張被仰付候処、途中越後柏崎辺松平越中領地之儀、既ニ桑名開城所領一統被召揚候事ニ付、右柏崎辺可為同様候条、彼地滞在越中家来共へ其旨申聞、一同桑名表引取謹慎罷在候様可相達候。右土地取締向之儀者、新潟裁判所之処措ニ可相任候。旁両藩申談不都合無之様可取計旨被仰出候事。

神宮上卿弁

賀茂下上社伝奏奉行
南曹弁
御祈奉行
以上被止候事
蔵人所
被廃候事
林和請間詰
被止候事
閏四月

当津切戸町
木挽渡世
山田屋太蔵事
源七
三十六七才
人相
一、中背、中肉、色黒
一、顔平面、鼻低ク
一、眼一ト通リ、眉毛濃ク
一、薄茶目衣、其外常袴
但、同人女房ヨセ、並倅安蔵召連候事。
右之者、外国人江手疵ヲ為負逃去候ニ付、見当次第早々可申出候。外国御交際之儀者、於朝廷重大之御事件ニ付、厳重ニ取調可尋出候。申出候モノニハ褒美金可遣候。万一心得違隠置候モノ於有之者、可為曲事候。此段早々可相触者也。
後四月十六日
兵庫裁判所
右之通兵庫、大坂裁判所へ触達ニ相成候条、其他御領、私領共固ク布告被仰付候間、其旨相心得召捕次第早々兵庫裁判所へ可申出者也。
閏四月
太政官
立花出雲守
右謹慎被仰付候事。

閏四月十九日

京極主膳正

右謹慎被仰付候事。

閏四月十七日

酒井若狭守

御預ヶ並謹慎被免候事。

五月

堀田相模守

上京之上〔ママ〕仕出被止置候処、今度被免候事。

五月

内藤備後守

松平右近将監

稲垣平右衛門

酒井右京大夫

稲葉備後守

小笠原佐渡守

松井周防守

京極主膳正

立花出雲守

大給縫殿頭

大給左衛門尉

謹慎被免候事。

五月

2　御用諸方書状往来留

〔表紙〕

慶応四辰六月ヨリ
八月十五日迄
御用諸方書状往来留
府県六冊之内　越後府役場

〔付札〕

四條家文書
越後府　□状往来留
役場　　壱

辰六月十五日、長藩日野原惣助・尾川弥一郎、大総督府並横浜督府等へ罷越候ニ付、御添書左之通リ。

抑当手賊軍強盛、官軍援兵モ無之折柄、奥羽江進撃沢三位随従兵隊之内ヨリ密使到着、彼地形勢切迫、其上弾薬・器械等困窮之旨ヲ以、当手へ合力申来候得共、於此元同様之仕合、依之長藩尾川弥一郎・日野原惣助等、横浜へ弾薬・器械等為買入罷越候間、可相願義モ御座候間、委細御聞取可給候。且又軍艦一艘秋田近海へ御廻シニ相成候様希入候。奥羽両国中之内佐竹家而已勤王、官軍ニ帰シ候由、猶委細者右両人ヨリ御聞取之上、可然御取計可給候様願入候迄如此候也。

六月十四日
隆―

十六日、弁事官下・軍務官上等ニ御書被進、左ニ抑北越之形勢是迄度々言上候得共、未援兵等不来、防戦切迫之折柄、全事情貫徹仕兼候哉ト令愚察候ニ付、猶又別冊之通申上候廉々、能々御賢察給候テ、速ニ御運御座候様希入候。

一、西園寺中納言・高倉三位等軍事専務ニ被致候ニ付、隆―鎮撫・民政ヲ専要ニ令指揮候。判事安井和介ヲ始属附之者、夫々為致出張居候得共難行届ニ付、別冊之通願入存候。陣場狭所ニ付隆平分陣仕候。且又御達物日誌等、多分ニ御差下シ可給候様希入候。

一、兼テ新潟裁判職被仰付置候処、此度政体拝見候処、府県被為建候趣ニ付、裁判所之義如何相心得候哉奉伺度候。宜御沙汰可被下候。

一、府県之印鑑製造方之儀ハ御沙汰モ候ハヽ、於官代御製造ニテ御渡シ被下候哉。此段為心得伺置度候。

先当用而已願入度迄如此候也。

六月十六日

別冊左ニ

越後進軍並民政国情等之事

一、抑事実ヨリ世評之大成ハ普通ナレ共、北越賊軍並国情・地形等之大成ハ世評ヨリ現場ヲ見テ敬嘆〔ママ〕仕候。

一、過日肥前藩荒木権六ヲ以言上候得共、追々切迫ニ立至リ候間、急々援兵御下知早急候様願入申候。

一、当国中八分迄賊襲之地、官軍之戦力ヲ以漸半国之勝利之地ニ相成申候。

一、初メ鯨波・柏崎・与板・椎谷・小千谷口・長岡迄進撃、勝利之内榎峠数日之苦戦、千曲川ヲ渡シ候策略ヲ以、長岡落去ニ及候事。

一、当時戦地三・四道ニ分レ行進口有之、対陣三十五六ヶ所兵勢多分無之候テハ進撃難出来候。数日之労兵ヲ以諸口対陣、援兵ヲ待防戦而已、長州ヨリ之援兵黒田軍艦ヲ以迎取候様申付置候。是又ニ今着不仕候事。

一、海軍モ艦無之故進軍難出来候。賊徒日々官軍之微〔透〕勢ヲ見誘シ、案内之地理ニ寄襲来、不案内之官軍、防御一入尽力罷在候。速ニ兵隊御差下シ被下候懇願仕候。

一、先般越前家ヘ出陣御沙汰ニ付、当手ヨリ令催促仕候処、存慮有之由ヲ以、未朝命ニ不応候事。則返書至来仕候。

一、榊原家藩力分外之出兵ニ御座候得共、越後十一藩

之内四藩勤王有之、其余賊軍ニ陥リ候。此儀ヲ以国情御賢察可給候。

一、越後漸半国計官軍ニ帰シ候得共、速ニ鎮定ニ不至候。全賊領之民、旧領主ヲ慕フ頑愚凝固之情倅有之故、動モスレハ王化ニ伏シ候良民モ賊之迷言ニ陥リ、所々ニ百姓一揆差起リ申候。

一、此形勢ニテ徒ニ援兵ヲ相待相過候時ハ、賊軍秋冬ニ至候ヲ相謀候事現然ニ御座候。今此機会ニ征討不仕候テハ後患多カルヘシ。

一、官軍勝利之賊地、速ニ民政施行仕鎮定専務ト存、隆―指揮仕候得共、国情到テ頑愚凝固之人心居合兼候。処々現地之民軍送之夫役差宛候事故、賃費之貨幣無際限候。イマタ半国之鎮定ニ不至、此末如何ト心配仕候。此元ニオヰテ尽力仕候得共、漸賊徒退去之地人心不穏形勢ニ出財申付候方向モ不相立候。今左様之義申立候ハヽ、忽人心及瓦解候故難申付候。

一、元賊領人心難居合ニ付、当年半税被下旨ヲ以差免候処、少シ安心之儀ニ相見へ、昨年之残米差出方申出候様ニ相成候。依之粮米之手当、且又難渋者等御救ニ被下方相立候。当国米之義相応有之候へ共、当時一万五六千人之兵粮米入用、是又日々之義故、新穀出来候共、右半税之廉モ有之候故、残米取立方少シ厳重之及吟味候ハヽ、最早残米隠シ置難渋申立候。実ニ頑愚凝固之国情困リ入候。全貨幣不足ヨリ日々人夫賃不払方多分有之ニ付、尚更六ヶ敷、兵粮料・夫賃等、一ヶ月ニ凡十万両ハ軍費相立申候。

一、官軍ニ属シ候賊地、民政施行仕候得共、前件之通国情、其上追々手広ニ相成、一ヶ所ニ付五・六万石或ハ十万石程之地所々ニ有之難行届、先般申上候ニ付、判事五・六人御差向被下候へ共、是又当人計ニテハ難被行、下司之者廿人計ツヽモ無之候テハ、夫々民政被行カタク候。迚モ越後国中ニハ出兵多且賊地之者等当用ニ遣ヒ候者無之候。跡々為取締兵隊刑法懸リニモ入用ニ付、別紙之通判事安井和介ヨリ申立候間、可然御取計可給候。右条々御熟覧之上、兵隊・貨幣其外懸リ役人等急速入用ニ付、御差向可給候。凡八・九十万石之地、新国御取建ト思召無之候テ者治リ不申候。迚モ其国之住人、米金等ハ宛行ニ相成不申候。其段御賢察可給候事。

六月十六日

六月十九日出、弁事官へ差立。然者権判事御差向被下候人体之内、加州関沢六左衛門、別紙之通辞表差出候。見聞之処、実ニ願書之通無相違、最早齢耳順ヲ過候痛身、其上言舌発輝ト不仕候。如何ニモ難勤候様相見候。此段柏崎へ出張中之処、為養生帰国之折柄ニ御座候。仍代リ人体御差向可給候様願入存候。

一、先達上京候片桐省介、江戸府判事被仰付候由、此人元越後育之仁ニテ国情モ委細候間、御差替候テ当府へ御下シ之義相叶間敷哉。此段願試候。且又当府随従罷在候肥前藩杉本行蔵、此者近日江戸へ差出シ候へ共、帰着之約ニ御座候。是又可然人体ニ御座候間、加勢ニテモ被仰付候義相成間敷哉。願試候。

一、越前兵近日出兵之由申来候得共日限不承候。薩長兵モ爾今着不仕候。近日ト相伺入候。

六月十九日

六月廿一日、肥前杉本行蔵江戸へ出立ニ付、添書御直書已下、

抑春来到江城迄貴藩御人数随従之段大幸存候。且江府滞陣中色々御懇志ニ御高位給リ不例忝存候。北越再進之節、貴藩荒木権六・杉本行造等懇願候仍、随従罷在候処、権六義高倉ヨリ下知ニ仍、頃日出京イタシ候処、行蔵義志願之趣有之ヲ以、其御許迄出府之義申立候ニ付差免候。於寄元当用之心組モ有之候間、御許ニテ志願輩下へ早速御貸渡可給候様希入候。尤行蔵申立候義モ難黙止筋有之間、可然御許容被成遣候様イタシ度、仍右得貴意度迄、如此候也。

六月廿日

隆――

肥前侍従殿

糸魚川藩へ借人申遣ス。

六月廿二日

然者当府付会計局・民政局等之下司人少ニテ、驚多之差支ニ相成候。仍京都へ申立置候得共、爾今御左右無之候。其外北陸藩々出兵ニテ何モ差支有之、仍テ申兼候得共、右人体廿人計暫時之処借用御頼申入度候。尤御都合三・四人数多少ニ不抱御承知可成候。急速ニ御差向ニ相成候様可申置之旨、御沙汰之条如此御座候。恐々謹言。

越後府執事

糸魚川藩重臣中

安井和助上京建言写、左ニ。

越後府

知府事

判府事　二人

権判府事　三人

一名　刑法官ヨリ

一名　会計官ヨリ

一名　軍務官ヨリ

右在府之事

権判府事

但、当時出張之面々、各県江一名ツヽ出役、勤之不足之分追テ可言上事。

長岡、三条、加茂、水原、新潟

外ニ磐船郡之内ニテ一ヶ所

越後柏崎県

一等

知県事

但シ、公卿・諸侯之内

判県事　五人

内

一名　刑法官

一名　会計官

一名　軍務官

奉存候。夫越後国其長サ九十里ニ過キ、広十七八里ニ下ラス、高山ニ背キ巨海ヲ前ニシ大河其中央ヲ貫流シ、蒲原郡ノ如キ沃野渺茫其間ニ基布之海浜ニ在テ、東南ヲ望メハ奥羽之諸山唯天際一点ノ翼黛ヲ為ス而已。又沿海商船輻湊之地相連リ、富庶豪華天下之共ニ知ル所ニシテ、国ノ大小ヲ以論スレ者、奥羽ニ譲リ候得共、租税之歳入ニ至テ者、恐ラクハ伯仲之間ニ可有之ト存候。故ニ其中俠客博徒極テ多ク、旧幕之吏元ヲ制スル事能者ス。国中諸侯之政治之妨害ヲ為ス事尤甚ク、固ヨリ風俗淳厚之諸国ト同視スヘカラス。彼等現ニ党ヲ集メ王師ニ抗衡ス、不日是ヲ授トイヘトモ恐クハ旧染醜俗速ニ難除ハ必然ト御座候。今官軍柏崎・長岡ヲ戡定シ、民政漸多端皇化ノ普ク及サルヲ恐ル、因テ窃ニ愚考仕候ニ越後国ヲ割テニトナシ頸城郡・魚沼・苅羽・三嶋之四郡ハ佳名ヲ撰ミ一国トナシ、柏崎ニ知県事ヲ置、川浦・小出嶋・小千谷・出雲崎ニ判県事在勤被仰付、知県事及判県事在勤之ヶ所ヲハ各兵隊ヲ備へ、不虞ヲ戒メ姦兇ヲ追捕シ、良民ヲ保護シテ其業ヲ安ス

右在県之事

一等

判県事　　　四人

川浦、出雲崎、小千谷、小出嶋

右県々ニ一名ツヽ、出役可相勤事。

兵隊

越後府　　　千人

県　　　　　六百人

右、府県ヨリ各県江分配之。

但、此兵隊至急ニ御仕出有之度事。

一、判事タル人ハ、何レモ租・刑法・民政等心得ルモノ、大凡其人体見込次第、附属トシテ召連可申事。

一、是迄出役之判事附属人出方之事ハ、旧藩江御沙汰願之事。

当国苅羽郡・魚沼郡等已ニ及鎮定候得共、残党之潜伏スル者往々愚民ヲ煽動シ、従テ制スレハ従テ起リ、恩威並用キニ非サレハ、長無後患之場合ニ立至リ難クト

ル事ヲ得セシメ、人心固結再動揺之憂ナク、皇恩ヲ感可仕候。又古志・蒲原・磐船之三郡ハ旧名ヲ致シ、府ヲ長岡ニ開キ、知府事之ニ居リ、新潟以下戡定ニ随ヒ、判府事ヲシテ之ニ居ラシメ、各府令ヲ擁シ、緩急相扱候ハ、可然ト奉存候、啻犄角進取ノ論ノミナラス、渡来之守備如斯ニテ遺憾有之間敷ト奉存候。勿論蒲原郡ハ猶賊之巣穴ニ御座候得共、予〔余〕ノ此規模ヲ御備置、天下之俊才ニ委任シ、各ヲシテ其政蹟ヲ揚シメハ、徳沢遠邇ニ偏ク、北越之平定立ロニ待ヘクト奉存候。越俎之罪甚奉恐入候得共、愚存之趣奉建言候。誠惶誠恐稽首謹言。

戊辰七月

安井和助

吉井幸助ヨリ書状写

各様御堅勝ニ御在陣被成御座奉賀候。長々御在陣御苦労奉存候。別紙早速柏崎へ御届ケ可申上候之処、何分先鋒難戦之模様ニ付、当地着陣之上御届可及賊ニテ着イタシ候処、其当日栃尾近辺功〔攻〕撃、翌朝賊徒襲来、旁混雑ニテ延引仕候。宜御執成之程御頼申上候。

一、柏崎へ追々兵隊ハ勿論、弾薬・塩増〔噌ヵ〕等積届賦ニ御座候間、誰々引続請取、且仕送リ方イタシ候様御取計被下度、左候テハ着船イタシ候ハヽ、早々先鋒本営へ為御知被成度、其御運宜御頼申上候。右両条御頼申上度如此御座候。已上。

七月五日　吉井幸輔

柏崎御本営各中様

判事南部彦助ヨリ差出候書付其儘会計官へ差送リ候写也。

奥羽追討越後江御進軍、兵食賄ヲ始臨時御入費莫太〔ママ〕ニ付、大凡見込ヲ以過日上京、委細及言上候処、中立候通リ追々御運輸相成、当今之処御差支無之、併当月越候テモ越後口御鎮定不相成候節者、是非共増御運輸無之テハ迚モ引足リ申間敷哉之処へ、今般宮様御船大軍御発向ニ付テハ、弥増莫太〔ママ〕之御軍費可相成ニ付、定テ夫々御差繰御運輸可有御座儀ト奉存候。然ル処当時会計方相勤候者左之通。

国枝岩太郎
松田祐次郎
居相良作
竹内三郎助
外ニ三人附属

右之通リニテ夫々手ヲ分ケ其口々江出張ニ相成会計管轄無之、何レモ今日ヲ追ヒ候ノミ相成、向後之見込等々手ヲ付兼、夫故何トナク可払筋之モノモ無拠申延ヘ、却テ民情ヲ失ヒ候様之義モ有之哉ニ候。何分有合之金子者徒ニ蓄積不致、速ニ夫々払渡シ候様申聞為取計候故、今日之処者人心之折合モ先宜義ト奉存候。自然会計方諸払暫時手ヲ留候ハヽ、忽チ民心払戻眼前ニ御座候。仍之越後全国之大体ニ目ヲ灌キ、御軍費之会計管轄ニ其手足之出納条理正シ、締方可取計人体別段御人選之上、急速御指下シ御座候様奉存候。委細之義ハ此度安井和助伺御用ニテ上京仕候間、御詰問被成下候ハヽ言上可仕候間、早々御評議御座候様此段奉申上候。以上。

七月

南部彦助

別紙之通、判事南部彦助ヨリ見込書差出申候。入御覧候。元来北陸道出発之節ヨリ南部已下随従為会計方仕来候処、自然ト彦助管轄イタシ候ニ付都合能、然ル処追テ鎮定隊入込、会計方金不足ニ付、先達上京為致候処判事被仰付候。以後国枝岩太郎始、夫々出張罷在候人少ニテ難行届、何分当地附属会計局ニ見込ヲ以、見切等之指引仕候人体無之候テハ不都合ニ付、右預取ニ可相成候人体、早々御差下シ被下候様奉願入候。

一、兼テ金札御製造ニ付布告申触置候処、窮民共拝借金願出候。且大洪水ニテ田畑流失等イタシ候救等ニモ入用ニ付、廿万両是非御下シ被下候様奉願置候間、是又急々御差下シ被下候様奉願度申上、如斯候也。

七月七日

会計官御中

安井上京ニ付伝達也。

抑先達ヨリ北越形勢度々言上仕候付、追々兵隊モ着到繰込ニ相成候。仁和寺宮・越前勢モ近ク参着等風聞仕候。民政之義地方広大ニ付、是又委細建言仕置候得共、未何之御沙汰モ不被為有之、迚モ遠路之処書取ニテハ実情貫徹不仕候間、此度判事安井和介上京為致候。同人ヨリ委細言上、夫々相伺候間、御下知被下度、此段訳テ奉懇願候。当国戦地窮民相救、且当年所々川筋大水ニテ田畑流失、堤切等之普請手当是迄者旧幕ヨリ仕来候分多有之、助成行届不申候間、兼テ願置候金札廿万両、是非御廻シ可給候様願入候。先当用如此候也。

七月七日

弁事官御中

六月十六日判事安井ヨリ言上、京都へ送候写。

今船〔般〕御総督当国江御再進被為在、官軍賊徒ヲ遂退ケ、戡定之地頗ル広ク御施行ニ相成候ニ付、良民者漸ク王化ニ帰シ候得共、元来僻遠之地、殊ニ賊徒久敷屯集罷在候故、兇徒猶所々ニ潜伏シ、隙ヲ伺ヒ愚民ヲ誑惑シ、動モスレハ賊徒ヲ透〔誘〕、王化ヲ妨ケ王民ヲ苦シメ候族有之候ニ付、逮捕窮治不仕候テハ、恩威難置行奉存候間、督府御随従之兵隊並新潟裁所〔ママ〕附属刑法掛リ御役人、急速太政官ヨリ御差向之御沙汰ニ相成相成〔ママ〕候様御運御座候ハヽ、可宜歟ト奉伺上候事。

六月

判事ヨリ差出書附、西園寺殿へ御達ニ付写置。

口上

西園寺様御本陣附御役人・小頭衆御宿之義、筆屋五郎右衛門へ申付、御宿為致申候処、同人義ハ平常不行届之者故、不調法無之様精々申聞、其上兼テハ同勤ヨリ一人宛定詰之申合ニ仕置候処、宮様近々御発向御本営普請、御両卿御本陣等数ヶ所之心配前代未聞之義ニ付、

相互ニ狼狽而已致シ、五郎右衛門方へ談合所ニモ無之御機嫌伺等不仕候処、水風呂之義ニ付五郎右衛門妻不調法有之、私共御呼寄可相成、其節始テ参リ候処、座敷其外御賄方等不行届、実ニ申訳無之精々御詫申上候得共御聞済無之、終ニ五郎右衛門家内之者、私共へ御預ケ相成候ニ付、替リトシテ京兵衛・新九郎・源助差遣候。不調法無之様精々申聞御賄申付置候処、猶追々御詫申上候得共御勘弁ニ相成不申心痛罷在候処、御料理人右ヲ聞受気之毒ニ存候テ、同人ヨリ詫申入呉、漸ク御勘弁ニ相成申候、五郎右衛門家内共立戻リ被仰付一同安堵仕度、為御礼御菓子料金五両ツヽ、小頭衆四人へ差出シ申候。何分不行届之私共、此上宮様御下向等ニ相成、御多人数御乗込之上ハ、弥ケ上不行届ニ可有之心痛罷在候旨、内々承リ及候ニ付申上候。此段御聞置被下度奉存候。已上。

七月七日

星野藤兵衛

民政局御役人中

西園寺殿

小頭　松川石松

若山吉五郎

四人　吉村藤太

小西長次郎

右書付西園寺殿へ御達候。尚急度御所置有之度旨被仰入候処、四人之者帰京可被仰付由ニ御座候。尚又判事ヨリ差出候書付左ニ、依之又々同家へ御達候之事。

西園寺殿御内小頭四人、不届之所業有之趣相聞候ニ付事情御届申上候処、早速御先方へ御達ニ相成、寛典之御所置ヲ以帰京可被仰付趣、右ハ目籠入護送人等如何御取計相成候儀哉。尚又御一新之折柄、官軍方ニ不取締之儀有之候テハ御政道ニ差響候間、御所置様伺度奉存候。兼テ官軍取締之儀ハ於高田表御家司中迄御重中置候廉モ有之、急度御掛合可下候様仕度候。以上。

七月九日

判事

七月十日、大総督府参謀御中へ書状。
右略文実ハ肥前藩杉本行蔵へ権判事被仰付候条、参謀御方ヨリ御伝達之儀、御頼被仰入之事。

七月十一日出、行政官へ
彦根藩中居右兵衛へ越後府判事被仰付候趣、御達シ承知仕候。此人初発ヨリ判事ニ候哉。権判事ニテ者無候哉。尤余程之人才、当国情能々承知之人ニ候ハヽ、宜候得共、左ナク候テ者権判事ニテ追々国情モ承知イタシ候者之内ヨリ可然人体御撰用、判事被仰付候事至当ニ無之候哉。左ナク候テ者人民不服場合モ出来候哉等愚考仕候間、今一応此段伺度存候。去日上京イタシ候権判事安井和介、自然ト判事之職ニ相応イタシ候哉ト存候。兎角之御差向之人体、彼是申候訳ニテハ無之候得共、前文之次第可然御賢察被下候。判事之儀ハ能々御勘考可給候。尚又去日上京候安井ヨリ言上其余宜御沙汰奉願入候也。

七月十二日到来
佐渡孤嶋之事情別紙之趣ニテ、先ツ半信半疑ト見候トモ此期ニ鎮撫使来者県令等立込候ハ、却テ失策ニ可有之、態ト今暫ク奥羽平定迄、其儘御見合被成置、其内別紙三人之者へ当分取締被仰付候。尤能々御探索之上、別紙申立之筋ニ相違モ候ハヽ、鎮撫之儀者兼テ□□□□へハ勿論時宜次第、臨機之御所置可有之様、当官ヨリ可申達旨、輔相公御差図ニ依テ如是候也。

七月四日　　　　弁事

越後府御中

中山条輔
井上大蔵
岩間郁蔵

右御雇ヲ以、当分佐渡国取締彼表在勤被仰付候事。

七月

外ニ佐渡国情書一冊、高帳取調一冊。

同日着。

上州新田住居御無垢着岩松満次郎へ、別紙之御沙汰書之通被仰付旨被為仰出候趣者、然ニ同人義奥羽之方へ出張ニ相成居候哉之風説モ有之、於爰許ニ難相分候得共、必其御地辺ニ候へ者出向キ可相分ニ付、右御沙汰書差立候間、御聞糺之上、同人へ御達シ候儀可然御執計可被成、尤奥羽辺ニモ出張無之哉モ難量候ニ付、右同断之御沙汰書、関東へモ差立置候故、此段モ御含置被成度、右之旨趣申入候也。

七月四日

弁事

高――

四――

越後府知事被仰出候事。

岩松満次郎

七月

外ニ北陸ヨリ藤橋・曾我両人退身願書到来之事。

聖上益御機嫌克被為渡恐悦不斜奉存候。随テ貴官方弥御勇健日々御繁勤令運察候。偖去夏江府在陣中新潟裁判所総督兼北陸道鎮撫使等之蒙仰、北越再進後追々権判事御差下シニモ相成候。仍乍不束民政専務指揮罷有候処、諸国府藩県等ヲ被置候義ニ付、新潟裁判総督之名儀者如何可相心得哉。六月十六日発候書ニ伺置候処、今以何ラ之御沙汰モ無之当惑居候処、今般岩松満次郎江知事被仰付候御達書到着仕、同人在住精々相尋出頭次第御沙汰書可相渡候。其上ハ隆平進退如何可仕候哉伺度、尤於軍事ハ夫々当任之人ニ御差向ニテ、追テ到着有之候ハヽ、最早御用之廉無之候。兼テ不肖之隆平始終過分之重職難相勤ニ付、辞職之義ハ既ニ先達テ輔相公迄歎願仕置候処、旁右件々伺度如此候。恐惶謹言。

七月十四日

隆平

追テ申。毎々伺願等之義書状候得共、何レモ御返報者今ニ到着不仕候。遠路之処一々御答否不伺候テハ、兎

角事情通シ兼困入候。此義以何卒御面倒着次第早々否哉伺度、如此候也。

弁事御中

謹テ奉歎願候。臣隆平不顧不肖蒙重任、生前之面目不過之恐縮之至ニ奉存候。方今御一新之折柄、当春以来北陸鎮撫使及先鋒等被仰付、元来愚昧無学之隆平奉侵重職候義、実以恐懼不少御断可仕筈之処、古今未曾有之御多歎ニ付、不肖不顧御用相勤候義、全副使之事故、本使・参謀等之助力ニ御座候処、江城在陣中新潟裁判総督之蒙御沙汰、判事被為添候。其後北越再建〔ママ〕之砌ヨリ今日ニ至リ、賊征ニ不有遑、其内軍官勝利之地民政撫育、鎮定之指揮仕候得共、当国情偏固頑愚ニ其上広大之地、迚モ不才未熟之ヲ以成功無覚奉存候。宇内御一変之御時節、寝食安居仕候義毛頭無御座候。尤粉骨砕身、鞠躬御奉公可仕事、臣子之節糧勿論之儀ニ御座候得共、此上不顧愚昧重職負荷仕、自然大儀ヲ誤リ奉侵朝憲候様ニ立至候テハ、御国之耻辱如何共難雪候。何卒辞職奉懇願候。尤当国平定之上ハ、於新潟外国御交際之期限モ可有之候。就テ者俊才御選擢第一之要務ト奉存候。決テ臣隆平身命可惜義毛頭無御座候得共、不相応之重職奉恐入候。追々政体御規律被為定候折柄、不才相応之御用被仰付候得者、此上之皇憐莫大之御慈悲難有仕合奉存候。宜蒙御沙汰度、此段奉歎願候。恐惶謹言。

七月七日　隆平

行政官

弁事官御中

右判事安井和助持参上京之事。

春来北陸道鎮撫使及東征鉾蒙仰、生前之面目不過之候。不才未熟之隆平御理可仕之処、御革政之折柄殊ニ副使之事故、本使・参謀等之助力ヲ以重職ヲ侵シ何共恐縮之至ニ候。然処於江城新潟裁判総督被仰付、重々大任微力之身ヲ以迚モ不及義ト奉存候得共、北越再進差急

候ニ付其儘当国ニ進軍候処、最早戦争中新潟ニ可至様モ無之折柄、官軍勝利之地民政急務ニ付、不取敢指揮仕居候得共、広大之地国情等ニ於テハ、迚モ隆平等之不及義ニ付、先達輔相公江辞表差出置候処、今般岩松満次郎江当国知事被仰付候ニ付、同人江民政向引渡候上者、最早御用済ニ付去日身退伺出置候得共、今般宮御着陣之上者願之通リ辞職被仰付度、尤身命ヲ惜候義毛頭無之、粉骨砕身死力ヲ尽シ御奉公可仕者、臣子当然申迄モ無之候処、不才之身ヲ以大任ヲ侵シ候テ者奉耻朝憲之基、既ニ因循等之風聞有之テ者遺憾ニ不堪候得共、全不肖之悔語〔ママ〕噬臍者不過候。此上如何程尽力指揮仕候テモ、迚モ及処ニ無之、猶又不都合之件々出来候テハ実以相不済候間、何卒前件御斟酌断然被免候様、預リ御沙汰度候。恐惶謹言。

七月十六日

総督宮参謀御中

総督宮ヨリ御招ニ付御参営之処、過日被差出候書付御尤ニ候得共、何分民政向之処是迄之通被相勤候様御頼被遊候。尤名義之処ハ追テ太政官へ伺之上御沙汰可有トノ事、

右之通御沙汰之旨モ為御心得申入候事。

七月十七日　　四條殿執事

判事御中

本月十一日御発之御書到着。令拝見候。残暑之砌聖上益御機嫌克被為成恐悦至極奉存候。随テ貴君倍御清栄珍重存候。日々以繁務御苦労様候。然者其地賊軍強勢之処追々官軍下向ニ者、此日長岡口並海岸等進撃ニ相成候由、尚不日平定之儀ト恐悦奉存候。将又奥羽白川口如何之形勢候哉報知無之ニ付御尋承候。則別紙之通ニ有之候。尚此上万事御尽力有之候様存候。

一、肥前藩杉本行蔵之□之儀承候。同人在所同藩へ尋問候処、去三日其地へ罷越候趣ニ候間、御沙汰書返進候御入掌可被下候。仍テ御報迄如此候。時下御自

愛専一存候也。

七月十七日

大総督府参謀

四條――殿

一、奥州白川口モ追々官軍勝利、棚倉モ陥落ニ相成候。過日者会之世子自ラ兵ヲ提ケ白川本陣迄出張之由、意々世子モ敗走ニテ引取候儀、七月一日白川口ニ戦争有之候へ共官兵勝利ニ候。其後ハ白川ヨリ報告無之候。尤鷲尾卿総督トシ□出張相成居候事。

一、奥州平沢ニ薩長因備其他数藩出兵、同州泉城・湯長谷城等陥落。磐城モ今程落去ニモ存候。尤右城取囲候迄ハ報告有之候得共、其後何等モ不申越候。

一、徳川亀之助等ヨリ歎願ニヨリテ、慶喜駿府へ転移、寺院へ謹慎被仰付候。御沙汰之次第ハ別紙ニ有之候。

一、長岡左京亮・阿野中納言等東下相成候。薩州モ近々東下ナルヘシ。尤大兵ヲ提テ也。

一、雪不降内御成功有之度、□府一同心痛此事ニ候。

此辺深御尽力之程奉祈願候也。

徳川慶喜是迄水戸表ニ謹慎被仰付置候処、徳川亀之助歎願之趣モ有之、今般改テ駿府宝台院へ転移被仰付候ニ付、此旨下々迄不洩様可相達候事。

七月

軍務官御用掛井上謙三

御会計方田中左右衛門

右当分越後府民政局出〔仕カ〕□被仰付候事、

但、勤方之儀者権判事之心得ヲ以、万事可取扱候事。

別紙之通被仰付候旨、宮御沙汰候。然テ者右御沙汰之儀者御府ニテ可仰付儀ト奉存候。尤御存念モ御座候ハ、、即刻御申越シ可被下候。此段御掛合仕候。以上。

七月廿七日

御本営

四條殿御執事

以急書申入候。秋冷之節弥御安全珍重奉存候。然者先達御上京已来、一応之御文通モ無之、如何之次第□□候哉。定テハ尽力可有之儀ト奉存候得共、何之御左右モ無之故御催促申入候。尤当地モ追々官軍御勝利ニ相成候テ、最早新潟ヲ眼盤船即迄手ニ入候。付テハ御人少ニテ手広ニ相成甚差支候間、此書状着次第乍御苦労昼夜兼行ニテ、早々御参着可被成候様可申達旨被仰付候条如此ニ候。早々以上。

八月五日　小西直記

安井和介様

過日御廻シ置候岩松満次郎、越後知府事被仰付候御沙汰、当人江御達済ニ相成候哉。若未タ当人落掌無之候ハ、御取戻シ有之度、右御沙汰書御返シ被下候様為懸候也。

七月廿六日　弁事

越後府御中

令拝啓候。時候秋冷弥御安全珍重存候。抑当春北陸道江出発之節、貴藩林玖十郎拝借之義願試候処御差支候。仍為御懇志柳沢勝次郎・色部六右衛門已下御差添給忝存候。然処北越再進後繁務ニ付、随従之人々一入大義ニ存候折柄、柳沢勝次郎右病症差起リ、此頃余病之障モ有之養生モ為致候得共、長々旅行ニ付養生モ難行届候間、本人志願之通帰国申付候。将色部六右衛門義者、此節民政局繁務付一入之尽力祝着ニ存候。同人義越後府判司事職在勤申付候間、此段御承知可給。尤六右衛門已下両人モ相応之用向相詫〔ママ〕有之候。誠ニ人少之折柄ニ付、無差申付太義ニ存候。此段至極都合厚御礼申入度迄当用如此候也。

八月七日　隆平

宇和嶋宰相殿

令拝啓候。時候秋冷弥御安全珍重存候。抑北越賊徒強盛ニ付、於貴藩追々兵隊被操出御尽力之段令感悦候。日々賊徒モ落去追々及平定候。就テ者民政局多端手広ニ付判事等被差下候内南部彦介在勤有之処、宮御下向之節聊行違之儀ニテ、一時之□々仍暫時引籠罷在候得共、此節出仕被仰付候。然処本人強テ辞職申立候得共、人少切迫之折柄令説得候ニ付、漸勘弁可相勤心底ニ相成候付テ者、同人附属之人体等御差添無之テ者難相勤由、尤之次第ニ付此段御承知之上、早々可然人体御差越可給候様願入存候。先者当用而已如斯候也。

八月七日

隆平

越前少将殿

本月十六日御発之御状、同十九日着府令拝見候。大暑之砌聖上御機嫌克被為渡恐悦奉存候。随テ貴官方弥御勇健御在陣珍重存候。然者巨細被仰越候件々令拝承候。尚御使両人江大村益次郎ヨリ面談、委曲□〔承〕込候。段々御苦心之御義千万ニ存候。猶此迄御尽力偏仰所ニ候。将亦軍艦一艘、秋田近海ヨリ可相廻旨承候。過日来沢三位ヨリモ度々被申越候得共、当地モ甚払底其儀不克。毎々其段申入候事ニ候間、無拠難任無所候。尚遂〔逐カ〕一両使江御聞取可給候。仍万々御報迄如此候也。

六月廿日

二白。気候不順之折角御自愛専要存候也。

大総督府参謀

西園寺中納言殿

高倉三位殿

四條大夫殿

聖上益御機嫌能被為有奉恐悦候。陳者毎々御布告物御達シ日誌等拝見仕候。兵庫県印鑑正ニ致落手候。

一、先達安井和介上京為致処、今以帰府不仕、当地モ追々平定ニ相成候ニ付、民政向尚更御用多ニ立到リ候。爾今滞京候ハヽ、早々御返シ可被下候。且同人江之御達之義モ帰府次第可申達候。

一、岩松満次郎江御達書、先達到来之後、所々居所為相尋候得共、今以不相知候ニ付、御沙汰之通返上仕候。

一、毎度御達シ物御差立之節者、西遠〔ママ〕寺・高倉・隆平三名ニテ御差越ニ候得トモ、名々陣所遠隔ニ付甚困リ入候。高倉儀ハ先便申上候通リニ付、以来者各名ニテ御達御座候様願入存候。安井和介上京之節相伺候件々、何等之御沙汰モ不被下、当国モ賊徒落去仕候ニ付、広大之地人少ニテハ何事モ難被行、徒ニ傍観仕之外無之、如何程尽力仕候テモ権判事四・五人等ニテハ、更ニ不行届ニ御座候間、兼テ和介ヲ以願入候条々速ニ御沙汰ニ相成候様奉懇願候。先当用如此候也。

八月八日

隆平

弁事御中

〔註〕冒頭「付札」の「四條家文書」「壱」は朱書。

3　京師ヨリ御布告書控

〔表紙〕

慶応戊辰六月ヨリ

九月迄

京師ヨリ御布告書控

府県六冊之内　越後府役場

王政御一新ニ付テ者、宮・公卿・諸侯並神社・寺院等領地高之儀御改正可被仰付候間、是迄旧幕府ヨリ受封之判物急々御用有之候間、内国事務局江差出候様被仰付候事。

閏四月

以来万石以下之領地・寺社共、其国々最寄之府県ニテ支配可致候事。

五月

右之通被仰出候間、末々迄不洩様相達可申モノ也。

東山八坂郷ニ有之候感神院祇園社、今度者八坂神社ト称号相改候条被仰出候事。

五月

戊午以来国事ニ殉難致候霊魂、祭祀可被為在旨兼テ被仰出候処、今般差掛リ当正月以来奉朝命奮戦死去之輩祭典被仰出候間、藩々ニ於テ一々取調、来ル三月十日迄ニ兵士死亡之月日・姓名等相認、神祇官へ差出候様被仰出候事。

五月

一、

徳川亀之助

駿河国府中之城主ニ被仰付、領地高七拾万石下賜候旨被仰出候事。

但、駿河国一円其余ハ、遠江・陸奥両国ニ於テ下賜候事。

一、　一橋大納言

自今藩屏之列ニ被加候旨被仰出候事。

一、　田安中納言

右同断。

一、　高家江

高家之輩、自今朝臣ニ被仰出候事。

一、　徳川亀之助

今般家名相続被仰出候ニ付、為御御〔ママ〕礼上京可致候事。

一、　一橋大納言

今般藩屏之列ニ被加候ニ付、為御礼上京可致候事。

一、　田安中納言

右同断。

一、高家之輩、今般朝臣ニ被仰付候ニ付、為御礼上京可致候事。

一、徳川家来之輩、官位之義、自今被止候事。

五月

右之通去ル廿四日被仰出候間、為心得申達候事。

一、　元高家江

其方共従前徳川氏ニ附属シ、職務ハ朝廷向之扱致来候処、今般更ニ御奉公被仰付候上ハ、従前之職務無用ニ付、以後武家一同之心得ヲ以御奉公可仕。御一新大変革之御時勢体認致シ、文武精励一廉之御用ニ相立候様心懸可申。家格之儀ハ従前之順ニ循ヒ交代寄合上ニ被定候得共、倶ニ同一席ニテ中大夫ト可称候事。

五月

一、　元高家　元交代寄合

右一席中大夫ト可称候事。

一、叙爵之儀ハ追テ相当ニ可被仰付候。唯今叙任致居候向ハ当人限可為其儘事。

一、天機伺之節、御仮建桜之間ニテ御使番ヲ以可申入事。

一、参朝之節有位ハ宜秋門ヨリ、無位ハ其脇門ヨリ出

入、御仮建下段ヨリ昇降、侍付添候事不相成、刀供侍為持候事。
一、願伺届等、弁事伝達所ニテ触頭ヲ以差出可申事。
一、先達テ御布告之通、万石以下之領地並寺社共、凡テ地方御政務之義ハ知行所最寄之府県ニテ支配可致旨可相心得。依テハ知行所地方民政ニ係候義ハ最寄府県江可申出候事。
一、右一席触頭、左之両人江被仰付候。

畠山飛驒守

触頭　松平与二郎

右之通、今般御一新御規則被仰出候上ハ、旧幕府振合ヲ以席列等申募リ、彼是御厄介奉懸候様之儀有之間敷、一席和順勤王一途御奉公可仕旨被仰出候事。

五月

一、元寄合
同両番席以下
同席々千石以上
右一席下大夫ト可称事。
一、叙爵之儀ハ追テ相当ニ可被仰出候。唯今叙任致居候向者、当人限可為其儘事。
一、天機伺之節、御仮建桜之間ニテ御使番ヲ以可申入事。
一、参朝之節有位ハ宜秋門、無位ハ其脇門ヨリ出入、御仮建下段ヨリ昇降、侍附副候事不相成、刀供侍ニ為持候也。
一、願伺届等、弁事伝達所ニテ触頭ヲ以テ差出可申事。
一、先達テ御布告之通、万石以下之領地並寺社共、凡テ地方御政務之儀ハ知行所最寄之府県ニテ支配可致旨可相心得。依テハ知行所地方民政ニ係候儀ハ右最寄之府県江可申出候事。
一、同席順席之儀ハ是迄之列ニ不抱知行高以一席之次第御定被仰付候事。
但、当時爵位有之向ハ、参朝之節爵位ヲ以順席ニ相定候事。

右一席触頭、左之通両人江被仰出候事。

板倉小二郎

当分助　内藤甚郎

右之通、今般御一新御規則被仰付候上ハ、旧幕府振合ヲ以席列等申募リ、彼是御厄介奉懸候様之義有之間敷、一席和順勤王一途御奉公可仕旨被仰出候事。

五月

元両番席以下
席々千石以下
百石迄

右一席上士ト可称候事。

一、叙爵之儀ハ追テ相当ニ可被仰付候。唯今叙任致居候向者、当人限可為其儘事。

一、天機伺之節、非蔵人口ヨリ面謁所江罷出、御使番ヲ以可申入候事。

一、参朝之節、宜秋門脇門ヨリ出入候事。

一、願伺届等、弁事伝達所宛ニテ触頭ヲ以差出可申候事。

一、先達御布告之通、万石以下之領知並寺社共、凡テ地方御政務之儀ハ知行所最寄之府県ニテ支配可致旨可相心得。依テハ知行所地方民政ニ係リ候義ハ右最寄之府県江可申入候事。

一、右一席触頭左之通被仰付候事。

雀部練之進

右之通、今般御一新御規則被仰出候上ハ、旧幕府振合ヲ以席列等申募リ、彼是御厄介奉懸候様之儀有之間敷、一席和順勤王一途御奉公可被仰出候事。

五月

定

一、酒造之儀、古来ヨリ定法モ有之候処、今般御一新ニ付、鑑札御改政〔ママ〕仰出候間、早々差出シ可申事。

一、規定之外増造之儀者堅被禁候条、於其筋可遂吟味事。

但シ、増造之儀、其筋ヲ以願出候得者御糾之上、其所々ヨリ可及沙汰候事。
一、凶年ニ者分割ヲ以減造可致候事。
一、造酒百石ニ付金二拾両上納被仰付候事。
一、前年心得違ニテ規定之外増造致シ鑑札取納ニ相来候者共、悔悟之上願出候得者、百石ニ付金五拾両宛上納被指免事。

表

酒造朱◯　割印　何百石
但シ元米掛米糖共
慶応四辰年

裏

京都
商法会所
焼印　商法司印

堅曲尺五寸、横三寸五分、厚サ仕上ケ五歩

右雛形ニ準シ夫々支配所ニテ割印焼印取極鑑札相渡、百石ニ付金弐拾両宛所立之上、上納可有之候事。
但、其支配所ニテ酒造米高幷名前書共委細帳面ニ認、鑑札料相添上納事。
右之通被被〔ママ〕仰出候間、心得違無之様厳重可相守事。

五月

聖上益御機嫌克被為渡恐悦奉存候。賦者
日誌　第二十一・第二十二・第二十四・第二十五
布告　二通
右達申入候。御入掌可給候也。

三月十五日　軍務官

西園寺――殿
高倉――殿
四條――殿

衣服之制、寒暄穏身、体裁適宜上下ノ分ヲ明ニシ、内外ノ別ヲ殊ニスル所以ナリ、然ルニ近世其制一ナラス、人各其服ヲ異ニシ、上下混淆国体何ヲ以テ立ツ事ヲ得ン、故ニ古今ノ沿革ヲ考エ時宜ヲ権リ、公議ヲ採リ一定ノ御制度被為立度思召ニ付、各見込ノ儀書取ヲ以テ、来ル廿五日限上言可有之様御沙汰候事。

六月

近来頻ニ路人ヲ暗殺シ、其所持之品奪取候儀、甚以不埒之事ニ付、屡厳重之御沙汰ニ可為及候得共、兎角其悪習難去、御政道モ不相立次第ニ付、猶又此度厳重ニ被仰出、家来ハ其主人、兵隊ハ其隊長、其余末々ニ至候ハ其父兄ヨリ取締イタシ、自然右等之所業有之節者、其最寄ヨリ早々取押へ、刑法官へ可申出候。万一藩士・兵隊等之中ニテ不心得之者有之被召捕候於テ者、本人者被処厳刑、其主人・其隊長等ハ不及申、品々ヨリ父兄一家之落度タルヲ以テ屹度御咎ヲモ被仰付候条、不取締無之様厚ク可相心得旨被仰出候事。

但、夜中往来之節無提灯不相成旨、追々被仰出有之処、中ニ者不相用者モ有之哉ニ相聞へ以之外之事ニ候。以来無提灯往来之者有之候ハヽ、見付次第可召捕候。並市中ニ於テ乱妨致候者ハ、帯刀之者トイヘトモ無用捨召捕、万一手ニ余リ候ハヽ、討捕果シ不苦候事。

六月

日誌　第廿五　二十冊

御布告　三通

右御達申入候也。

弁事役所

三月廿日

越後府御中

京都府
大坂府
江戸府
長崎府
箱館府
越後府
神奈川府
大津県
兵庫県
奈良県
笠松県

久美浜県
日田県
倉敷県
富高県
天草県
高山県
三河県
右之通御規定ニ相成候間、為御心得申入候也。

六月　　　弁事役所

越後府御中

一、徳川内府、宇内之形勢云〔カ〕々一札。
一、徳川慶喜、天下之形勢不得已云〔カ〕々一札。
今般徳川家名相続被仰付、秩禄被下置候ニ付、右制札二枚早々取除可申様被仰出候事。

六月

一、日本人、朝鮮国へ漂到候節者、於彼国厚ク取扱、釜山浦草果頂之地ニ和館ト称シ、宗対馬守家来詰合候場所へ送届、漂着之次第書翰ヲ以テ申越、其此国対州へ迎取、漂人之国所最寄ヲ以長崎府或ハ大坂府へ送リ届、其府ヨリ其領主へ引渡申候事。
一、朝鮮人、本邦之内所々へ漂着候節ハ、其最寄之府藩県ヨリ長崎府へ送届、其府ニ於テ漂流之顚末相糺シ、衣糧給与。船艦修理之上、対州守役人へ引渡、夫ヨリ長崎府へ浦触ヲ以テ対馬へ為迎取候事。
　但、浦触之主意ハ朝鮮人薪水乏シク、風波悪敷候節ハ給与候テ可相遂ト触レ候事。
一、漂人、長崎府ヨリ対馬へ迎取候迄、対馬ニテ更ニ使者相附、彼国へ致護送候事。
一、漂人之内、死スル者アレハ、棺斂シテ送リ、日本之地ニ不葬候事。
右之通被仰付候間此段申達候事。

六月

先般楠社御建立ニ付、御手伝致度者ハ御差許可有之段被仰出置候処、追々願出候者モ有之故ニ相聞候ニ付テ者、於遠国筋違之取集方等有之候テハ不相済候間、神祇官並兵庫県之両所ニ申出、御手伝之品柄目録相納置、追テ書付ヲ証トシ差出可申旨御沙汰候事。

但、先達テ被仰出候通、其最寄之府藩県ヘ差出、其ヨリシテ神祇官幷兵庫県ヘ取次候儀モ不苦候事。

六月

保科弾正忠

謹慎ヲ免候事。

六月

今般金札御製造ハ天下公行産物融通之御趣向ニ有之、諸藩ニ於テモ石高ニ応シ借用被仰付候段、過日御沙汰之通ニ候。勿論下々ニ於テ取引者正金同様日用普通之貨幣ニ有之候処、往々不心得之者有之、御製造之御旨趣ニ背キ、徒ニ金札ヲ以正金ト両替セシメ、姦商共其機ニ乗シ打貨ヲ相ムサホリ候哉ニ相聞候。不謂候事ニ候。向後御取糺之上、無相違ニ於テハ双方共屹度御咎被仰付候条為心得申達候事。

六月

右之通被仰出候間、末々迄不洩様相触可申事。

行政官

日誌　（廿六・廿七）　二十冊

江城　十一　四冊

布告　壱通

右相廻シ候也。

六月廿二日

越後府

方今王化天下ニ洽カラント欲シ、此時ニ当リ無辜之生民兵燹ノ災ニ罹リ、加之洪水暴張惨毒之至近畿最甚シ、且東北諸路賊徒平定ニ至ラス。生民之塗炭一端ニアラス。皇上深ク難被為忍、救恤阜財之道被為尽度勅旨痛切ニ被仰出候。付テ者、至仁之聖意ヲ体認シ其民ヲシテ安堵セシムハ今日府県ノ責ナリ、即今創建ノ初救荒ノ典未タ立スト雖トモ、一日モ斯民ニ莅ム者、即一日此道ヲ講セスンハアラス。況ヤ今日眼前ノ窮厄ヲヤ。故ニ賑救之急務、左ニ記ス。

一、兵燹ノ厄、洪水之害、窮民流離、路頭ニ立者一村ニ幾人、且其破産・蕩家等一々細詳ニ査点シ、救助其ヲ得ヘシ、若兵厄水害ヲ被ムル地ト雖トモ捜択其宜ヲ得ス、徒ニ金穀ヲ給スレハ、却テ蠹弊ヲ生シ、下民ノ怨望ヲ起シ宜カラサル事。

一、没田之民ハ全ク其租賦ヲ免シ、其他漲溢ノ田畑ハ荒敗ノ軽重ヲ量リ、蠲免其宜ヲ得ヘキ事。

一、堤防・橋梁之破壊、急々修理可致事。
　但シ、普請等私利ヲ営サル廉吏ヲ択ヒ、水理ニ精キ者ヲ任シ、人夫等ハ其地ノ窮民ニ賃シ相用ヘキ事。

一、厄害之等ヲ弁シ救恤之道ヲ立ツ、今日ノ事ハ奏可ヲ待ス府県へ専任ス。宜ク可得其道事。

六月

七月五日

日誌（廿八・廿九）　二十冊ツヽ、布告三通、印影十五枚

右相達申候也。

六月廿八日

越後府

行政官

一、仁和寺宮復飾。
　但、寺務之儀仁和寺門跡ニテ商量。

一、梶井宮、復飾。
　但、寺務之儀梶井門跡ニテ商量。

一、聖護院宮復飾。
　但、寺務之儀聖護院門跡ニテ商量、並照高院門跡同断。

一、華頂宮復飾。

但、一宗鎮西々山寺務之儀、知恩院門跡ニテ商量。

右之通此度改テ寺務之儀被仰出候間、諸国末寺ニ至迄都テ指揮ヲ受候様可相心得、夫々府県下上藩ヨリ可相達旨被仰出候事。

六月

日誌　第卅・卅一〆四冊　江城日誌　第八・九〆八冊

山崎主税助
山名主水助
池田弾正

右三家此度藩屏之列ニ被仰付候。此段為心得申達候事。

六月

是迄用来候諸道印鑑、弁事写記ト有之候処、今度改テ弁官事記ト相刻候間、為証印鑑影一紙廻シ置候。万一前後致シ候テ者、改所ニテ不都合出来候間、来ル八月朔日ヨリ新刻印相用候。尤固場所出張之向江モ為心得可申達候事。

六月

布告弐通　書状一通

右相達候也。

七月二日

行政官

越後府

鎮台府管轄之国

駿河・甲斐・伊豆・相模・武蔵・安房・上総・下総・常陸・上野・下野・陸奥・出羽、右十三州鎮台支配被仰出候間、為御心得申達候也。

七月

近来駅郷及疲弊候ニ付、諸海道共人馬賃銭、当辰五月ヨリ来巳五月迄元賃銭江六倍五割増被仰出候。付テハ、東海道熱田今切渡舟賃之儀モ追々之割増ニ不抱、元賃銭之上江三倍五割増、其余諸街道渡船・川越等、都テ二倍増ヲ以、是又来巳五月迄定賃銭ニ被仰出候条、此旨相心得、川場御用無滞相勤可申事。

辰六月　駅逓司

御状箱入

杉本行蔵

徴士越後府権判事被仰付候事。

七月

別紙

御沙汰書一通御廻シ申候。其御府ヨリ直ニ御達ニ相成候様有之度候也。

七月二日

弁事

越後府御中

追テ、加州藩関沢六左衛門、越後府権判事被免、彦根藩中居右兵衛、越後府判事被仰付候。此段為御心得申入候也。

七月二日

征討之将軍京都発向之節ハ、当御役所御印鑑ヲ被請、他国滞陣中幕下之士諸方へ往来之節ハ、其将軍府之印鑑ヲ人馬帳ニ押可被致通行筈ニ付、諸藩御用出兵候向モ其藩定遣馬之外、通知之人馬入用之節者御用之廉ヲ以、当御役所御印鑑ヲ被請可被致通行、左モ無之多分之人馬触当候テ者、旅宿ニ大ニ疑惑ヲ生シ、継立方却テ不都合之義モ可有、第一前条御布告之御趣意ニモ相触候儀ニ付、尚又為心得申置候事。

六月　駅逓司

諸藩共諸道通行之節、已来新規被仰出候二寸二部之印鑑ニテ可被致通行、尤印鑑七月廿五日限、当御役所へ被差出、駅々へモ可被差出置候事。

駅逓司

近頃私ニ兵卒ヲ請合浮浪之徒相集、京地近辺ニテ練兵等致シ、其費用民間ニ相募リ候哉ニ相聞、不埒之到ニ候。以来右様之心得違之者於有之ハ屹度取糺シ、可処厳科旨御沙汰候事。

六月

謹慎被免事。

保科弾正忠

先達テ駅逓司ヨリ御用状タリトモ無賃銭ニテ継立候儀不相成趣御布告有之候処、于今無賃ニテ差立候向モ有之由、甚以不都合之次第ニ候。以後ハ不都合之次第ニ〔ママ〕候。以後ハ七月晦日限ニテ右様之儀有之候ヘハ、如何様之差支有之候トモ其宿駅ニテ留置、継立不致様申達候間、心得違無之様可致候事。

七月

別紙二通本人ヘ御渡有之度候事。

七月六日

弁事

御三卿宛

山県狂介

北陸出張尽力不一方候処、今般依願参謀被免、同藩佐世八拾郎ヘ右代リ被仰付候事。

七月

佐世八拾郎

同藩山県狂介儀北越官軍参謀依願被免、其方ヘ右代リ被仰付候事。

七月

日誌第三十二・三十三　弐十冊ツ、

江城日誌第十・十二・十三　四冊ツ、

布告　弐通

書状　壱通

右相達候也。
七月十日
行政官
越後府御中

諸寺院願立伺等之儀、山城国中ハ京都府、諸国ハ府藩県へ可申出候、若其難決儀ハ府藩県ヨリ弁事官へ可申出候事。

但、官位並参内願等、朝廷へ関係候事ハ執奏へ可申出。若執奏無之分ハ直々弁事官へ可願出事。

七月

今般養老之典被為挙、八十八以上之者へハ毎年二人扶持、百歳以上ハ三人扶持下賜候。依テ夫々府県ニテモ一々取調、右之通可執行旨被仰出候事。

七月

佐渡国ヨリ御用状等天朝江差立之儀ハ、北越戦争中彼是不便利之由ニ付、以来越後府江差出シ、夫ヨリ郵便可有之旨申達候ニ付、兼テ御心得置御取計相成候様申入候也。
七月　弁事
越後府

元佐渡奉行支配広間役
久保藤十郎
天野孫太郎
内田三郎兵衛
山田篤之進
高野信吉
御雇ヲ以当分佐渡国取締、彼表在勤被仰付候間、為御心得申入候也。
七月　弁事
越後府

七月廿三日到着。左ニ大坂地、是迄外国人開市相成候処、今度改テ開港ト被仰出候間、此段為心得申達候事。

七月

当月下旬賀茂下上社行幸被仰出候事。

賀茂下上社行幸、来廿一日辰刻被仰出候事。

七月

一、万石以下五千石迄、東海道人足十三人馬十三疋、中山道並美濃路、北陸道並西近江路、西国街道人足七人馬七疋。

一、五千石以下千石迄、東海道人足七人馬七疋、中山道並美濃路、北陸道並西近江路、西国街道人足三人馬三疋。

一、千石已下、東海道人足三人馬三疋、中山道・美濃路、北陸道、西近江路、西国街道人足五人。

右之通今般万石以下中大夫・下大夫・上士之面々、参勤交代並平日共諸街道人馬遣高御制限被為立候事。

附、今般不図取急上京之節、即定賃銭ヲ以駅々通行致来候分モ有之哉ニ相聞、右者未タ帰順之道モ不相立以前ニ付、其分相対賃銭之割ヲ以払戻可申候事。

右之通宿々へ相触候ニ付、為御心得相達候事。

七月

駅逓司

御用出兵之向々休泊之節、米銭共夫々御定ヲ以御払被下置候ニ付テ者、代料相当之膳部差出候得者、宿方ニオヰテ別段恐縮相立候儀者無之筈之処、従来之旧弊ニ泥ミ不申付料理等差出、却テ宿方難渋之趣申触候者モ有之哉ニ相聞、不埒之事ニ候。方今軍用御多端之御中ニハ被為在候得共、下民之難渋者深御厭被為遊候御趣意之程難有拝戴仕、代料相当之膳差出ニテ恐縮等費之不立様可致。勿論遂行之向へ対シ不敬之儀者堅致間敷事。

右之通宿々へ相触候ニ付為心得相達候事。

辰七月

駅逓司

聖上益々御機嫌克被為渡恐悦被存候。賦者
日誌第卅六十冊
布告五通
右達シ申入候。御落手可給候也。

七月十八日

軍務官

西園寺殿
高倉殿
四條殿

賀茂下上社行幸、依御風気御延引被仰出、日限追テ可
有御沙汰候事。

七月十八日

就来廿一日、賀茂下上社行幸、従十九日晩到還幸御神
事候事。

七月

刑法官是迄日野家ヲ被用候処、此度閑院殿へ引移ニ相
成候事。

七月

右之外弐通ハ先便ニ写取候故、此度不写候事。

御布告四通
右御達シ申入候也。

七月十九日

行政官

越後府御中

凡在官之者病気不参五十日ニ満レハ辞表可差出、若其
儘保養可遂様被仰付候ニ於テハ、又五十日療養致其上
全快不致節ハ、再辞表差出可申事。
但、保養可致様被仰付候節、居所ヲ移シ療養等致度
者ハ願出可〔ママ〕、尤五十日未満ト雖モ病状ニ因テハ同様

可願出候事。

七月

右之通被仰出候間為御心得申入候也。

古人ノ説《ことば》ニ、大乱ノ後、必ス飢饉アリト言ヘリ。且洪水・大旱ハ古来聖明《をさまるみよ》之世ト雖トモ免レサルトコロナリ。春来ヨリ霖雨滂沱、水災農民ノ患ヲナシ、気候不順、既ニ苗蝗ノ害アリ。此上七・八月之末ニ至リ、万一大風甚敷時者、米価倍々騰貴《ねまし》シ、諸藩ハ鎖津ヲ致シ、姦商ハ買占等ヲ専セバ、窮民ノ難渋ハ申及バス。鰥寡孤独何ヲ以テ餓死ヲ免レン。民ノ上タルモノ、預メ策ラスンハアラス。況ヤ皇政一新、億兆ノ民ハ再ヒ父母ヲ得ノ念ヲ生スル時ニ当リ、賑恤ノ典一日モ怠ルヘカラサルヲヤ。依之府県ノ諸役人、此事ニノミ心ヲ尽シ、其支配所民口ノ多少ニ応シ、預メ米穀ノ流通ヲ謀リ、鎖津買占等ノ所業ヲ禁シ、或ハ彼地ヨリ此地ヘ輸リ、此地ヨリ彼地ニ送リ、互ニ有無相助ケ、今ヨリ其目算ヲ立ヘシ。其上不足ノ見込成ハ機会ニ応シ、非常ノ取計モ有ヘケレ者、府県ノ諸役人能々相考ヘ、早々言上致スヘシ。

七月

今二通ハ先便同文ニ付此度不写候。

軍務官御用掛　井上謙三
会計方　田中左右衛門

右当分越後府民政局出仕被仰付候事。
右勤方之儀者権判事之心得ヲ以、万事可取扱候事。

七月

徳川慶喜是迄水戸表ニ謹慎被仰付置候処、徳川亀之助歎願之儀モ有之、今般改テ駿府宝台院江転移被仰付候ニ付、此旨下々迄不洩様可相達候事。

七月

布告　七通
日誌　第卅七　二十冊

右御達申入候也。
七月廿日
行政官
越後府

石清水放生会、自今中秋祭ト被改候事。

七月十九日

朕今万機ヲ親裁シ億兆ヲ綏撫ス。江戸ハ東国第一ノ大鎮四方輻輳ノ地、宜シク親臨以テ其政ヲ視ヘシ。因テ自今江戸ヲ称シテ東京トセン。是朕ノ海内一家東西同視スル所以ナリ。衆庶此意ヲ体セヨ。
辰七月
右詔書

慶長年間幕府ヲ江戸ニ開キシヨリ、府下日々繁栄ニ赴キ候ハ、全ク天下ノ勢コ丶ニ帰シ、貨財随テアツマリ候事ニ候。然ルニ今度幕府ヲ被廃候ニ付テ者、府下億万之人口頓ニ活計□営ミ候者モ可有之哉ト不便ニ被思食候処、近来世界各国通信ノ時懇ニ相成候テハ、専ラ全国ノ力ヲ平均シ、皇国御保養之目途不被為立候テハ不相叶事ニ付、屢東西御巡幸万民之疾苦ヲモ被為同度深キ叡慮ヲ以テ御詔文之旨被仰出候。イツレモ篤ト御趣意ヲ奉戴、徒ニ奢靡之風習ニ慣レ、再ヒ前日之繁栄ニ立戻リ候ヲ希望シ、一家一身ノ覚悟不致候テハ遂ニ活計ヲ失ヒ候事ニ付、向後銘々相当之職掌ヲ営ミ、諸品精巧物産盛ニ成行、自然永久之繁栄ヲ不失様、格段之心懸可為肝要事。

七月

今般東京ニ於テ当分鎮将府被立置、駿河以東十三ヶ国(駿・甲・豆・相・武・房・上下総・常・上下野・奥羽)可為支配被仰出候間、此段相達候事。

七月

一、駿河以東十三ヶ国諸侯及中・下大夫・上士等上京並帰国共、一々鎮将府へ可届出事。
一、同上諸願届等之儀、総テ鎮将府へ可差出事。
一、駿河以東十三ヶ国、諸藩公務人一両人ツ、東京へ
可相詰事。
　但、相詰候ハ、早々鎮将府へ可届出事。
右之通被仰出候事。
　　七月
　東京在勤
一、鎮将
右東国事務ヲ総裁ス。
一、議定
一、参与
右立法之権ヲ執、議政官之体ニ法ルヘシ。
一、判事分課
　諸侯、軍務、社寺、刑法、会計
一、弁事
右行法之権ヲ執、行政官之体ニ法ルヘシ。
　史官、筆生
右鎮将被差置、東国政務御委任被仰付候ニ付、（駿・
甲・豆・相・武・房・上下総・常・上下野・奥羽）十
三国管轄致シ、諸侯之事件ニ至ル迄総テ取扱致シ可申。
尤大事件ハ時々奏聞ヲ遂候様被仰付候事。
一、東京府
　知府事
　判府事
　権判府事
京摂ハ申ニ不及、諸府県ニ至ル迄政務一定之規則被為
立候御趣意ニ付、彼是齟齬不致様被仰出候事。
但、諸藩ニ於テモ御趣意ヲ奉体認、右政体ニ法リ
追々改革、終ニ天下一定ノ規則相立候様之心懸可為
肝要候事。
　　七月
駿河以東十三ヶ国社寺之儀、所郡之府藩県ニテ支配可
致候処、其難決事件ハ府藩県ヨリ鎮将府へ可申出候様

今度改テ被仰出候事。

但、神社之儀、兼テ御布令之通リ勅条神社大社之向等、直ニ神祇官支配可受候。且寺院之向官位幷参内願等朝廷ニ関係候事ハ執奏ヘ可申出。若執奏無之分ハ直ニ鎮将府ヘ可願出候事。

七月

来ル廿三日護良親王祭日ニ付、於河東操練場神座相設、祭典式被仰出候事。

右ニ付辰之刻ヨリ申之刻迄之内、議定一人、参与一人、弁官事一人並各官知事・京都府知事参拝之事。

但、各官知事並知府事差支候ハヽ、副知事・判事参拝之事、其余諸官銘々参拝可為勝手事。

一、諸人参拝之儀、被差許候事。

一、諸哥献供並諸藩練兵式、備神覧候儀御免被仰出候事。

但、神前詰之者夫々相断、不及混雑様可致候事。

七月

中居右兵衛

越後府判事被仰付置候処、今度病気依願被免候事。

七月

日誌　第卅八　二十冊

御布令　一通

右相達申入候也。

七月廿四日

弁事役所

越後府御中

百姓町人共聊之由ナクヲ以、宮・堂上方ヘ入込用達、又ハ館入様々相唱ヘ、提灯等ニ御用ト記シ、或ハ紋印ヲ付ケ、権威カマシキ振舞イタシ候者、往々有之哉ニ相聞候。兼テ御布令之趣モ弁ヘナカラ、右様之所為ハ不届ニ候。尤ニ候。若以来相改サル者ハ見付次第召捕

へ御詮議可有之候間、屹度相心得候様被仰付候事。

七月

聖上益御機嫌克被為渡恐悦奉存候。然者

布告物　七通　　日誌　卅七・卅八

右御通奉申入候。御落手可給候事。

七月廿七日

軍務官

西園寺中言〔ママ〕納殿

高倉三位殿

四條大夫殿

右之布告七通ハ前葉ニ写有之候間、此紙ニ不写。

一、日誌（第卅九　二十冊、同四十　同断）

一、江城日誌（第十四　同断、同十五　同断）

一、御布告　　五通

書状壱通、土倉殿江水野ヨリ。

右之通被仰出候間、仍御廻シ申入候也。

七月廿八日

弁事役所

越後府御中

右目録之通左ニ認之通。

一、諸願伺届等、一六之外辰刻ヨリ午刻迄ニ可差出候事。

但、差向候儀ハ此限ニ非ス。

右之通被仰出候事。

七月

一、北野天満宮神饌一社之願、且神祇官ヨリ言上之通、可供魚味被仰出候事。

七月

一、三等官之外、宮・堂上・諸侯ヲ初、都テ参願〔ママ〕之節、乗馬九門外ニ可差置事。

一、宮・堂上・諸侯ヲ初、都テ参朝之節、供溜リ分配有之場所分江勝手ニ幕張等致、溜リ所相構エ候儀不相成候事。
一、同参朝之節供連定則之外、兵隊召連候儀ハ其限ニ無之旨、兼テ被仰出有之候得共、九門内御場所狭少混雑及候ニ付、以来兵隊之分九門外ニ差置可申候事。
右之通被仰出候事。

七月

一、通用停止之丁銀・豆板銀共御改製之新金銭ヲ以御買上可相成旨、兼テ御布告之御趣意モ有之候処、未夕御改製之場合ニ不至立候間、所持之者者先可差出候。右代金之儀ハ銀位相当之価ヲ以新金銀ニテ追々御下ケ可相成、尤代金御下ケ候迄難渋之者者金札御下ケ被置候テモ、又ハ金札ニテ御買上相成候テモ、銘々望ニ任セ可申候。右之趣相心得、来ル八月五日迄ニ員数幷望之次第等会計官可申出候事。

七月

右之通被仰出候間、其府ニテ御取調否早々可差出候事。

七月

一、今般大坂銅会所、鉱山局ト改称相成候間、山出金銀銅共其高之多少ニヨラス、総テ右局江御買上相成候間差出可申。且金銀銅入用之儀有之候ハヽ、同局江可伺出候。尤銅之儀ハ当四月御布令相成候通、国々所々ニ於テ屹度相守可申旨被仰出候事。

七月

一、日誌　第四十五　二十冊、第四十六　二十冊
一、御布告　壱通
右之通被仰出候間、御廻シ入候也。

八月十三日

弁事役所

越後府御中

一、聖護院宮薨去ニ付鳴物停止之処、機務御多端之折柄、廃朝モ不被為在候事故、於此度ハ不被及其儀旨

被仰出候事。

八月

一、日誌（第四十七　廿冊、鎮台一・二・三　四冊ツ、ヽ）

一、御布告　二通

右之通被仰出候間御廻シ申入候也。

八月十四日　弁事役所

越後府御中

一、当辰年之儀、国々寄戦争又ハ風水災等モ有之、米価沸騰諸民難渋之趣相聞へ候。依之当年酒造之儀、元高之三分一仕込可申。万一心得違過造等イタシ候モノハ厳重御咎可被仰付候条、此段向々ヨリ酒造人共へ可相達事。

辰八月　行政官

一、被仰出、被仰下、被仰付、御沙汰等之文字ハ、行政官之外不相用候事。

但、大総督府・鎮将府ハ格別ニ付、御沙汰之文字相用候儀不苦。被仰出、被仰下、被仰付等之文字ハ不相成候事。

一、五官府県ニ於テ、被仰出、被仰下、被仰付、御沙汰候、可相認程之儀、並ニ重立候御布告等之儀ハ行政官へ差出、議政官決議之上行政官ヨリ御達相成候事。

一、御達書ニハ、総テ行政官ト相認候事。

尤、重立候事件ハ押印。

一、五官府県ヨリ達書ニハ其官・其府・其県ト相記シ候事。

尤、重立候事件ハ押印。

一、五官府県共、御布告之類、其配下へ相達候文例左之通。

月　日　行政官

右之通被仰出候間相達候事。

月　日

何官

但、府県同様

一、大総督府・鎮将府ヨリ御達文例、大略左之通。

……………………

御沙汰候事。

月　日　大総督参謀

但、鎮将府ハ弁事。

一、重立候事件ハ

……………………

申達候事。

月　日　大総督　押印

但、鎮将府同様。

一、行政官之外、被仰出、被仰下、被仰付等ノ換字中付、達等之語ヲ相用候事。

但、行政官ヨリ御達相成候旨趣ヲ伝候文中ニハ、被仰出、被仰下、被仰付、御沙汰等之文字相用候儀、第一雛形文例ニ準シ候事。

右之通御規則御取極被仰出候事。

八月　行政官

総督府ヨリ御達書三通左之通。

民政局江

一、今般賊徒之為兵火ニ罹リ、或ハ水災ニ逢ヒ候者共ハ、当秋年貢都テ被免候条不洩様早々可相達候事。

八月廿四日

一、別紙之通被仰出候間、早々諸方民政局江モ其表ヨリ可被相達候也。

八月廿四日　総督府

来ル廿七日辰刻、御即位被仰出候事。

八月

行政官

明十七日、山陵御参拝被仰出候処、新造之山路雨天深泥御不都合ニ付御延引、更ニ被仰出候事。

但、明日晴候共御延引之事。

八月十六日

行政官

一、

賀陽宮

兼テ御不審之筋有之、被参朝謹慎被仰付置候処、頃日不軌ヲ謀候趣、全一己之存慮ニテ、徳川慶喜等江密使差遣シ、可内応隠謀及露顕、勅使ヲ以御糺問ニ相成無相違旨書上、然ルニ慶ニオヰテハ、悔悟恭順愈以謹慎罷在候処、皇族トシテ不容易所為、甚以不届至極ニ付、厳重之御沙汰ニ可被及筈ト候得共、格別之以叡慮寛大之典ニ被行、親王弾正尹宣旨、二品

一、

柏崎民政局

新田藩富樫万吉

右当分御雇ヲ以、民政掛リ被仰付候事。

八月廿四日

右之通被仰付候出先之義者、未タ不被仰付候得共、大体ハ村上ヨリ差出サレ候談モ御座候。此段申入候。以上。

八月廿四日

一、日誌　第四十八・第五十　廿冊ツ、

一、鎮台　第四・第五　四冊ツ、

一、御布告　三通

外ニ書状二通

右之通被仰出候間、御廻申入候也。

八月廿日

行政官

越後府御中

位記御養子被召上、安芸少将へ御預被仰出候事。
八月
右之通賀陽宮へ御沙汰相成候ニ付テ者、向後朝彦ト相称シ候事。右為心得相達候事。
八月十六日
行政官

長岡府　榊原三郎兵衛
嶺幸右衛門
沢田覚之助
同新潟　神保八左衛門
同三条　高橋直右衛門
同水原　高嶺清八
同村松　成田八九郎
同津川　山崎伝太郎
一、柏崎県判事
出雲崎　中村石平
川浦　堀達右衛門
小千谷　雪野淵之進
小出嶋　宮地友次郎
加賀宰相中将
其方家来
中村石平
堀達左衛門
雪野淵之進
宮地友次郎

徴士越後国柏崎県判事被仰付候間、早々其県へ出仕可申付候事。
八月十九日
行政官

加賀――――
其方家来
榊原三郎兵衛
嶺幸右衛門
沢田覚之助

神保八右衛門
高橋直右衛門
高嶺清八
成田八九郎
山崎伝太郎

徵士越後府権判事被仰付候間、早々其府へ出仕可申付事。

八月十九日　　行政官

一、日誌　第五十一・五十二　廿冊ツ、
一、御布告　壱通
　長崎外国役所印影一枚㊞　長崎 外国管事 役所之印

右之通御廻申入候也。

八月廿三日　　行政官

越後府御中

二条前左大臣

在職中曖昧之処置失政不少、岐〔屹〕度御沙汰ニ可被及之処、大政御一新且先達テ御元服大礼被為行旁格別之叡旨ヲ以、自今参内被免候事。

八月　　行政官

一、御布告　三通
　達書　一通

右相達候也。

八月廿五日　　行政官

越後府御中

一、此度御即位之大礼、其式古礼ニ基キ大旗指製作被為改、九等官ヲ以是迄之参役ニ令置立、総テ大政之

規模相立候様被仰出、中古ヨリ被為用候唐製之礼服
被止候事。
八月　行政官

一、府県兵之規則区々ニ相成候テ者、終ニ天下一般之
御兵制モ難相立ニ付、於軍務官規則御一定相成、追
テ可被仰出候条、其節速ニ改正可有之御沙汰候事。
但、府県ニオキテ以来各々ニ規則相立、兵員取
建候後被差止候事。
八月　行政官

一、今般讃岐国ヨリ崇徳天皇神霊御還遷被仰出、来月
上旬当地今出川通飛鳥井町へ着御ニ候事。
但、爾来ハ可奉称白峰神社事。
右ニ付神社へ献備等之儀願出度所存之者ハ、品書
ヲ以テ神祇官へ可伺候事。

八月廿四日　行政官

過日諸府県へ分賜相成候金子之儀者、其府県中諸役
員・知事・判事・徴士・雇士迄均シク分配ニ相成候テ
可然候ニ付、為御心得申入候也。
八月廿五日　行政官

追テ京都府ニ於テモ右之趣ニ候事。

一、御布告　三通
一、日誌　第五十三　廿冊
一、鎮台　第六・七　四冊ツヽ
右御達候也。
八月廿九日　行政官
越後府御中

一、九月二十二日者聖上御誕辰相当ニ付、毎年此辰ヲ以テ群臣ニ酺宴ヲ賜ヒ、天長節御執行相成、天下之刑戮被差停候。偏ニ庶民ト御慶福ヲ共ニ被遊候思召ニ候間、於庶民モ一同御嘉節ヲ奉祝候様被仰出候事。

八月　行政官

来三十日辰刻、於河東操練場練兵天覧行幸、不拘晴雨被為在候事。

八月　行政官

一、東京行幸、九月中旬御出輦被仰出候事。
但、御道筋東海道之事。

八月　行政官

一、御布告　二通

右相達候也。

八月廿八日　行政官

越後府御中

一、先達テ御延引ニ相成候山陵御参拝、来廿九日被仰出候事。
右ニ付御出輦迄重軽服者可相憚事。

八月　行政官

一、御即位ニ付献物、一等ヨリ三等迄人別ニ

太刀　一腰ツヽ、

大宮御所

干鯛　一箱ツヽ、

右之通被仰出候候〔ママ〕テ者、各府県三等以上之輩ハ上京之序参賀献上可有之事。

八月

一、御布告　二通
外ニ落手書　一通
右相達候也。
八月八日　　行政官
柏崎県御中

一、御即位ニ付献上、一等ヨリ三等迄人別ニ
太刀　一腰ツ、
大宮御所
干鯛　一箱ツ、
右之通被仰出候。付テ者、各府県三等以上之輩ハ上京之序参賀献上可有之事。
八月　　行政官

先達テ御延引ニ相成候山陵御参拝、来廿九日被仰出候事。
右ニ付御出輦迄重軽服者可相憚候事。
八月　　行政官

一、御廻シ之三通、正ニ落手、夫々江相届申候也。
八月廿八日　　弁事
柏崎県御中

一、御布告　三通
一、日誌　第五十三　十冊
一、鎮台日誌　第六・七　二冊ツ、
右相廻シ申入候也。
八月廿九日　　行政官
柏崎県御中

一、東京行幸、九月中旬御出輦被仰出候事。
　但、御道筋東海道之事。
八月　　　　　　　　行政官

一、来三十日辰刻、於河東操練場練兵天覧行幸、不拘晴雨被仰出候事。
八月　　　　　　　　行政官

一、九月二十二日者聖上御誕辰相当ニ付、毎年此辰ヲ以テ天長節御執行相成、天下之刑戮ヲ差停候。偏ニ庶民ト御慶福ヲ共ニ被遊候思召ニ候間、於衆庶モ一同御嘉節ヲ奉祝候様被仰出候〔マヽ〕候事。
八月　　　　　　　　行政官

一、御布告　　四通
　右相達候也。
九月四日　　　　　　行政官
柏崎県御中

一、　　　　大河内豊前
於大総督府謹慎被申付置候処、今般被免事。
八月　　　　　　　　行政官

一、来六日、崇徳帝神霊白峰宮飛鳥井町御遷還被為在候間、為心得相達候事。
九月　　　　　　　　行政官

一、先帝御忌日是迄御発喪日ヲ以テ十二月廿九日ト被為定置候処、今般御制度復古之折柄、第一御追孝之

思召ニテ古礼ニ被為基、以来崩御御正忌之通リ十二
月廿五日ニ被為定、一段恭敬至重ニ御祭典可被為遊
旨被仰出候事。

九月　　行政官

一、近年於旧幕府屢金銀吹替融通致シ候以来贋金銀
間々有之、実ニ万民之迷惑不一形候。当今大政御一
新、政体一途ニ基キ候折柄、右様之所業有之候テ者
不謂事ニ付、於府県モ厳重吟味被仰付候条、各藩之
儀者其主人ヨリ取糺可致。自然手掛リ之者有之節ハ、
速ニ刑法官へ可申出。万一其領内不取締有之、他ヨ
リ洩間〔聞カ〕候節ハ、其主人之落度タルヘク候。此段屹度
可相心得旨相達候事。

八月　　行政官

一、御布告　五通

右相達候也。

九月七日　　行政官

柏崎県御中

一、　阿野中納言

一、　肥前少将

右参与被仰出候事。

九月　　行政官

一、公卿・諸侯並徴士等、在職之地へ家族召寄候儀可
為勝手旨被仰出候事。

九月　　行政官

一、　秋田万之助

右棚倉ニ於テ官軍ニ抗候哉ニ相聞へ、依之京詰家来

其屋敷ニ於テ禁足、他藩江出入被差止置候処、今度被免候事。

九月　　　　行政官

一、諸国御料所百姓町人共、旧幕府ヨリ苗字・帯刀及ヒ諸役免許並扶持方等遣シ置候者共、其府県ニテ取調へ、其由緒御吟味之上御沙汰之所モ可有之旨、兼テ御布令有之候所、今以等閑ニ打過候向モ有之趣ニ候間、猶又其最寄ニテ早々取調へ可改旨御沙汰候事。

九月　　　　行政官

一、酒造高百石未満之分、其願ニ寄百石迄者増方被免候事。

但、百石以上之内何石何斗等之端石有之分、其願ニ寄拾石迄増方被免候。尤右増石之分者、壱石ニ付金壱両宛上納之事。

千石以上之株ニテ分株相願候テ者、弐ツ割被免候事。

九月　　　　行政官

一、御布告　四通

右相達候也。

九月四日

柏崎県御中　　　　行政官

一、近年於旧幕之時、屢金銀吹替融通致シ候。以来贋金銀間々有之、右者実ニ万民之迷惑不一形候。当今大政御一新、政体一途ニ基キ候折柄、右様之所業有之候テ者不謂事ニ付、於府県モ厳重ニ吟味被仰付候条、各藩之儀者其主人ヨリ取糺可致候。自然手掛之者有之節者、速ニ刑法官へ可申出。万一其領内不取締有之、他ヨリ洩聞候節ハ其主人之落度タルヘク候。

此段屹度可相心得旨相達候事。

行政官

先帝御忌日、是迄御発喪日ヲ以十二月廿九日ヲ被為定置候処、今般御制度復古之折柄、第一御追孝思食ニテ、古礼ニ被為基、已来崩御御正忌之通リ、十二月廿五日ニ被為定、一段恭敬至重ニ御祭典可被為遊旨被仰出候事。

九月　行政官

来六日、崇徳帝神霊白峰宮（飛鳥井町）御遷還被為在候間、為心得相達候事。

九月　行政官

一、大河内豊前

於大総督府謹慎被申付置候処、今度被免候事。

八月　行政官

御布告　五通

日誌　第五十六　廿冊、外ニ書状　弐通

右相達候也。

九月七日　行政官

越後府御中

公卿・諸侯並徴士等、在職之地へ家族召寄候儀、可為勝手旨被仰出候事。

九月　行政官

阿野中納言

肥前少将

右参与被仰候事。

九月　　　行政官

秋田万之助

右棚倉ニ於テ官軍ニ抗候哉ニ相聞、依之京詰家来其屋敷ニ於テ禁足、他藩江出入被差止置候処、今度被免候事。

行政官

諸国御料所百姓町人共、旧幕府ヨリ苗字・帯刀及ヒ諸役免許並扶持方等遣置候者共、其府県ニテ取調、其由緒御吟味之上御沙汰之品モ可有之旨、兼テ御布令有之候処、今以等閑ニ打過候向モ有之趣ニ候間、猶又其最寄ニテ早々取調可致旨御沙汰候事。

九月　　　行政官

酒造高百石未満之分者、願ニヨリ百石迄者増方被免候事。

但シ、百石以上之内、何石何斗等之端石有之分ハ、願ニ寄拾石迄増方被免候。尤右増石之分ハ、壱石ニ金壱両宛上納之事。

千石以上之株ニテ、分株相願候テ者、弐ツ割被免候事。

九月　　　行政官

柏崎県ヨリ到着ニ相成候書、左之通リ只今新発田表御本営ヨリ到来ニ付御達申候。御請可被下候。以上。

九月廿一日　　　会計方

民政局

一、　　　柏崎民政局

右大会計共引受相勤候様御沙汰候事。

一、　　　　　柏崎大会計
右柏崎民政局江引渡候様御沙汰候事。

一、今般柏崎大会計方、当民政局江御引渡ニ相成候段、御沙汰書今廿一日相達奉拝見候。尤御沙汰之通御請可仕之筈ニ御座候得共、争戦後之義ニテ郷村万般之定規混雑仕候。且在来之租税方等書籍モ散舞仕、万端取調多端至極御座候処、最早御収納時節切迫ニ相成、昼夜調理方ニ奔走罷在候処、此上大会計御引渡ニ相成候テ者、弥以万件手渡ニ相成、必竟不容易事件出来可申哉ト深心痛仕候義ニ御座候間、是迄之通大会計者別段被建置候様仕度奉願候。此段御執事可被下候。以上。

九月廿一日　　柏崎県判事

御総督御本宮執事御中

右ニ付従柏崎県来状之事。

以手紙得御意候。弥勇剛被成御随従珍重ニ奉存候。然者今廿一日兵部卿宮御本営ヨリ別紙写之通御達ニ付、別紙写之通御断書指上可申心得ニ御座候。依テ写壱通御廻申候間、御披見之上一応被入御内覧、思召モ不被為在候者、本書早々新発田御本営江御送リ被下度相願申候。為其以急飛如此御座候。以上。

九月廿一日　　岡田助三郎

恒川新左衛門

石田帯刀様

其御府官員附属等、不残職名御認御廻シ可有之候。尤進退有之候節者、必御通達可有之候様申入候也。

九月十日　　弁事

越後府御中

日誌　第五十七　二十冊

鎮台日誌　第八・九　四冊ツヽ、外ニ書状二通

右相達候也。

九月十日　行政官

越後府御中

御布告　三通

右相達候也。

九月九日　行政官

越後府御中

越後国三嶋・志〔下〕古〔上〕・蒲原・沼垂・岩船之五郡、其府ニ於テ管轄候様被仰付候事。

九月　行政官

前原彦太郎

徴士越後府判事被仰付候事。

九月　行政官

御名

柏崎知県事被免、越後府知事被仰付候事。

九月　行政官

当県印鑑改製致候ニ付、為御心得三枚御達置申候。以上。

九月七日　兵庫県

越後府

御名

越後国三嶋・古志・蒲原・沼垂・岩船之五郡、其府ニ於テ管轄候様被仰付候事。

九月
行政官

別紙之通被仰付候間相達申入候。且四條太夫殿江之御沙汰書写、為御心得御廻シ申入候也。

九月十日
弁事

越後府御中

御名

柏崎知県事被免、越後府知事被仰付候事。

九月
行政官

行政官ヨリ九月十日附之御用状箱就到来、予テ御示合申上置候通リ致披封候所、御別封外ニ御布告之通御座候ニ付、不取敢急飛脚ヲ以指上申候。御布告之分ハ宮地友次郎・中村石平之内江御渡可被下候。以上。

九月十八日
柏崎県

三条御本宮執事御中

一、御即位被仰出候ニ付一同恐悦言上之儀、如何相心得候テ宜哉之旨承知致候。右之儀者御布告ニ相成候。尤御県江御達申入候。定テ行違ニ相成候哉ト存候。
仍御答如此候也。

九月十日
弁事

柏崎県御中

其御県官員附属等、不残職名御認相廻シ可有之候。尤進退有之候節者、必御通達可有之候様申入候也。

九月十日
弁事

柏崎県御中

越後府知事四辻宰相中将殿発向之儀御尋問之処、今般柏崎知県事四條太夫殿江越後府知事被仰付候間、其地ニテ直ニ可被差向候。此段可有御心得候也。

九月十日

弁事

柏崎県御中

別紙之通被仰出候間御進退中申入候。且越後府江之御沙汰書壱通為御心得御廻シ申入置候。将又前原彦太郎義右者長州藩隊長ニテ、其地江出張致居候間、軍事御用済ヲ見計ニテ御申付可有之候。就テ者御沙汰書御廻シ申入置候得共、何月ト申事ハ認無之候間、御申付候節御書加ヘ可被成候。仍此段申入候。

九月十日

弁事

四條太夫殿

九月一四日発同廿五日三条表ヘ到着。

一、布告　　三通

一、日誌　（第五十八）　二十冊

一、鎮台日誌　（第十・十一）　四冊ツ、

右相達候也。

九月十四日

行政官

越後府御中

一、東京行幸御出輦、来二十日御治定之事。

九月

行政官

駅逓規則

一、駅逓之法則者総テ駅逓司ニテ確定シ、府藩県其法則ヲ守、遠近諸道一般ニ取締可申事。

一、駅郷組替之儀者駅逓司ニ於テ取調、其駅支配之府藩県江達シ、府藩県ニ於テ請書調印等可申付事。

一、駅々附属村之内他支配入雑居候共、其駅支配之府藩県ニテ一手ニ取扱可申事。
一、駅郷之者共訴訟並願之儀者、其駅支配之府藩県ニ於テ可処置。万一見込難付節者、其支配ヨリ添簡ヲ以テ駅逓司ニ可申立事。
一、駅郷之儀ニ付駅逓司エ呼立候節者、其者支配之府藩県エ相掛リ呼立可申。万一至急之儀ニテ直ニ呼立候節ハ、其者支配エ前後ニ相達可申事。
一、駅之廃置・道替等ヲ初往来ニ関係致候事件者、総テ駅逓司エ相達取計可申事。
附、出火・水出並道中筋異変有之、往来ニ差支候節ハ、駅々伝馬所取締役ヨリ逐一駅逓司江可届出事。

九月　　　　行政官

一、助郷者天下之公課ニ候処、私役等ヲ以種々申立候村邑モ有之、右者奉対天朝恐入候次第ニ候。然ル処領主支配添書相認為致歎願候向モ有之、心得違之事ニ候。尤難渋之村々者甲乙御取認之上、減役除免等可被仰付旨御布告モ有之候得共、即今一同ニ申立候テ者、御組替之妨礙ニモ相成、自然御法制相立兼諸道一般之難渋ニ立至リ候儀、大小緩急之次第深ク相弁ヘ、仮令領分支配之内難渋之村邑有之候共、追テ御取調相成候迄、他村並之郷役相勤候様、於府藩県相応之手当致置、眼前諸道之難渋相救、御用弁致シ候様一同承知共々尽力可有之事。
一、助郷組替相済候分、追々宿方支配之府藩県江御委任可相成候間、支配違ニ不拘、人馬触当次第、速ニ差出之都テ其宿之指揮ヲ受候様可致。郷方支配府藩県ニ於テモ得其意、配下江常々為申聞、不都合無之様可致事。

九月　　　　行政官

一、弐拾ヶ年之内、米納高多分之年柄石数何程ニ候哉。
一ヶ年処可被書出事。

九月
会計官
越後府

一、其府支配村々旧幕之節、江戸・大坂へ廻米致候分、当辰年租税米、大坂御蔵所へ納方可取計候。尤年内可成程可為納候米納高相知次第、早速当官・大坂会計所両所江国郡訳ケ致シ書付可差出、廻納之節御蔵所江モ同所書付可差出候。
但、当年之儀違作ニテ、租税高唯今難差定分モ可有之候得共、大凡米ニテ見積ヲ以書付至急当官江可差出候。
右之通及御達候。以上。
九月
会計官
越後府
十月九日従長岡

一、御布告　弐通
一、　大原少将
弁官事被仰出候事。
九月
行政官
一、　神奈川府
以来県ト被改候事。
右為心得相達候也。
九月廿一日
弁事

4　辞職歎願控

〔表紙〕

慶応四辰年六月

辞職歎願控

越後府役場

辞職歎願書写

一、私義今般徴士越後府権判事被仰付候段奉蒙朝眷生之栄無此上、冥加身ニ余リ不堪恐縮之至候。方今御一新之折柄、愈以粉骨砕身鞅掌可仕筈ニ御座候。乍然去四月幣藩兵隊越後筋為鎮撫出張被仰付候ニ付、寡君ヨリ右用向申付、出張罷出申候得共、老身多病ニテ、右用事難相勤御座候ニ付、其段相届帰邑可仕心得ニ罷在候処、昨十六日柏崎民政局江御用御座候之旨ニ付、右御局江罷出候処、前件之御沙汰書御渡ニ相成、何共以恐懼当惑仕候。従来不字無術事情ニ疎ク、殊ニ及老耄精神恍惚、則全難堪職務奉存候。依之甚恐入候得共、右職務御辞退申上、帰国保食仕〔ママ〕度、偏ニ奉懇願候。誠恐誠惶　謹言。

六月　　関沢六左衛門

越後裁判御総督府

一、私義徴士越後府権判事被仰付、冥加身ニ余リ難有仕合奉存候、右ニ付歎願之次第左ニ奉申上候、元来私義ハ安井和介附属ヲ以、去四月当国ニ罷下申候処、旧桑名領ニオヰテ賊徒官軍ヲ拒ミ、〔閏〕四月廿七日ヨリ戦争相始リ候ニ付、高田表ニ滞留罷在御総督府同所江御着被為遊候得共、戦争最中ニ付、御滞留被為在、其内官軍追々進撃ニ相成候ニ付、和介出張民政ニ従事可仕筈之処、折節所労ニ付、先丹羽権兵衛ヲ柏崎江差遣シ、無程小笠原弥右衛門出張仕民政局取立、続テ鈴木平助モ同所江罷越、猶小千谷江モ出張仕候内、和介モ快気ニ付、柏崎江罷越、依テ私同行仕候。弥右衛門ハ敵地戡定ニ従ヒ、追々前途江相進ニ尽力仕、御総督柏崎江御転営戡定之地御綏撫被為遊候、然処越後府御所置之義ニ付、和介蒙上京之命、七月七日御軍艦摂津丸ニ便船、柏崎出帆仕、能州所口ヨリ陸行、同十三日暁京着ニ相成其節私随行仕、廿九日ニ至和介京都出立仕候ニ付、又々共ニ罷下リ申候途中、加州橋駅ニオヰテ同人発病、金沢表ニ御滞留仕、先私ノミ差遣シ申候処、御総督府モ日々和介帰着ヲ御待被為在、其他何レモ御暮シ候折柄、病気不得已義トハ乍申何共不都合千万、且奉命建白之件々私承リ参候箇条モ御座候得共、何分附属之義ニ御座候得者、詳細ニ承知不仕、御前江被召段々御尋モ御座候得共、兎角霎䨴タル事而已多ク、誠ニ恐縮仕候次第ニ御座候。元来私義ハ性質愚昧世事ニ疎ク、其上是迄於国許蒸気船乗組被申付罷在、租税鞫獄之事等一切心得不申候処、過日判司事被命、御請ハ仕候得共、己之分ニ過キ、愧恥当惑仕候折柄、不思寄御抜擢ニ相成、驚惶不知所措身候。乍去朝命重ク御座候得者、一旦御請ハ仕候得共、当国之義ハ此頃漸平定仕候而已ニテ、乱離之民事多端、統御之道甚難ク御座候得者、天下之俊才ニ非スシテハ、治安ニ至リ申間敷ト存候、庸愚不才之私其職ニ協ヒ不申ハ申迄モ無御座候。其上弥右衛門等附属之人々前途江相進尽力仕候ハ不及申、平介、権兵衛、小林文作モ段々尽力仕罷在、就中於長岡官軍一敗之節、平介ハ出雲崎在勤、権兵衛、文作ハ柏崎ニ罷在、何レ不分昼夜粉骨砕身仕候由ニ御座候、然処遠隔之地右等之情実大政官〔ママ〕江不相通、何之功労モ無之私僥倖ヲ以御抜擢ニ相成候テ者、政公平ヲ失ヒ諸人ニ不服ヲ生シ、且私一分ニオヰテモ他藩ハ勿論、同藩之者江対シ候テモ不相済次第、殊ニ和介ハ上京中爵位ヲ賜リ私迄御抜擢ニ相成候得ハ、自然在京中御用ヲ蔑ニシ己之私ヲ徇候様之嫌疑ヲ受候ハ、必然ニテ誠ニ歎敷奉存候。其上此頃持病差起リ難義仕候ニ付、甚恐入候得共、越後府権判事速ニ被免、追テ病気快復之上是迄

之職掌被命被下候ハヽ、重々難有仕合奉存候。御時節之義、抛身命御奉公仕度奉存候間、何卒情実御憐察被為成下、微意貫徹仕候様只管奉歎願候。此段宜御執達可被下候。以上。

辰八月　　沢田覚之助

御本営御執事中様

〔註〕「6　御用諸方書状往来控」に同文史料あり。

一、私義徴士越後府権判事被仰付冥加至極難有仕合奉存候。御一新之御時節、粉骨砕身勤労可仕筈ニ御座候得共、七月以来幣藩小荷駄方被申付出張罷在申候処、齢垂耳順従来多病之上惣身病癖ヲ発シ、加医療候得共、更ニ無功験醸膿苦痛難儀仕候ニ付、加賀国能美郡栗津温泉湯治仕候ハヽ、可然旨衆医申聞候折柄、迚モ御用難相勤御座候ニ付、帰国保養仕度奉存候間、前許〔ママ〕御憐察御決論被為成下候様奉願上候。且当国民政至急ニ御座候様、私全治之期相知不申候ニ付、何卒職務被免、速ニ代人御撰挙被成下候様、幾重ニモ奉懇願候。以上。

九月　　高橋直右衛門

○越前守家来渡辺浩三権判司事被仰付候処、国許江着後病気罷在未全快之見詰モ無御座候ニ付、権判司事御免被成下候様願出申候、依之何卒願之通御免被成下候様奉存候。以上。

九月　　松平越前守内役人共

○「伺之通被
免候事
辰九月　越後府執事」

当月五日、御書中拝見仕候、秋冷之節弥御安全珍重奉存候。陳者先達上京以来書状御届可申上筈候処、兎角御朝議果敢行不申、一日々々延引ニ相成御文通仕候運ニ至リ不申、併御使之筋者、前月廿八日粗御決議ニ相成候ニ付、直様参府可仕処、道中以来病気差起不得止事居留リ、療養相加リ申候。尤京都江モ右之趣御届申置御殿江者、沢田覚之助ヲ以委曲御届申上候。此程ハ同人ヨリ言上可仕ト奉存候、私儀病気何分楽々不仕無是非、此節別紙之趣、京都江歎願書差出申候間、宜御執達被下候様仕度奉願上候。先達在留中段々御懇情被成下千万辱奉謝候。右御報早々申上候。以上。

八月十一日

安井和介

小西直記様

方今御一新ニ付、賢ヲ貴ヒ陪隷庶人ト雖御登庸被為在、二等官ニ進ムコトヲ得セシメ給フハ千歳之一遇ニシテ、死ヲ以国ニ報センコト越思ハサル者ナシ。臣不肖之身ヲ以、内国権判事被仰付命ヲ奉ジ、越後国江罷越居申候処、更ニ越後国府権判事被仰付、此度同国御所置之義ニ付、登京仕滞留中判事被仰付、五位之爵位越賜リ驚惶不知所措祇内、自慙ル而已ニ御座候。臣性戇愚学術無固職越奉スル事能ハス、饅ニ月給ヲ費シ、今又無功労シテ爵位ヲ賜リ候義、所謂尸位素餐十指之所指啻臣一身負乗之罪免サル而已ナラズ、台忠皇徳之聴明ヲ傷リ下朝廷ヲ侮慢シ、僥倖取容之徒、競進之政治ヲ蠹害スルノ端ヲ開キ、御一新之洪業ヲ妨可申ト奉存候。因テ違勅之罪不軽候得共、願クハ賜フ所之爵位固辞仕度奉存候。且過日大聖寺ヨリ御届申上候通、旅行中痾疾相滞リ、金沢到着後益劇症ニ相成、頃日ニテハ肝臓臓閉塞ニ陥、速ニ快復仕間敷旨衆医申聞候。就テ者越後府民政至急之折柄、唯員僎ヘ候而已ニテ、病蓐平臥罷在候テ者恐入次第ニ御座候間、何卒急速臣職務被免、判事ハ小笠原弥右衛門、南部彦助等ニ被仰付、権判事ハ旧藩岡田与一、富山藩千秋元五郎必職ニ堪可申ト奉存候間、右両人之内ニ被仰付被下候様奉懇願候。此段宜御執達可被下候。誠惶誠恐、頓首謹言。

戊辰八月

安井和介

弁事

御伝達所

5　探索方御用書上帳

〔表紙〕

慶応四辰年七月

探索方御用書上帳

乍恐以書付奉申上候

一、尾町村庄屋忠三郎、女谷村庄屋常吉奉申上候。私共七月十日柏崎表出立石地宿泊、同十一日出雲崎泊仕候ニ付、同所町方ハ勿論久田村、落水村辺之戦争模様、先般麁絵図ヲ以奉申上候通、乙茂村、中条村、沢田村、上条村、柿ノ木村、高畑村遂探索候処、一同御官軍地有之賊地ノ儀ハ左ニ奉申上候。

一、三嶋郡之内嶋碕村外坂谷村、高月村、高森村、小嶋谷村、梅田村、吉田村、辺張村、曲田村、落水村、籠田村、右円賊徒致徘徊、家ニ火ヲ付、兵粮抔勝手ニ取出シ存外之悪業差働候義ニ付、右村々之百姓共其居村立去、名主共之儀者御官軍江属出雲崎江被出、御官軍御固メ所兵粮焚等ニ被出候者モ有之、落水村之儀ハ家数二拾一軒有之処、毎夜賊火ニテ一二軒ヅツ焼払、既十一日夜落水不残焼払、其夜村田、北条ト申所法華寺二ヶ寺焼失、隣村籠田村庄屋宅焼失仕、三嶋郡戦争村々之儀者目モ当ラレヌ事ニ御座候。

一、七月十二日与板町荒木与一左衛門方江一泊仕候処、同所江ハ御官軍千九百人程御操込ニ有之、先信濃川辺之村々江ハ御固メ有之、其外場所宜敷所へ者御台場御築立御要涯御厳重之事ニ奉存候。賊徒之儀ハ本与板ト申所ニテ固メ居、昼者山中江隠居、乍去日夜無差別大砲打候次第ニ有之、与板町折々砲玉流込町方一同極心痛仕候。本与板ヨリ漸々道法十五丁位之間ニ御座候故、朝夕賊之姿相見候由承リ候。

一、本与板八幡山ノ後塩ノ入ト申処、賊徒忍陳〔陣〕所有之、台場等モ有之候得共、此場所ニテ鉄砲打不申由承リ候。

一、与板領中条村久七ト申者木挽職之モノニテ、当二月会津若松辺之すり上村ト申所へ稼ニ罷越、六月廿五日同所出立、津川通ニテ村松在笹堀ト申村へ着仕、夫ヨリ与板近在岩形村ト申桶屋ニ已前熟意ニ付、同人方ニテ引竟世話ニ相成居候処、本与板迄道法二里位之処、日々兵粮運ビ被申付、日夜本与板村へ参候得バ、右忍〔陣〕陳屋悉見届居、猶其夜篝火タキ人足被申付候得共、只々我里中条村へ欠付度心懸故、夜八ッ時頃欠ハヅシ山中江逃込、夫ヨリ山沢モ不厭、与板表江欠付町役人江申出候。右荒木与一左衛門ヨリ申聞候ニ付、久七早々呼寄直談会津之噂一ト通承リ左ニ奉申上候。

一、会津藩白川口又者其辺之三吉ト申所江二里余モ有之、此両所江若松ヨリ多人数操出シ有之、白川城下ニハ御官軍凡千人余御固メ日々戦争大勝利之由申事ニ候。

一、会津大殿ハ在城、若殿ハ越後地江操出シ之由、仙台藩五百人程白川口江操出シ有之候得共、進ミ不申由承リ候。

一、米沢勢新潟迄操出候由、何部〔南〕、津軽、佐竹之儀ハ戦争ニ不抱候トノ事、右久七ヨリ承リ候。

一、阿弥陀瀬村平蔵ト申者、敵地様子悉ク相弁候者之由承リ候ニ付、同人直談承リ候ハ、小嶋谷村弥右衛門宅ニ賊三拾人、冨岡村ニ百人余是ハ米沢勢之由、鷹ヶ峰ト申峠ニ陳〔ママ〕所有之台場等築立、水藩五拾人、其外会津藩同断、上ノ山勢三十人計同所江詰切ニ致、大砲ハ三四挺有之、右平蔵義七月上旬頃日々兵粮送リ参候由承リ候。

一、地蔵堂ヨリ歩兵三百人赤キ衣類着用致シ小嶋谷村江操込之由承リ候。

信州須坂藩中嶋万太郎様ヨリ与板表出雲崎在〔ニテ〕、戦争次第承リ左ニ奉申上候。

一、小嶋谷村百姓善兵衛ヨリ御同人御申届ニ者、同村江歩兵三百人七月四日着仕候、其外桑名勢百二拾人、上杉勢五拾人入交ニテ操込之由。

一、冨岡ニ罷在候賊兵二百人余、庄内勢七拾人計嶋碕迄引上候由承リ候。
一、高畑ト申村ニ古城山間之此所へ台場有之、賊百人屯罷在、隣村柿ノ木村、日野浦村之間合木ノ目峠有之、桑名勢百五拾人、其外入交ニテ二百人計立籠、台場三四ヶ所有之、賊徒之極要地ト相見候、其他山々ニハ大体台場有之、随分要涯堅固ニ致居候様子ニ御座候。右木ノ目峠ヨリ小嶋谷村、嶋碕辺迄御打払相成候者、先出雲崎辺モ穏々可相成ト奉存候。
一、辺張村ニ罷在賊徒之台場有之、吉田村稲場ト申処ニモ台場有之、小嶋谷村麻嶋之宮ニ庄内勢、村上勢立籠台場有之、此程右場所砲ツ、ハ不仕候。先与板表ハ大混雑之由、右中嶋様ヨリ承リ候。
一、七月十三日長岡表民政局御宿松田市郎右衛門方ニ一泊仕、夫々遂探索候処、同所之儀ハ当時平定之由、尤長岡ヨリ弐里程余モ御官軍御進出ニ相成、栃尾辺ヨリ北之方河部村、大口村当月二日三日頃大戦争ニテ刀打モ有之、賊徒多分死人有之候故、凡一円下筋江引取、先苗場ト申村辺迄不残御官軍地ニ相成、押切村ト申処台場有之、一ト度賊乗取候得共、尚又御取返シニ相成候。其節分捕物多分有之、大勝利之由、其村々ヨリ少々隔候テハ不残賊地ニ御座候。
右之場所々々、私共得ト遂探索候得共不行届聞損シ候儀モ難計候。乍恐御賢慮奉願上候。以上。

女谷村庄屋
常吉㊞
尾町村庄屋
忠三郎㊞

慶応四辰七月十五日
御民政局御役所

6　御用諸方書状往来控

〔表紙〕

　慶応四戊辰年

　　八月十六日

御用諸方書状往来控

府県六冊之内　柏崎県御役所

　　辰八月十六日

抑先達安井和介ヲ以申達候件々如何御決定被仰付候哉。同人途中ヨリ称所労候由ニテ帰着否難計。越後全国今日ニテハ、最早粗平定仕候付、寸刻モ民政局施行不仕候テハ難相成奉存候得共、何分当時詰合之権判事少人数、手広之場所行届兼候。且府知事被置候由候得共、イマタ着モ無之、隆―県知事蒙御沙汰候得共、判県事一人モ無之、ヶ様不都合ニ不至候様仕度ト奉存候。先達安井和介急上京候処、長々在京之由、其上帰着難計候テハ、於出先甚当惑仕候。折角精勤之権判事江対候テモ気之毒千万、当従柏崎新潟迄余程里数モ隔有之、同所モ平定有之候地故、速ニ民政局施行無之候テ者不済義ト奉存候得共、越後府知事被置候上、其人選任之義ト奉存候。何分当所ヨリハ手モ届兼候付、臨機之取計モ仕度覚悟ニ候得共行届兼、且其任ニナクシテハ不叶義奉存候。元新潟裁判所総督蒙御沙汰候節被相添候判事ニ付、府県ト相改候得者知事被置候迄、不取敢指揮罷在候得共、今度府知事被置候上ハ、元判事江指揮モ難相成候得者、陸〔隆〕―県知事蒙御沙汰候テモ、判県事一人モ無之ニ付、御用難相勤、此義如何可仕哉、且権判事ハ四等官、判県事五等官ニ相当可申哉。左候得者、右等之区別私ニ得指揮仕兼候義ニ付、此義如何相心得候テ宜哉。至急之御場合ヶ様迂遠成事ニテ、彼是逐日仕候テ者、実事ヲ失シ実ニ不相済義ト奉存候。何卒此状着次第早々御良考御指揮奉待候。迚モ前件之次第不才未執〔熟〕之隆―及所ニアラス。此段宜御沙汰奉願上候。

頓首。

八月十六日

輔相公閣下

追啓。御多端之内、彼是御向洲恐入候得共、又々遅々相成候テ者、実以越後全国人心ニ関係可仕奉存候。何卒早々右区別相立候様仰願仕候。今ニ一人モ到着無之、是迄在勤候内ニモ所労之人モ出来、甚無人ニテ固〔困〕入候。此段御賢察可給候也。

聖上益御機嫌克被為渡恐悦至極ニ奉存候。抑府藩県一定之御規則不相立候テハ、御政令多岐ニ渉リ、弊害不少。就テ者差当リ京都府ニオヰテ相定候規則書遍ク御示ニ相成リ、依テ於当県モ其規則ニ従ヒ職掌相定可申候。然処京都府諸職月給未タ相知不申、府県之別曁県中ニオキテ上中下之区別ニテ、月給之多少並土着羈旅之事モ可有之哉ト被存候間、御取調之上使丁・門番ニ至ル迄、等級・月給詳細御書記御送被下候様仕度御座候。以上。

八月廿五日

柏崎県

弁事御中

薩州

本田弥右衛門

長州

高須梅三郎

右当分御雇ヲ以、新潟民事掛リ被仰付候事。

八月廿三日

右者被仰付候前以御打合セモ可有之候所、過日同所御廻陣ニモ相成至急之義ニ付、直ニ被仰付候。此段可申上旨被仰付候間、御達仕候。以上。

八月廿三日

総督府

四條大夫殿

一、去月廿六日出之飛札披見候。然者此節御布告ニ相

成候金札之義、戦地ニテ者通札モ六ヶ敷候得共、追々平定之処ニ者、乗機会相用度御見込ニテ、金札多分可差下御申越之趣承知致候。然処金札之儀者軍用之御趣意モ有之、於其地金札御取広ニ相成候訳合ニ候ハヽ、其御地商売之者可然人体御撰ニテ、両人計御差登ニ相成候様致度、左候得者商法会所ニテ本人江御趣意柄篤ト申聞、且示談之上取計可及候間、其表ニテ今一応御評議可然奉存候。仍テ御報如此候。以上。

七月八日

会計知官事

西園寺中納言殿

高倉三位殿

一、聖上益御機嫌克被為渡恐悦不斜奉存候。随テ貴殿弥御勇健御勤仕珍重奉存候。偖当国府県共ニ御無人ニ付、毎々種々申立、彼是御世話ニモト令遠察候。今般府県判事夫々多人数被仰付、追々出仕重畳奉畏存候。然処八月十九日御達ニ相成候加州藩榊原三郎兵衛以下八人之義、越後府権判事被仰付候。然ニ定テ御研究之上御沙汰之義トハ奉存候得共、実者権判事杯ヘ可登人才ニハ決テ無之哉。其上先達来被仰付有之候加州藩何レモ相応之士分ニモ相聞候処、榊原以下八人之内ニハ余程昇格之者モ有之哉ニ相聞、且又安井和介在勤之節附属トシテ召連レ置候人体モ有之、中ニ四等官抔ハ不存寄、漸七八等之処当分在職致居候者モ有之、本人ニモ甚恐縮、且困居候向モ有之哉ニ相見ヘ、何等之御見込有之候テ被仰付候義ニ有之候哉。実ニ人心向背ニモ関係可仕候哉。何分於隆平ハ近頃京師御情実者疎不存候得共、向後何卒官代ヨリ御沙汰之義ハ篤ト御研究之上被仰出候様奉願度、遠境在勤不肖之者ニテハ如何様之義出来候テ者、誠ニ当惑仕、徒ニ多分之月給ヲ費シ候ヨリ他事ナク、誠ニ越後全国下民ニ文学モ有之、於役輩者実ニ可然人才ニ無之ハ不叶義ト奉愚察候。此段一応御尋問申入度如此候也。

八月卅日認

隆平

弁事官

阿野中納言殿　御内話

口述

一、

久我大納言、柏崎八月廿六日着船、廿九日出帆ニ相成候。此段為御心得申上候。越後府知事四辻宰相中将、最早京師発向ニ相成候哉。今以頓ト何ラノ御様子モ無之候ニ付、何卒早々下向ニ相成候ハテ者難相成候間、此義如何候哉。一応伺度如此候也。

八月卅日

柏崎県知事

弁事御中

一、当月廿七日辰刻御即位被仰出候旨奉恐悦存候。右者格別御大礼之義ニ付、府県知事以下一同恐悦言上之義、如何相心得候テ宜候哉。諸国府県モ有之候義ニ付、何ト歟御規則モ被為立候義ニ候哉。権判事一同ヨリモ此段伺呉候様申出候間、早々相伺候。宜御差図仰願仕候也。

八月卅日

柏崎県知事

弁事御中

一、八月十九日御達同月廿九日到着、日誌・布告夫々令拝読候。府県判事多人数被仰付追々到着出仕之義ト奉存候。右ニ付府県出役割方之義被仰越承知仕候得共、只今在職之面々モ有之、臨機見計出席、今日迄勤来候儀ニ付、猶追々到着之上実地模様ニ寄、出役割方決義可仕候間、右様御承知可被下候。尤夫々配当出役持場治定之上ハ御届可仕候。

一、府之所先達安井和介上京之節、長岡可然哉之見込献言候得共、其後再度兵火ニテ人家不残焼失ニ付、当分之処府ニ相成候場所モ無之、差当リ新潟三条辺ニ無之テ者不叶義ニ付、猶右等之義者府知事並ニ判

事以下役輩相揃候上、決義可及言上候。此段御承知可被下候也。

八月卅日

柏崎県知事

弁事御中

一、鋳増　弐歩金
一、同　壱歩金
一、新造　楮幣

以上三品出来ニ付、従会計官献上候処、以思召三拾両宛諸官・府県等分給候旨御廻給畏奉存候。早速府県・諸官夫々配当仕候。御礼之義御便之節宜御沙汰願入候也。

八月卅日

柏崎県知事

弁事御中

一、聖上益御機嫌能恐悦不斜奉存候。抑先達加州藩沢田覚之助、越後権判事被仰付候ニ付、別紙之通歎願書差出、前条申立之件々無余儀相聞候ニ付、如何取計可申哉。先達テ御達之内ニハ実ニ其任ニ堪兼候人体モ可有之候哉ト奉存候。甚不都合之義ト奉存候。同人モ先達テ安井上京之節附属、其後当国江帰着致候得共、右御達ニ付出仕不能引籠居申候。何卒至当之人才江御選務肝要之義ト愚考仕候。誠ニケ様越後役輩者加州人而已之様ニ相成候テ者、人心関係如何可有之哉深恐痛仕候。此段早々相伺候。宜御沙汰願入候也。

九月一日

柏崎県知事

弁事御中

一、私義徴士越後府権判事被仰付、冥加身ニ余リ難有仕合奉存候。右ニ付歎願之次第左ニ奉申上候。元来私義ハ安井和介附属ヲ以、去四月当国ニ罷下リ申候処、旧桑名領ニオヰテ賊徒官軍ヲ拒ミ、壬〔閏〕四月廿七日ヨリ戦争相始リ候ニ付、高田表ニ滞留罷在、御総督府同所江御着被為遊候得共、戦争最中ニ付、御滞留被為在、其内官軍追々進撃ニ相成候ニ付、和介出張民政ニ従事可仕筈之処、折節所労ニ付、先丹羽権兵衛ヲ柏崎江差遣シ、無程小笠原弥右衛門出張仕民政局取立、続テ鈴木平助モ同所江罷越、猶小千谷へモ出張仕候内、和介モ快気ニ付、柏崎江罷越、依テ私同行仕候。弥右衛門ハ敵地戡定ニ付従ヒ、追々前途江相進ミ尽力仕、御総督柏崎へ御転営、戡定之地御綏撫被為遊候。然処越後府御所置之義ニ付、和介蒙上京之命、七月七日御軍艦摂津丸ニ便船、柏崎出帆仕、能州所口ヨリ陸行、同十三日暁京着ニ相成、其節私随行仕、廿九日ニ至和介京都出立仕候ニ付、又々共ニ罷下リ申候。途中、加州橋駅ニオヰテ同人発病、金沢表ニ滞留仕、先私ノミ差遣シ申候処、御総督府モ日々和介帰着ヲ御待被為在、其他何モ御暮シ候折柄、病気不得已義トハ乍申何共不都合千万、且奉命建白之件々私承リ参候箇条モ御座候得共、何分附属之義ニ御座候得者、詳細ニ承知不仕、御前江被召段々御尋モ御座候得共、兎角齷齪タル事而已多ク、誠ニ恐縮仕候次第ニ御座候。元来私義ハ性質愚昧世事ニ疎ク、其上是迄於国許蒸気船乗組被申付罷在、租税・鞠獄之事抔一切心得不申候処、過日判司事被命、御請ハ仕候得共、己之分ニ過キ、愧恥当惑仕候折柄、不思寄御抜擢ニ相成、驚惶不知所措身候。乍去朝命重ク御座候得者、一旦御請ハ仕候得共、当国之義ハ此頃漸平定仕候而已ニテ、乱離之民事多端、統御之道甚難ク御座候得者、天下之俊才ニ非スシテハ、治安ニ立至リ申間敷ト存候。庸愚不才之私其職ニ協ヒ不申ハ申迄モ無御座候。其上弥右衛門等附属之人々前途江相進ミ尽力仕候ハ不及申、平介、権兵衛、小林文作モ段々尽力仕罷在、就中於長岡官軍一敗之節、平介ハ出雲崎在勤、権兵衛、文作者柏崎ニ罷在、何モ不分昼夜粉骨砕身仕候由ニ御座候。然処遠隔之地、右等之情実大政官〔ママ〕江不相通、何之功労モ無之私僥倖ヲ以御抜擢ニ相成候テ者、政公平ヲ失ヒ、諸人之不服ヲ生シ、且私一分ニオヰテモ他藩ハ勿論、同藩之者江対シ候テモ不相済次第、殊ニ和介ハ上京中爵位ヲ賜リ私迄御抜擢ニ相成候得ハ、自然在京中御用ヲ蔑ニシ、己之私ヲ徇〔ママ〕候様之嫌疑ヲ受候ハ必然ニテ、誠ニ歎敷奉存候。其上此頃持病差起リ難義仕候ニ付、甚恐入候得共、越後府権判事速ニ被免、追テ病気快復之上是迄之職掌被命被下候ハヽ、重々難有仕合奉存、御時節之義、抛身命御奉公仕度奉存候間、何卒情実御憐察被為成下、微意貫徹仕候様只管奉歎願候。此段宜御執達可被下候。以上。

辰八月　　　　沢田覚之助

御本営御執事中様

〔註〕「4　辞職歎願控」に同文史料あり。

一、九月九日・十日御発之分、十八・九日到着、夫々拝承仕候。

一、加州藩々内多人数府県判事被仰付、追々到着出仕候処、右人体之内何ニ秀居候哉。職訟・租税等ニハ中々六ヶ敷相見候人体モ有之、且県判事加州人計、自然ト公平ニハ至兼、此儀者何卒各藩入交ニ相成候様仕度、且右之人体研究之上、殊ニ寄候ハヽ、進退之儀臨機之取計申渡候テモ宜哉。此段兼テ伺置候。尤申付之上者一々可及言上候。何卒此後権判事以上之人体ハ、篤ト御研究之上御沙汰相成候様仕度候。

一、御支配村々高辻並民口且局々役輩人数等具ニ可申上旨敬承仕候。尚早々取調可申上候。

一、佐州ヨリ弁事御中江之書状差出候得共、不審之件々モ有之候ニ付、当表ニテ二・三通計一応改封仕候間、此段宜御理申上候。就者同所情体別紙之通ニ付難捨置候間、兵部卿御本営江モ御届申入置ニ付、御所分モ可有之ト奉〔ママ〕候。此段御届申上候〔ママ〕置候。

一、五官ヨリ、当正月以来六月迄、於京都御布告物改テ写申請度候事。

一、先達テ申願置候京都府諸役等級月俸等之事。

一、宗門改方之事。
右之件々乍御面働早々御取調、今一応御申越相願
候事。
九月
越後府
弁事御中
芳野正太郎
右者先達以来御無人ニ付、当分民政局出仕村上出
張、兵部卿宮ヨリ御沙汰ニ相成有之候ニ付、越後
府権判事被仰付候テ者如何哉。随分宜相見被申候。
薩 本多弥右衛門
長 高須梅三郎
右者新潟表民政当分出仕有之候人体、尤於出先宮
ヨリ御沙汰ニ付、此人両人共へ可然相見候間、其
本藩江権判事被仰付候御達有之候ハ、如何哉。加
州藩多人数被仰付出仕候得共、御用勤兼候人体モ
相見困入候ニ付、先此段相伺候。
九月
肥前藩楠田十左衛門
右之人体先達テ兵部卿宮御随従有之候処、此比京
師ニ有之哉、又者帰国候哉。何卒不苦候ハヽ、此
人越後府監察又者判事等テモ被仰下候儀不相叶候
哉。此段伺試、何卒可然人才之者無之候テ者、新
潟開港之場所並拒〔枢〕要之地ニモ有之候ニ付、人才之
方無之候テ者、迚モ不才未熟隆平抔ニテ者在勤者
難相成、此段宜御洞察可然御沙汰願入也。
九月廿三日
隆平
弁事御中
一、先般柏崎知事在勤御沙汰之節已ニ過職ニ付、家
僕□〔登〕登京為仕、輔相公迄再三辞職願上置候処、今般
不図越後府知事被仰付、畏縮驚愕之至無所置手足奉

存候得共、朝命難黙止、府県各局役輩之補ヲ以一旦者御請勉苦可仕候得共、敢テ其任ニ当リ不申、殊ニ於北越者京師ヨリ縣〔懸〕隔之土地ニモ有之、旁国情難通、其上大国ニテ諸々出役各局ニモ相成、実以不才無学之隆平ニテ者、諸局之御規則一体之良法モ難相立候而已ナラス、却テ醴〔醸〕疑惑乱人心候様之事出来候テ者、終ニ至噬臍之悔候上者、如何共難奉祖謝候ニ付、通夜苦心罷在候間、何卒至当之人才御撰擢御差下ニ相成候様、偏ニ希望仕候。併一旦御請仕候上者、尽死力御奉公可仕者勿論之義ニ候得共、不才未熟之隆平ニテ者、客民安堵御恩沢為致沐浴候□□。何卒前件御憐察只今不相叶義ニ候ハヽ、来陽早々願之通交替被仰付候様奉渇仰候。此段宜御洞察御採用之程伏歎訴仕候也。

九月廿三日

右於三条表御発向之砌、知事被為蒙仰候節御差出相成候事。

爾後者疎濶ニ打過失敬可被下候。弥御多祥珍重不斜存候。抑当夏江城在陣中御家臣尾崎隼之介義、兼テ高名之聞モ有之、督府御無人ニ付、暫拝借之義家来共ヨリ早卒ニ相願試候処、預御懇意迅速御差添成被下重畳忝存候。其後北越再着之処、戦争中別テ多端之折柄万端御用弁ニテ相成、殊ニ精才之人体内外共諸事尽力、皇運之輝候義モ不少、実ニ今日迄独令賢労、其勲功一々申迄モ無候得共、寸楮ニ難尽候。此段不取敢隆平御挨拶申入候。宜御承諾、重臣中江モ御鶴声可賜候。扨北越再着後早モ返進、ケ様御約諾申入置所、尤其覚悟ニ候処、前件之始末意外之怠慢ニ打過、扨々恐縮之至リ存候。於其御本モ兼テ蒙重職居候由、定テ御都合モ可有之処、不計モ永々ニ相成候段、御憤怒之義ト深令遥察惶惧千万存候。然処先達以来同人モ病褥ニ打臥、於当所為加保養候得共、兎角不快難渋之由、殊ニ寒冷偏鄙之土地柄ニモ有之、一応帰国仕度旨ニ付、不得止一応帰国返進候得共、兼テ御承引之通リ、早春以来不才之身ヲ以猥ニ大任ヲ荷負仕、至急ニ出馬之儘一入混苦

罷有候処、同人恩借後如望太平雲霓今日迄無滞相勤候義者、全同人之精才扶助ニ寄候義、今日返進之義者不得止候得共、於隆平者実ニ矛楯罷在候処、赤子如失乳母誠ニ当惑候処、又々今度不存寄越後府知事在勤被仰付、再三固辞候得共、朝命難黙止、一時者御請在勤モ不仕候ハ、〔ママ〕テ者不相叶義ニ付、段々甘口恐縮仕候得共、若々〔ママ〕不苦候ハ、、御都合ニ寄今一応恩借之義希望試候。私之義ニ者候得共、全者天朝之御用筋ニモ有之ニ付、不顧恐縮今一応此段懇願仕候。自然於御承諾モ賜者千万忝奉存候。仍早々如此候。頓首。

九月廿四日

追テ申。越後全国平定ニ相成、御互ニ恐悦不少存候。定テ御懸念之義ト存候。最早奥羽ニモ不日ニ平定事ト奉存候。将又乍末貴君ニ者当春来御不例之処、別段不相伺不本意千万存候。最早追々御平癒之御義ト存候処、今以少々之御不快之由驚入候。不揃時候御自愛千謝候。早々大凡事粗々御推覧可祈候。此早誠乍汗顔当所任国呈上仕度、御一笑ニモ相成候ハ、本懐候。偖尾。

隆平

忍少将殿貴下

九月十八日、中村石平持参。

此般御料所々江民政局御取立ニ相成候ニ付テ者、其支配石高並ニ村々民戸且是迄有来之御囲米員数等、品々諸民政局江其表ヨリ御達ニ被成候テ、御本宮江申上候様御沙汰ニ付、此段申入候也。

九月十五日

兵部卿宮御本営参謀

四條大夫殿

今般御即位御大礼被為済、先例之通被為改年号候。就テ者是迄吉凶之象兆ニ随ヒ、御一代一号ニ被定候。依之改慶応四年可為明治元年旨被仰出候事。

九月

行政官

今般御即位被為済改元被仰出候ニ付テ者、天下之罪人当九月八日迄之犯事逆罪故殺並犯状難差免者ヲ除之外、総テ減一等被赦候事。

但犯状難差免者ハ、府藩県ヨリ口書ヲ以テ刑法官江可伺出候事。

九月　　行政官

御状令披閲候。如示皇上倍御機嫌能被為渉、恭悦御事候。随テ弥御清栄御勤励珍重存候。抑先達テ安井和介ヲ以申立候件々如何相違候哉。同人途中ヨリ称所労帰着不申故、疑惑ニ御存之由御尤存候。爾后追々被仰出候事故御伝承奉存候。越後府・柏崎県両所判事等、別紙写之通被仰付相成居候条、近々到着候半察申候得共、尚早々罷越候様、夫々江申達候。安井和介モ如何哉為尋置候。是迄数々被竭心慮鎮撫尽力感入候。先達者辞表被差越情実無余儀候。尚熟考評議被申候得共、何分其国土民情風習モ洞達之儀ニ付、此上府之事モ御心付之事件ハ無遠慮被申談度ト存候。直記モ議参直ニ近《木ノ》況《マヽ》承候故、夫々旅行可有之候。御報迄、草略如此候也。

暮秋初五　　具視

四條大夫殿

越後府
知事　四辻宰相中将
判事　加州　安井五位
同　長州　前原彦太郎
出陣中未タ御達ニ不相成。
権判事　因州　宮原大輔
同　小笠原弥右衛門
同　南部彦助
同　渡辺儀右衛門
同　杉本行蔵
同　榊原三郎兵衛
同　嶺　幸右衛門

同　　　　　沢田覚之介
同　　　　　神保八左衛門
同　　　　　高橋直右衛門
同　　　　　高嶺清八
同　　　　　成田八九郎
同　　　　　山崎伝太郎
同試補　　　中村荘助
同試補　　　藤田庄左衛門
柏崎県
知事　　　　御名
判事　加州　里見亥三郎
同　　〃　　恒川新左エ門
同　　〃　　岡田助三郎
同　富山　　林太仲
同　加州　　中村石平
同　　〃　　堀達左衛門
同　　〃　　雪野漸之進
同　　〃　　宮地友次郎

此分御附札　　佐賀藩　山口範蔵
此者過日被仰付候外国人応接可然被存候。
別呈
別啓申述候。皇上倍御機嫌能被為渉、乍憚御国情奉恭悦候。近来ハ日々万機御精励被為在、臣子之分不堪感泣恐悦之至無量奉存候。追々東興被仰出恐悚感佩申上候。宗城モ供奉難有奉存候。先ハ此段及御吹聴度如此御座候。頓首。

九月初五

宇和嶋宗城殿ヨリ
八月初八御勅翰家僕持帰、今振御勤静承候。秋冷日加候処、先々弥御清栄御勤励雀躍之至仰頼候。抑当春北陸道御発程之節、弊藩士林鈴《本ノマ、》十郎従行被命候処、無止都合有及御断候得共、尚栄之趣候故頑悪野人ニ候得共、側テ柳沢勝次郎ヨリ宮部六右衛門以下差出候所、数々御懇情差使被下深畏申候。爾後北越再進後者、別テ繁務ニ付、随従之者共大儀《本ノマ、》云々彼是御役柄御座候。且又柳沢勝次郎儀、所労ニ付願上御暇給候旨過日無異ニ罷

帰候故、養生為致候。○宮部六右衛門儀ハ、当節民政方繁多ニ付、越後府判司事御申付之由御採用之処条々畏候得共、御為筋ニ可相成哉。甚無覚束存候。此上御教戒所希。○越後府判司事之儀勘考申候処、政体書ニ無之疑惑ニ付、徳大寺・阿野モ申談候処、何事貴卿御考違ニハ無御座候ヤ。不都合ニ付内々心付申進候ヘトモ、可然トノ噂在之候故一応申進候。
平常御用多忙ニ付甚御疎凋申条御海免可被下候。貴答迄御座候。頓首。

九月五日　　宗城

四條大夫殿

7　京都ヨリ御布告控

〔表紙〕

慶応四戊辰年八月十六日ヨリ九月迄

京都ヨリ御布告控

府県六冊之内　柏崎県御役所

八月十六日改

一、京都府職制　壱冊

右ニ付御布告　壱通

一、書状　二通

一、御布告　九通

一、其県江御達書　一通

右之通被仰出候間、御廻申入候也。

八月八日

弁事役所

柏崎県御中

一、日誌　第四十九号、六十冊。

右相廻申入候間、夫々行届候様可然御取計可有之候也。

八月八日

弁事役所

柏崎県御中

一、府藩県一定之御規則不相立候テ者、御政令多岐ニ渉リ弊害不少候。就テ者差当リ京都ニ於相定候規則書、遍ク御示ニ相成候間、若シ其土地・民俗ニヨリ難被行条件、且別ニ良法心付候等之儀者一々詳論、太政官江可申出。追テ御斟酌永世一定之御規則可被為立旨被仰出候事。

但、見込存付之儀者、八月中ニ着出可申事。

七月

口演

一、府県印鑑製造之儀、於当官製造次第進達候条、此旨御承知可被下候也。

八月　　弁事

四條大夫殿

一、　林　太仲
　　　里見亥三郎
　　　恒川新左衛門
　　　岡田祐三郎

徴士越後国柏崎県判事被仰付候事。

七月

別紙名前之通被仰付候間、仍テ御心得申入候也。

八月三日　　弁事

柏崎県御中

一、加茂下上社行幸、来九日被仰出候事。

八月

一、　伊達陸奥
　　　上杉弾正

右被止官位、討伐被仰出候事。

八月

一、　伊達陸奥
　　　上杉弾正

右両藩、今度討伐之御沙汰候間、是迄襲封之分、最寄之府県ヨリ管轄候様被仰出候事。

但、襲封有之分者早々取調可申出候事。

八月

一、督典侍儀、御誕生御親母ニ付、大宮段々御内意被仰上度処、格別御孝養之思召ヲ以テ従三位宣下、自今被称三位局、席順可為大典侍上旨被仰出候事。

八月

一、先般、海内一家・東西同視之以思召東京之儀被仰出候処、当春卒然兵馬之事起候ヨリ、以来東国無辜之蒼生賊類之為ニ塗炭ニ陥リ、流離艱難其生ヲ聊セス。依之御親臨御綏撫被遊度、非常御手軽御行装ヲ不遠御出輦可被為在之旨被仰出候事。

八月

一、万石以下知行所、最寄之府県ニテ支配被仰付候御定ニ相成候処、当春来徳川元旗下之内粛帰順歎願申出取調中ニ有之者、或者東京府江歎願申出、追テ御沙汰可有之旨被仰出候向モ有之、尤賊ニ加リ候者ハ勿論、領地御取揚ニ可相成儀ニ御座候得共、未向背不相分輩ハ先旧之儘被差置可然候。無其儀直ニ領知御取揚ニ相成候テ者、自然民心動揺ニ及御寛大之御趣意ニ相返シ可申候間、此旨御承知被置、支配所之内姓名並ニ領知高至急ニ御取調可被申遣候。其上ニテ先ニ御沙汰之趣御通達可致候間、此段申入候也。

附札　本文之次第、向背ニ不抱元ヨリ御支配可有之収納之儀者旧之儘可被指置、此段為念申入候也。

八月

弁事

柏崎県御中

一、諸国税法之儀、其土風ヲ篤ト不相弁新法相立候テ者、却テ人情ニ戻リ候間、先一・二年者旧貫〔慣〕ニ仍リ可申。若苛法弊習又ハ無余義事件等有之候ハヽ、一応会計官ヘ伺之上所置有之ヘキ事。

一、諸府県共役向諸事相心得候者、一両人上京為致置、彼是之御用相弁候様可致事。

一、租税納方、諸府県・諸藩御預所共、金ハ会計官、米者大坂会計官江当辰年ヨリ上納可致事。

　但、御所・二条両御蔵所納之儀可為是迄之通事。

一、諸府県月給其外諸入用、凡積ヲ以テ租税之内ニテ金穀儲ヘ置、夫々取計致シ、皆納之節、会計官ヘ明細勘定帳着出候様可致事。

一、旧幕麾下采邑没収之分ハ、最寄之府県並諸藩御預所可為支配、其他御所置未無之分ハ当分同様支配致シ租税取立置会計官へ可届事。

一、丁銀・豆板銀通用停止被仰出候ニ付テハ、是迄貢米代其外小物成・運上物等一切可為金納事。

但、金壱両ニ付永壱貫文、銀ハ六拾目換之算当タルヘキ事。

右之通被仰出候事。

八月

一、近年有志之輩、天下形勢不可已之処ヨリ、往々藩籍ヲ脱シ四方ニ周流シ、義ヲ唱ヘ難ニ殉シ、数百年偸惰之風ヲ一変シ、大ニ国家之命脈ヲ維持シ、今日朝廷御復古之運ニ際会スルモ、自分其唱首之力ニ資スルモノ不鮮候。然ルニ朝政御一新・万機御親裁之秋ト相成候テ者、皇国一体之政令被為立、府藩県共一途ニ相帰シ、今後万民天下ニ於テ不可帰府藩県有之間敷候。仮初ニモ其戸籍ヲ脱シ浮浪ニテ其身ヲ終リ、或ハ其本ヲ離別ニ容ル処有之候テ者、大ニ御政体ニ相背キ、万一脱走之風盛ニ行レ、僥倖之道相開ケ、法ニ戻リ制ヲ破リ候様成行候テ者、誰ト共ニ国家ヲ維持セラルヘキ哉。既ニ当春浮浪之儀ニ付被仰出モ有之候得共、猶又従前之功ヲ不没、将来之害ヲ被為防、天下有志之輩ト其法ヲ執リ制ヲ立ヘキ御趣意ヲ以テ、旧来脱藩等之輩、此度夫々旧地江復帰シ、戸籍ヲ正シ、信義ヲ全シ、其進退再ヒ当ヲ得、一新之御政治裨補候様被為成度ニ付、其御所置可有之旨被仰出候事。

八月

一、朝綱一タヒ弛ミシヨリ政権久シク武門ニ委ス。今朕祖宗之威霊ニ頼リ、新ニ皇統ヲ招キ大政古ニ復ス。是大義名分ノ存スル所ニシテ天下人心ノ帰向スル所以ナリ。嚮ニ徳川慶喜政権ヲ還ス。亦自然之勢、況ヤ近時宇内形勢日ニ開ケ月ニ盛ナリ、此際ニ方テ政権一途・人心一定スルニ非サレハ、何ヲ以国体ヲ持シ起綱ヲ振ハンヤ。茲ニ於テ大ニ政法ヲ一新シ、公卿・列藩及四方ノ士ト与ニ広ク会議ヲ興シ万機公論ニ決スルニ、素ヨリ天下ノ事一人ノ私スル所ニ非ス、然ニ奥羽一隅イマタ皇化ニ服セス。妄ニ陸梁之禍ヲ地方ニ延ク。朕甚々維〔惟〕ヲ患フ。夫四海ノ内孰カ朕ノ赤子ニアラサル、率土ノ浜亦朕ノ一家ナリ。朕庶民ニ於テ何ソ四隅ノ別ヲナシ、敢テ外視スル事ナランヤ。惟朕ノ政体ヲ妨ケ、朕ノ生民ヲ害ス故ニ已ヲ得ス、五畿七道之兵ヲ降シテ其不廷ヲ正ス。顧フニ奥羽一隅ノ衆豈、委ク乖乱昏迷センヤ。其間必ス大義ヲ明ニシ国体ヲ弁スル者アラン。或ハ其力及ハス、或ハ勢支フル能ハス、或ハ情実通セス、或ハ事体齟齬シ以テ今日至ル。カクノ如キモノ、宜ク此機ヲ失ハス、速ニ其方向ヲ定メ、以テ其素心ヲ表セハ、朕親シク撰フ所アラン。縦令其党類ト雖トモ、其罪ヲ悔悟シ改心服帰セハ、朕豈コレヲ隔視センヤ、必処スルニ至当之典ヲ以テセン。玉石相混シ薫蕕共同ウスルハ忍ヒサル所ナリ。汝衆庶宜シク此意ヲ体認シ、一時ノ誤リニ因テ千載ノ辱ヲ遺スコトナカレ。

八月

柏崎県

越後国頸城・魚沼・苅羽之三郡其県ニテ管轄致候様被仰出候事。

八月

一、日誌　四拾一・二、弐拾冊ツヽ。

一、京都府職制　壱冊

右ニ付御布告　壱通

一、書状　壱通

右日誌之外、御布告・京都府職制並書状壱通、八月八日発之写同文ニ付略之。尤従三条御本営御廻ニ相成候事。

八月十七日

一、御布告　壱通

右之通被仰出候間、御廻申入候也。

八月十五日

行政官

柏崎県御中

一、先達テ御延引ニ相成候山稜御参拝之事、来十七日被仰出候事。

右ニ付、当日御出輦迄重軽服者可憚事。

八月

行政官

御状箱入

一、御布告　三通

右之通被仰出候間、御廻申入候也。

八月廿日

行政官

柏崎県御中

一、来ル廿七日辰刻御即位被仰出候事。

八月

行政官

一、明十七日山稜御参拝被仰出候処、新造之山路雨天深泥御不都合ニ付、御延引更ニ被仰出候事。

但、明日晴候共御延引之事。

八月十六日

行政官

賀陽宮

一、兼テ御不審之筋有之、被参朝謹慎被仰付置候処、頃日、不軌ヲ謀候趣、全一己之存慮ニテ、徳川慶喜等へ密使差遣シ、可内応隠謀及露顕、勅使ヲ以御糺問ニ相成無相違旨言上、然ルニ、慶喜ニオイテハ悔悟恭順愈以謹慎罷在候処、皇族トシテ不容易所易〔ママ〕甚以不届至極ニ付、厳重之御沙汰ニ可被及筈〔ママ〕之候得共、格別之以叡旨寛大之典ニ被行、親王弾正尹宣旨・二品位記・御養子被召上、安芸少将へ御預被仰出候事。

八月

右之通、賀陽宮へ御沙汰相成候ニ付テ者、向後朝彦ト相称シ候事。右為心得相達候事。

八月十六日　　行政官

一、金子入御箱　壱ツ
一、御布告　壱通
一、鋳増　弐歩金
一、同　壱歩銀
一、新造　楮幣

以上三品出来ニ付、従会計官献上候処、以思召三拾両宛諸官・府県等分賜候事。

右御廻申入候也。

八月　　弁事

柏崎県御中

一、御布告　壱通

長崎外国役所、印影一枚　印（長崎外国管事役所之印）

右御廻申入候也。

八月廿三日　　行政官

柏崎県御中

二条前左大臣

在職中曖昧之処置失政不少、岐度御沙汰ニ可被及之処、大政御一新且先達テ御元服大礼被為行、旁格別之叡旨ヲ以、自今参内被免候事。

八月　　行政官

一、御布告　三通
一、達書　一通

右相達候也。

八月廿五日

行政官
柏崎県御中

一、此度御即位之大礼其式古礼ニ基キ、大旌始製作被為改、九等官ヲ以是迄之参役ニ令並立、総テ大政之規模相立候様被仰出、中古ヨリ被為用候唐製之礼服被止候事。

八月　行政官

一、府県兵之規則、区々ニ相成候テ者、終ニ天下一般之御兵制モ難相立ニ付、於軍務官規則御一定相成、追テ可被仰出候条其節速ニ改正可有之御沙汰候事。
但、府県ニオイテ以来各々規則相立兵員取建候後被差止候事。

八月　行政官

一、今般讃岐国崇徳天皇神霊御還遷被仰出、来月上旬当地今出川通飛鳥井町へ着御ニ候事。
但、爾来ハ可奉称白峰神社事。
右ニ付、神社へ献備等之儀願出度所存之者ハ、品書ヲ以テ神祇官へ可伺候事。

八月廿四日　行政官

一、過日諸府県へ分賜相成候金子之儀ハ、其府県中諸役員、知事・判事・徴士・雇士迄均シク分配ニ相成候テ可然候ニ付、為御心得申入候也。

八月廿五日　行政官

柏崎県御中

追テ京都府ニ於テモ右之趣ニ候事。

一、御布告　二通
外ニ落手書壱通

右相達候也。
八月八日　行政官
柏崎県御中

一、御即位ニ付献上
一等ヨリ三等迄人別ニ
太刀　一腰ツ、
干鯛　一箱ツ、
大宮御所
右之通被仰出候付テ者、各府県三等以上之輩ハ上京之序参賀献上可有之事。
八月　行政官

先達テ御延引ニ相成候山陵御参拝、来廿九日ト被仰出候事。
右ニ付御出輦迄重軽服者可相憚候事
八月　行政官

一、御廻之三通正ニ落手、夫々江相届申候也。
八月廿八日　弁事
柏崎県御中

一、御布告　三通
一、日誌　第五十三、十冊。
一、鎮台日誌　第六・七、二冊ツ、。
右相廻シ申入候也。
八月廿九日　行政官
柏崎県御中

一、東京行幸九月中旬御出輦被仰出候事。
但シ、御道筋東海道之事。

八月　　行政官

一、来三十日辰刻、於河東繰練場練兵天覧行幸、不拘晴雨被仰出候事。

八月　　行政官

一、九月二十二日者聖上御誕辰相当ニ付、毎年此辰ヲ以テ天長節御執行相成、天下之刑戮被差停候。偏ニ庶民ト御慶福ヲ共ニ被遊候思召ニ候間、於衆庶モ一日御嘉節ヲ奉祝候様被仰出候候〔ママ〕事。

八月　　行政官

一、御布告　四通

右相達候也。

九月四日　　行政官

柏崎県御中

一、　大河内豊前

於大総督府謹慎被申付置候処、今般被免候事。

八月　　行政官

一、来六日、崇徳帝神霊白峰宮飛鳥井町御遷還被為在候間、為心得相達候事。

九月　　行政官

一、先帝御忌日、是迄御発喪日ヲ以テ十二月廿九日ト被為定置候処、今般御制度復古之折柄、第一御追孝之思召ニテ、古礼ニ被為基、以来崩御御正忌之通、十二月廿五日ニ被為定、一段恭敬至重ニ御祭典可被為遊旨被仰候事。

九月

行政官

一、近年於旧幕府贋金銀吹替融通致シ候以来、贋金銀間々有之、実ニ万民之迷惑不一形候。当今太政〔ママ〕御一新・政体一途ニ基キ候折柄、右様之所業有之候テ者不謂事ニ付、於府県モ厳重吟味被仰付候条、各藩之儀者其其〔ママ〕主人ヨリ取糺可致。自然手掛リ之者有之節ハ速ニ刑法官へ可申出。万一其領内不取締有之、他ヨリ洩聞候節ハ其主人之落度タルヘク候。此段屹度可相心得旨相達候事。

八月

行政官

一、御布告　五通

右相達候也。

九月七日

行政官

柏崎県御中

一、阿野中納言

一、肥前少将

右参与被仰出候事。

九月

行政官

一、公卿・諸侯並徴士等在職之地へ家族召寄候儀、可為勝手旨被仰出候事。

九月

行政官

一、秋田万之助

右棚倉ニ於テ官軍ニ抗候哉ニ相聞、依之京詰家来其屋敷ニオイテ禁足、他藩江出入被差止置候処、今般被免候事。

九月

行政官

一、諸国御料所百姓・町人共、旧幕府ヨリ苗字帯刀及ヒ諸役免許並扶持方等遣シ置候者共、其府県ニテ取調へ、其由緒御吟味之上御沙汰之所モ可有之旨、兼テ御布令有之候所、今以等閑ニ打過候向モ有之趣ニ候間、猶又其最寄ニテ早々取調へ可致旨御沙汰候事。

九月　　行政官

一、酒造高百石未満之分者願ニ寄、百石迄者増方被免候事。

但シ、百石以上之内、何石何斗等之端石有之分者願ニ寄拾石迄増方被免候。尤右増石之分者壱石ニ付金壱両宛上納之事。千石以上之株ニテ分株相願候テ者、弐ツ割被免候事。

九月　　行政官

一、御布告　　四通

右相達候也。

九月四日　　行政官

柏崎県御中

一、御即位被仰出候ニ付、一同恐悦言上之儀、如何相心得候テ宜哉之旨承知致候。右之儀者御布告ニ相成候。尤御県江御達申入候。定テ行違ニ相成候哉ト存候。仍御答如此候也。

九月十日　　弁事

柏崎県御中

其御県官員附属等不残職名御認相廻シ可有之候。尤進退有之候節者、必御通達可有之候様申入候也。

九月十日　　弁事

柏崎県御中

一、越後府知事四辻宰相中将殿発向之儀御尋問之処、今般柏崎県知事四條太夫殿江越後府知事被仰付候間、其地ニテ直ニ可被差向候。此段可有御心得候也。

九月十日

弁事

柏崎県御中

別紙之通被仰出候間御進達中申入候。且越後府江之御沙汰書壱通為御心得御廻申入置候。将又前原彦太郎義、右者長州藩隊長ニテ其地江出張致居候間、軍事御用済ヲ見計ニテ御申付可有之候。就テ者御沙汰書御廻シ申入置候得共、何月ト申事ハ無之候間、御申付候節御書加へ可被成候。仍此段申入候。

九月十日

弁事

四條大夫殿

郵便はがき

料金受取人払郵便

麹町支店承認

8827

差出有効期限
平成26年８月
24日まで

102-8790

104

東京都千代田区飯田橋4-4-8
東京中央ビル406

株式会社 同成社

読者カード係 行

ご購読ありがとうございます。このハガキをお送りくださった方には今後小社の出版案内を差し上げます。また、出版案内の送付を希望されない場合は右記□欄にチェックを入れてご返送ください。 □

お名前《ふりがな》　　歳　　男・女

〒　　TEL

ご住所

ご職業

お読みになっている新聞・雑誌名

〔新聞名〕　　〔雑誌名〕

お買上げ書店名

〔市町村〕　　〔書店名〕

愛読者カード

お買上の
タイトル

本書の出版を何でお知りになりましたか？

イ．書店で　　ロ．新聞・雑誌の広告で（誌名　　）

ハ．人に勧められて　　ニ．書評・紹介記事をみて（誌名　　）

ホ．その他（　　）

この本についてのご感想・ご意見をお書き下さい。

注文書

年　月　日

書　名	税込価格	冊　数

★お支払いは代金引き替えの着払いでお願いいたします。また、注文書籍の合計金額（税込価格）が10,000円未満のときは荷造送料として380円をご負担いただき、10,000円を越える場合は無料です。

8　御伺書之控、御達書之控、在町御達書之控

〔表紙〕
慶応四辰年八月　日
御伺書之控
御達書之控
在町
御達書之控
柏崎県
御役所
府県六冊之内

一、
安倍小次郎
陶山善四郎
山田登之助
藤野友三郎
今泉友三郎
木村一蔵
原田五右衛門
神戸須磨之丞
安部剛三郎

先達以来於小千谷松代藩江御預相成居候元長岡藩之内、右安倍小次郎等九人勤王之志無相違者之由ニ御座候間、民政方江召遣申度御座候。此段奉伺候。
八月廿九日
柏崎県
総督府参謀御中

一、苞苴私謁之儀者、古賢之誡モ有之、誰彼モ所知ニ候得共、弊政御一洗、今日従前之頽風ヲ襲ヒ、賄賂ヲ以役人江及嘱託候輩於有之者固不可然事ニ候。自然右様之義被行候テ者、自ラ依怙贔屓之取計ニモ及ヒ、無偏無党公平之御政道ヲ破ニモ立至リ可申大事ニ候間、以来金幣者勿論瑣屑之者物タリ共堅可為停

止。万一不慎法令、密々ニ餽受候者有之、其儀相知レ候ハ、双方共岐度可被及御沙汰候事。

正月

右者鎮撫使御在勤之節之御布告ニ候処、今般諸局江御布告相成候事。

八月十六日改

一、当国賊徒御掃攘追々御鎮定ニ相成ニ随ヒ、当柏崎県附等ハ最早御平定ニ相成候間、是迄旧領之流弊等速ニ御改政〔正〕、民政御施行可相成候ニ付テ者、其本正シカラザレハ末治マラザルニ付、第一町年寄・大煎〔ママ〕等民長ニテ諸民之標準ニ相成候間、旧習ヲ改革シ、是迄之仕癖之泥ミ等閑之分ニ無之様、可相心得候。其方共役前子孫相続相勤候向モ有之哉ニ候得共、方今門閉ヲモ被為廃候時ニ候得者、向後右旧習ニ不抱〔ママ〕、或ハ勤方惰弱ニテ御趣意ニ触候様之義相聞候節ハ、無拠迅速ニ役儀被免、其器ニ当ルモノヲ御登用ニ可相成候間、此旨無心得違、幾ニモ尽力イタシ、御改政〔正〕之御趣意之通致研究、日新之実功相立精勤候様被仰出候事。

辰八月廿日　民政局

星野藤兵衛方
町年寄
大肝煎
共へ

一、当国賊徒御掃攘ニ相成候処、右賊徒之家族共為致潜遂候者有之候哉、粗相聞候ニ付、夫々御取調有之候事ニ候。仍テ自然是迄心得違ニテ潜伏差置候ハヽ、早々可為致退散。若此上隠置者相顕レ候節ハ、隠主当人者勿論村役人迄急度曲事可申付候事。

辰八月

星野藤兵衛方
町年寄
大肝煎
共へ

9　高田藩江御達控

〔表紙〕

慶応戊辰季夏二月ヨリ
八月十五日迄

高田藩江御達控
並御支配向
府県六冊之内　越後府役場

従前徳川家ヨリ預ヶ地並元川浦附陣屋・出雲崎附陣屋等支配所、当春改テ天朝御領ニ被仰出、督府ヨリ其藩へ当分御預之御沙汰ニ相成候処、今般御再進ニ付、御詮義之上、追々従天朝永世御確定之御所置被仰出候迄者、村方取計之義、惣テ是迄徳川家ヨリ預来候通可被捌候。此段下々迄心得違無之様可被達旨御沙汰之事。

但、天朝御領ニ被仰出候迄者、差向御軍事御用之廉ニテ、人夫差出方等ハ一際出精御用相勤可申候。此段下々へ厚可被申諭候事。

辰六月十四日

新潟督府判事

右之通、当藩御用掛へ相達候事。

一、高田藩へ従前御預地之内郷村帳引渡無之ニ付申渡、掛役人へ相達候。

出雲崎陣屋附頸城郡ノ内百七十二ヶ村

右村々当春後ニ天朝御領ニ被仰出候。依之郷村取調理〔ママ〕被仰付、当分高田藩江御預ニ付、追々永世之御確定被仰出候迄同藩之下知可相守者也。

辰六月

越後府判事

右村々役人共へ

右同文言

川浦陣屋附五拾五ヶ村

高田藩へ申渡、旧幕府朱印地之寺社印物、高田藩最寄之寺社向印物、本紙並ニ写相添、急々当府へ可差出者也。但シ、右寺社領高帳急速是又可差出モノ也。

六月

高田最寄之朱印地寺社印物可差出旨達置候所、混雑ニ付、先本紙之写於其藩取立之、当月中ニ可被差出候事。

但、本紙之写、行数・料紙・寸法同様、誤字等無之様写可差出旨、其向々へ可被達候事。

六月廿三日

越後府執事

六月廿四日、当藩重臣呼出御直達之処、役向ヨリ相渡ス。

大政御一新ト云ハ朝廷之御事件ニ非ス、四海一統之御一新ニ付、於藩々其御趣意ヲ体認シ、各其志ヲ遂ケ上下ヲ不論人才ヲ登用スヘシ。

一、賢才博学ト雖モ、互ニ偏執自負ナク国家有用ヲ務ムヘシ。亦已器量ヨリ謙遜辞譲スル者ヲハ必登用スルヲ公論トス。

一、各藩ヨリ徴士・貢士ヲ差出シ可有之候得者、万事朝議ニ基キ藩屏ノ風習ヲ一新スヘシ。

一、驕奢ノ費弊ヲ除キ、土地人民ヲ撫育シ、広ク人才ヲ求ムヘシ。

一、自今先規古格ニ泥ミ心得違不可有。其職任ニ勉励シ、末々役人ニ至迄、旧来ノ習ヲ除キ、時勢ヲ弁別シ、万事正直ヲ以速ニ裁判スヘシ。

一、土地之風習ト雖モ、府藩県ヲ正敷者人心ノ頑愚ヲ諭シ、万民心ヲマシテ天地ノ公道ニ基ヘシ。

右件々従太政官懇々御発諭モ有之、猶旧弊ヲ固守スル藩モ有之歟。早ク一新之実効相顕事ヲ期ス。砕細ノ小礼ニ不拘泥、人々ヲシテ志ヲ遂ケシムルニ於テハ、当府在陣ノ甲斐可相立被存候。速ニ体認有之度候事。

越後府

高田藩へ

居多社務花前常磐之介

右居多社領、当時物成取惣高並水帳等御調之儀有之候ニ付、即刻当府へ差出候様御達可被成候事。

六月廿七日　越後府判事

一、当人呼出申渡。

高田藩御預所掛り　松尾源六郎

右柏崎表局中繁務ニ付、助役被仰付候事。

六月廿一日　越後府判事

同　神取桂久馬

右同文言。

同下司　福嶋大治

右之者、柏崎表局中ニテ筆生相勤候様可被申渡候事。

一、当所ニ差止メ有之旅人並戦地ヨリ送リヲ預リ之人体等、夫々罪状子細柄取調、書付被差出候様御沙汰ニ候事。

七月一日　越後府執事

高田藩役人中

沢田覚之助

右越後府判司事被仰付候事。

五月

鈴木平介

前同文。

五月

丹羽権兵衛

前同文。

五月

宮部六右衛門

前同文。

五月
村上雅之助
前文同断。

五月
小林文作
右越後府権判司事被仰付候事。

六月
星野　齊
前同文。

五月
高山真人
右越後府権判司事被仰付候事。

六月
渡辺浩三
右前同文。

七月
松尾源六郎
右越後府権判司事試輔被仰付候事。

七月
神取桂久馬
右前同文。

七月
黒坂二瓶二
右前同文。

七月
福嶋大治
右越後府筆生試輔被仰付候事。

七月
秋山顗蔵
右前同文。

七月
宮原大輔
右出雲崎為民政出張被仰付候事。
但シ、判司事之内自今見込ヲ以被為随従候事。

七月十六日
菊地又蔵

山田勘介

越後府筆生試輔被仰付候事。

六月

樒崎郁之進

嶋田祐三郎

越後府権判司事試輔被仰付候事。

七月

木村弘一郎

里村藤次郎

越後府権判司事試輔被仰付候事。

七月

石川文五郎

同筆生試輔被仰付候事。

七月

西巻文五郎

市川敬次郎

市川儀三郎

御用聞次申付候事。

七月廿二日

竹内庄右衛門

御用聞申付候事。

七月廿日

御印鑑之事

是迄渡シ来候印鑑者、則相改、総督宮御用ニ相成、
於越後府取扱御委任ニ付、左之通被命候。
一、上ノ方ヨリ鉢崎関門通行ハ高田藩印鑑ヲ以通行之
事。
一、柏崎ヨリ諸国へ往来並戦地用之者、於越後府御印
鑑可相渡候事。
一、高田表ヨリ諸国へ往来之者ハ、同藩ニテ御印鑑出
入取次可有之候。
尤、御印鑑五十枚又ハ百枚程ツヽ、御預ケ可被成候事。
但シ、出入帳記可有之事。
一、会計方印鑑ヲ以、関門往来不相叶候事。
〆

辰七月

右一紙高田藩へ御達候也。

田中太郎左衛門

右越後府民政局江出仕被仰出候事。

尤、当時加勢之儀ニ付、権判事可為心得之事。

辰七月

金穀御用方　藤橋彦次郎

右春来随従之処、小堀数馬申立ニ仍テ御用被免候事。

辰八月

同　曾我豊次郎

右同文言。

星野　齊

越後府判司事被仰付候事。

八月

北村輯平

越後府筆生試輔被仰付候事。

八月

桑名忠左衛門

越後府権判司事試輔被仰付候事。

八月

小西直記

宮ヨリ御沙汰、越後府権判事試輔被仰付候事。

10　書状往復控

〔表紙〕
明治紀元戊辰十月
書状往復控
越後府役場

〔下札〕
四條家文書
越後府　書状往復留
役場　　　参

抑先般越後府之所、長岡表ニ可被立之旨御達ニ相成候節、猶土地ヲ研究之上、可及言上之旨申上置候処、今般諸局出張之判事集儀候処、長岡表再度兵燹ニモ有之、段々可及衰微候間、右之場所取立之義可然ト一同評決ニ相成候間、此段御届申上候。仍早々如此候也。

十月一日　越後府知事

弁事御中

弥御安泰令恐賀候。然者一昨日御出営之砌御沙汰ニ相成候会津七郡民政之処、当分暫之間御府江御委任之事、弥依頼被成度候間、右様御承知可被下、会津民政人体、加州四人・越前三人・高田二人・松代一人、右御沙汰ニ相成居候得共、御府ヨリ早々判事三・四人若松江御差出、不取敢民政御施行之様存候。仍草々右御掛合申入度如此候也。不宜。

十月六日　北越総督府参謀

越後府知事公

一簡令啓上候。秋冷之節弥御安泰御勤整令賀候。然者御地モ一旦者御混雑御配慮令恐察候。併此程追々御鎮定之趣承知仕恐賀不過候。猶近々全国平定奉企望候。扨近頃御高配中願兼候へ共、苦情不得已願試候故者、是迄度々判事為差登、従天朝金穀御廻方願上候得共、何分不容易御入費御手配モ行届兼候哉。今以何等之御沙汰モ無之、殊ニ当地者内地ト事変リ市在江是非トモ年々玄米凡八千俵程不賃遣者テ者不相済、旁以殆ト当惑罷在候。最早出海之趣、終ニ者乍居饑餓之外無余事、今日ニ至リ如何トモ術策尽果、唯々困却此事ニ候。仍テ何卒前文御推察、給玄米五千石来巳年五月中産物引当御繰替借用相願度、於御同心者当府勿論庶民ニ至迄可畏入、何分御尽力之程偏ニ奉懇願候。先者早々右願度如斯候。謹言。

九月廿三日認

公考

四條大夫殿貴下

追啓。時気折角国家之為ニ御自愛専一ト存候。乍例大乱モ御判覧可給者也。

以手紙得御意候。然者奥羽モ未夕不及平定、就テ者当港モ入船至少、米穀払底人心危惧、此段ハ追々京師江モ願越候へトモ、未タ為何御沙汰モ無之、逐日海上通船モ難相成時節ニ差向、誠ニ以当惑至極之事ニ存候。御府モ戦争後定テ御苦慮之儀致推察候得共、別段可頼遣向モ無之故、何卒来巳五月中限米五千石借用致度、委曲之趣者知府事殿ヨリ御府知府事殿江向御頼入相成候間、宜敷御差操之程頼入候。全体当府ハ内地之米穀ヲ引当ニ送テ月来候儀故、当節既ニ衆民ト共ニ飢渇ニ及可申哉ト日夜不堪苦痛之至、此段御推察頼懸候。為其如斯ニ御座候。以上。

九月廿三日

箱館府判事

越後府判事御中

一、弥御安静令恐賀候。然者一昨日御出営之砌、御沙汰ニ相成候会津七郡民政之処、当分暫之間御府江御委任之事、弥御依頼被成度候間、右様御承知可被下、会津民政人体、加州四人・越前三人・高田二人・松代一人、右御沙汰ニ相成居候へ共、御府ヨリ早々判事三・四人若松江御差出、不取敢民政御施行之様存候。仍草々右御掛合申入度如此候也。不宜。

十月六日

北越総督府参謀

越後府知事公

一、別紙之通御沙汰ニ相成候間、早々御達被申入候。急速御取計可有之候。以上。

十月六日

越後府執事

長岡民政局判事御中

九月水原御本営中へ

謹テ捧寸楮候。愈御前御始御営中御機嫌克被為遊御座候段奉恐悦候。然者宮様方ニモ廿四日午前無御滞、新発田江御帰営ニ相成奉恐悦候。扨御本営へ伺之件々別紙之通リ御沙汰ニ相成候間、可然言上奉願候。尤佐渡之儀者未タ御沙汰無之候得共、多分出兵ニ相成候事ト愚考仕候。迂生義来ル廿八日相成〔ママ〕御本営へ民政諸局判事出頭候様御沙汰ニ相成候間、右御用相済シ村上表へ引取候心得ニ御座候。久我卿モ一昨廿四日夜新発田御着時、廿五日七ッ時御出立ニテ、村上而已ナラス荘内口へ御進軍相成候事ニ御座候。種々言上仕度候得共、近日拝謁万可奉言上ト唯々的用而已如此御座候。頓首謹言。

九月廿六日

芳野昇太郎

越後府御中

宮様江

一、宮様へ伺出候ヶ条江下ヶ札。

本文

一、兵火水災之御沙汰書御取消願、諸局ニオキテ相当之所置致度候事。

下札

兵火水災ニ罹リ候農民、今年租税被免候段、先般御沙汰候処被差止候間、於民政局救助方可致相当之所置候事。

右之通リ民政諸局へ今廿六日達ニ相成候事。

本文

一、北陸道総督府印鑑止メ方之事。

下ケ札

先般ヨリ北陸道総督府印鑑ニテ通行殆〔ママ〕致来候得共、御差止メニ相成候間、此段御承知被成候事。

本文

一、村松藩之事。

下札

村松藩之義者、本領安堵之御沙汰ハ無之家名御立被成候旨、御奏問被成置旨御沙汰相成候間、夫々御所置被仰出候迄ハ、村松ニテ支配致置候事。

本文

一、長岡降参人之事。

下札

長岡降人之内、正義党者是迄之通リ御取扱、追々降参人者民籍ニ下シ、産業相励候様、尤職業ニ取附候迄ハ、手当方見込ヲ以猶伺出候様ニ可致候事。

本文

一、大聖寺出立之事。

下札

右者出兵者見合ニ被成、外藩へ被仰付候事。

〔挿み込み史料〕

本書之儘奉指上候

宮様江

一、宮様へ伺出候ヶ条江下ヶ札。

本文

一、兵火水災之御沙汰書御取消願、諸局ニオヰテ相当之所置致度之事。

下札

兵火水災ニ罹リ候農民、今年租税被免候段、先般御沙汰候処被差止候間、於民政局救助方可致相当之所置候事。

右之通リ民政諸局へ今廿六日達ニ相成候事。

本文

一、北陸道総督府印鑑止メ方之事。

下札

先般ヨリ北陸道総督府印鑑ニテ通行致来候得共、御差止メニ相成候間、此段御承知被成候事。

本文

一、村松藩之事。

下札

松村〔ママ〕藩之義者、本領安堵之御沙汰ハ無之家名御立被成候旨、御奏問被成置旨御沙汰相成候間、夫々御所置被仰出候迄ハ、村松ニテ支配致置候事。

本文

一、長岡降参人之事。

下札

長岡降人之内、正義党者是迄之通リ御取扱、追々降参人者民籍ニ下シ、産業相励候様、尤職業ニ取附候迄ハ、手当方見込ヲ以猶伺出候様ニ可致候事。

本文

一、大聖寺出立之事。

下札

右者出立者見合ニ相成、外藩ニ被仰付候事。

右之書面差送リ候ニ付左之通リ。

謹テ捧寸楮候。愈御前御始御営中御機嫌克被為遊御座候段奉恐悦候。然者宮御方ニモ廿四日午前無御滞、新発田江御帰営ニ相成奉恐悦候。扨御本営へ伺之件々、別紙之通御沙汰ニ相成候間、可然言上奉願候。尤佐渡之儀未夕御沙汰無之候得共、多分出兵ニ相成候事ト愚考仕候。迂生義来ル廿八日御本営へ民政諸局判事出頭之趣御沙汰ニ相成候間、

右御用相済シ村上表へ引取候心得ニ御座候。久我卿モ一昨廿四日夜新発田御着、昨廿五日七ッ時御出立ニテ、村上而已ナラス荘内口へ御進軍相成候事ニ御座候。種々言上仕度候得共、近ク拝謁万可奉言上ト唯々的用而已如此御座候。頓首謹言。

九月廿六日

芳野昇太郎

越後府御中

弥御安泰令恐賀候。然者一昨日御出営之砌、御沙汰ニ相成候会津七郡民政之処、当分暫之間御府江御委任之事、弥御依頼被成度候間、右様御承知可被下、会津民政人体、加州四人・越前三人・高田二人・松代一人、右御沙汰ニ相成居候へ共、御府ヨリ早々判事三・四人若松江御差出、不取敢民政御施行之様存候。仍草々右御掛合申入度如此候也。不宜。

十月六日

北越総督府参謀

越後府知事公

別紙之通御沙汰ニ相成候間、早々御達被申入候。急速御取計可有之候。以上。

十月六日

越――

長岡民――判事御中

十月十九日来状

一、新発田御本営ヨリ御用状箱足軽丈ニテ、御到来左之通リ五通。

○別紙之通御沙汰相成候間、右様御承知可被成候。且又先日申上置候判事御差出之義者、御見合可被成候。已上。

十月十八日

御本営執事

越後府執事

村田巳三郎

○

右会津民政総轄之御用取計兼守衛諸兵隊参謀可相勤旨御沙汰之事。

○別紙之通、越後表江戍兵被差置候間、宿陣所ヲ始メ不都合無之様、其向々江御通達可被成候。以上。

十月十八日

御本営詰中

越後府執事

追テ宿陣所之義者、総テ寺院ニ可致旨、戍兵諸藩江通達致置候間、左様御心得宜被取計候事。

○越後国戍兵左之通

村上　薩州　英六小隊
　　　　　　大砲六門
長岡　長州　八小隊
水原　富山　四小隊
三条　草莽隊　三小隊計リ
加茂　同断　同断

十月

○奥州戍兵

若松　加州八小隊、越州六小隊、高田四小隊
坂下　小倉七小隊
野尻　芝田弐小隊
津川　芝田弐小隊

右之賦〔ママ〕リニ相成申候。為御心得申達候。宿陣所其外諸兵差引ハ、若松城参謀江致専任候事ニ候。以上。

十月

右之通ニ御座候処、猶又御返翰御渡シニ相成、御本営参謀被差出候間、被申渡候事。

十月十九日朝、従柏崎到来之事。

未得御意候得共、一筆致啓達候。向寒之節ニ御座候処、各方弥御安全被成御勤役珍重之御事ニ御座候。然者今度前内府殿次男維磨殿柏崎県知事被蒙仰、来ル十二日

京都出立。別紙休泊之刻ニテ旅行当県江被相越候ニ付テ者、未熟之者着之上、万事宜御世話御頼被申度、此段可得御意旨ニ付如此御座候。以上。

十月七日

桑　但馬守

柏崎県判事御始

右十月十二日発京、北陸道筋ニテ晦日柏崎県へ御着。但シ十八卿候事。

九月廿三日付ヲ以、箱館府ヨリ被申越候義ニ付、御返翰左之通リ御認ニ相成、当月廿一日東京被御差立ニ相成候事。

十月廿一日

一簡令啓上候。追々寒冷相催候処、倍御勇健御繁勤令欣賀候。偖於奥羽・北越モ速ニ及鎮定恐賀、御互ニ歓喜不過之候。扨箱館府知事並判事ヨリモ別書之通申来苦情難黙止、早速於当府モ段々示談研究仕候処、最早海路通船難相成由、且長々之兵戦ニモ有之、金穀トモ甚及払底有之如何共難渋之次第、何卒其御府ヨリ早々運輸ニ相成候様、偏ニ企望仕候。日誌上ニハ加州江運送之儀御沙汰相成候様相見へ候得共、是モ同様、最早北海者通路六ヶ敷由候。此段申入候。早々御沙汰之程、懇願仕候也。

十月廿日

越後府

鎮将府御中

別啓。兵部卿宮、去十五日新発田表御引払御出府ニ相成候。就テ者会津若松民政其御府御轄内候処、当分当府江御依頼被成候由、早速権判事差下シ置候得共、何分嶮岨之土地柄隔絶、殊ニ降雪ニ相成候テ者、従当所万端難行届候ニ付、何卒彼地ニテ御管轄ニ相成、御仁恤之行届候様、偏ニ懇願仕候。先者右申入度如此候也。

十月廿六日夜、弥彦御本営高橋縫殿之助御一泊也。同

所へ夜相達候。小笠原弥右衛門ヨリ箱館府粮米之儀、並ニ弥右衛門書等之写。

前略

只今箱館府ヨリ御用箱壱ツ田中藤六参着ニ相成、堀真五郎ヨリ之伝声モ有之、先日粮米之事ニ付、態々右藤六参リ候。承リ候得者、佐渡ニ米四千石程有之様子ニテ、夫ト御渡ニ相成、追テ当地ヨリ返却之都合可然ト奉存候。此度之儀ハ夷艦ニ乗組、一日之雑様不大方次第ニ付、是非佐渡米四千石之米、箱館府江御渡之御沙汰可被成候。御沙汰書者此者江御渡可被下候。委細者此人ヨリ御聞取可被下候。

十月廿六日

小笠原弥右衛門

執事各中様急用

別紙之通リ何モ急場之義ニ御座候間、左様御承知可被成候。佐渡江ハ追テ此地ヨリ御返相成リ、急場之処佐渡米ヲ以箱館江御遣シ可然奉存間、何卒佐渡之役所江者取計可致候様御沙汰可被成候テ可然ト奉存候。其御沙汰書モ田中藤六江御渡、彼者直ニ佐渡之役人江相運ヒ候ハヽ、万端速ニ相運ヒ可申ト奉存候。何モ必要之取計ヒ可被下候様奉存候。恐々不備。

十月廿六日

小笠原弥右衛門

執事各中様急事

以手紙得御意候。然ハ過日御差遣相成候永原茂左衛門・沖船頭久兵衛帰帆之節、九月廿三日認之書状ヲ以御頼申遂候処、其節海上風波悪敷、右書状相届候哉否、懸念存ニ付、御頼申遂候ハヽ、近隣奥羽モ未タ平定不致、秋来入港商船モ過少ニテ、且当初夏引継請候前後混雑モ有之、産物収納等モ当年者極テ六ヶ敷、猶秋成不熟、纔之田畑モ洪水ニ被潰、種々之害而已多ク有之、金穀之払底今日ニ極リ、当惑至極ニ御座候。夏来不怠京師江モ人遣シ願出候得共、何分海上遠隔之地、今以御沙汰モ無之、付テハ来巳ノ産物引当トシテ、玄米五千石

借用致度、千万御六ヶ敷儀トハ存候得共、前文之次第是亦御推察被下度、当度慥成幸便ニ付、再度御頼申遣候。右得御意度、如此御座候。以上。

十月八日　　箱館府判事

越後府判事御中

任幸便一簡令啓上候。寒冷之節弥御安泰御勤務令賀候。然者先便以壱封委細申上候得共当年者存外之大時化、海上難船モ難計候ニ付、為念今一応相願候者、当府備米甚払底可相成義ニ候ハヽ、来巳五月中当所産物引当ニテ、玄米五千石御繰替御差廻奉懇願候。於御承知者可畏入候。仍早々右願度如斯候也。

十月八日　　公考

四條大夫殿

追啓。寒気随分御厭ヒ専要ト存候。大急乱書筆差者也。

右ニ付御直書添ヒ、即佐渡県ヘモ左之通リ。

一、米四千石也。

右者此度箱館府粮米払底ニ付、借用被申度、因茲田中藤六御地ヘ渡船被致候。尚巨細之儀者、同人ヨリ御懸合可申事。

十月廿七日　　越後府

佐渡県御中

追テ返却之儀者当府ヨリ御達申入候。

十

一、聖上益御機嫌能被為渡候旨恐悦不斜奉存候。弥御安泰日々御繁務之程、奉遥察候。偖奥羽若松城民政之儀、其御府御管内之処、当分越後府ニテ可取扱遇候。兵部卿宮ヨリ御達ニ付、速ニ権判事三・四人計出頭為致置候処、其後越前村田巳三郎江民政総轄参謀被仰付候ニ付、不及差出旨御達ニ相成候得共、最早出仕後其儘ニ相成居候。彼地出仕之内一人情実為

届帰府仕候ニ付承候処、実ニ言語ニ絶候次第、何卒一日モ早ク御救恤無之候テ者、迚難相成候処、於当府者金穀殆ト払底実致方無之ニ付、彼地ヨリ罷帰候権判事成田八九郎其御府江差出候間、猶委敷者同人ヨリ御聞取早々御所置之程懇願仕候。先者早々右申入度要用如此候也。頓首。

十月卅日

越後府知事

鎮将府御中

十月卅日長岡ヨリ到来、但シ若松ヨリ相廻リ候分。

当月十五日拝謁之節御談之趣ニ付、昼夜兼行、同十七日午刻過塔寺民政局迄罷越沢田覚之助ニ面会仕候之処、当十五日ヨリ断然百姓共一揆起リ立、鎮静不致、近村肝煎・地首等家蔵打毀、十七日夜塔寺へ押来候旨風聞仕候ニ付、神保八左衛門・成田八九郎・私幷附属之人々共、同所止宿仕候処、則同夜五ツ時過大勢押来候ニ付、何モ局前へ罷出教諭致度ト存候処、一度之応答モ不致、散々逃去何ラ申諭候義モ出来不申候。翌十八日何モ示談之上、塔寺ニハ往々民政局居置候ヶ所柄ニテ者無御座候ニ付、塔寺ヨリ十八丁計若松之方坂下へ転局仕候。尤若松辺モ同様騒立候旨ニ付、神保八左衛門・成田八九郎、若松へ罷越申候。覚之助・私義者坂下ニ居残夫々申諭度ト種々工夫仕候得共、火如燈出ニテ止処知レス、昼夜横行及騒騒〔ママ〕、何分制方モ無御座候。心痛至極仕候。十九日夜坂下役人共家蔵打砕候体相聞、則同夜五ツ時前数千人押来候ニ付、一手ハ坂下警衛越前藩隊長薬師寺宇一殊之外尽力、一手者覚之助・私並附属人共罷出種々教解仕候処、百姓共心服仕候体ニテ、夫ヨリ歎願書等指出、落付候様ニ相見へ申候。然所津川口野沢組・山之郷組モ同様及騒擾候体相聞候難相捨置、元来野沢ニオヰテ局ヲ居候ヶ所柄ニ御座候ニ付、則私義一昨廿二日同所へ罷越民政局相建、右両組村々地首・老百姓等至急召呼候処、追々罷出夫々教諭致候処、是又次第ニ心服仕候体ニ相見へ申候。右子細者従来種々私曲ヲ欲スモ、百姓ヲ艱マシ候者共之家蔵打砕、其外御領役銀多取立有之ニ付、水帳ヲ初諸帳記焼払、其上ニテ願事致度趣ニ相聞へ申候。右等之趣意速言上可仕処、昼夜不得寸暇今日ニ至申候。此段奉言上候也。

十月廿四日　　嶺幸右衛門

四條公閣下

別紙御届書壱通、宜御達被下度奉頼候也。

十月廿四日　　同人

越後府執事御中

一、会津民政之儀、村田巳三郎ニ被命候間、云々得御意候処、同人儀戦塵中ヨリ之病症又々差重リ無余儀次第ニ付、被差免候間、右様御承知可被下候。猶会津民政ヨリ及御談候儀モ可有之候間、宜御取計可被成候。以上。

十月廿八日　　御本営執事

越後府執事

村田巳三郎

右者先般会津民政総轄之御用取計兼守衛諸兵隊参謀可相勤旨御沙汰候処、病気内願無余儀次第ニ付、所勤之儀被差免候事。

十月

聖上益御機嫌克被為渡御互恐悦至極奉存候。然者先般越後府之儀、土地研究之上可被成御申上由御申越之末、此度被遂集議候処、長岡表再度之兵燹モ有之、段々可及衰微候間、右之場所へ御取立之旨承候。然処去九月御越後府被改新潟府候旨被仰出、即及御達置之通之儀、今更被立両府候事ハ難相成候間、新潟府計之方ニ可被成御心得、長岡へ御取立ハ可被相止候。仍此段及御答候也。

十月廿三日　　弁官事

元越後府新潟府知事

以越後府被改新潟府事、去九月廿三日御達申候。御承知ニ候。元来越後府之事被建候旨御沙汰之砌者何レヲ其所トモ不被定候処、先般新潟府ニ被改候。就テ者其称呼初メ越後ト有之候者、国府トモ可申、今又新潟府ト御座候得者差異有之候様ニ相聞候得共、御管轄ニオヰテ相替候儀無御座候付、此段申入候也。

十月廿五日　弁事

新潟府知事

九月十三日之御札致披閲候。主上益御機嫌克被為渡恐悦至極奉存候。然者御別紙之旨承候。品々取調候次第モ可有之、及延引候。則及御答候也。

十月廿五日　弁事

尚以各附札ヲ以及御答候也。

新潟府知事

以別紙申入候。先達何望一々御書通有之処、御出輦前後実以御用多、イマタ不被及御答、先以此段宜申入候様被示候。小子儀モ先般権弁事被仰付難有仕合奉存、任幸便如此候也。

十月廿五日　通熙

四條侍従殿

判事其外之儀承リ及被仰付候分者、別書ニ御座候也。

十月廿五日　弁事

新潟府知事

御辞状之御趣可被及御沙汰候間、乃御一紙及返進候也。

十月廿五日　弁事

新潟府知事

向寒之砌、聖上益御機嫌克去月十三日無御滞御入城恐悦奉存候。次ニ尊公益御勇健珍重存候。然者常盤橋内元越前明屋敷江御在陣中、閏四月十三日夜会議所ニ有之候。鉄砲壱挺・ヒストール壱挺・金四拾八両数紛失候節、泊番之者御不審ヲ蒙リ、其後名主市郎右衛門江御預ヶ相成、取調被仰付候ニ付、精々取調候得共、確証モ無之由申出候ニ付、右之者儀者被免、更ニ東京市中取調之者へ穿鑿申聞候。此段為御承知申入候。仍早々如此候也。頓首謹言。

十一月一日

追テ追々寒気増長、御自愛専一一〔ママ〕ト存候也。

新潟局ヨリ

一、寒威弥増候処、愈殿下御機嫌克被遊御座恐悦至極奉存候。将又貴様御請御請〔ママ〕通被成御尽力候由奉恐賀候。陳過日ハ遠路御出浮御苦労千万恐縮之至奉存候。爾時少々御不快之処、最早御全快ニ御座候哉。将マタ今度条公江極蜜〔密〕封書差出申候間、御申上奉頼候。何卒御覧可被上、御即刻御申越可被下候。此段企望罷居申候。先者夫已申上候。其内寒気御用心奉専禱居候。草々不尽。

梅三郎拝

直記様侍史

再伸別封罪状書之分ハ昨日及梟首三日之間、肆シ可申積リ御座候。此分ハ先日条公御出足之節申上置候。錦ヲ又々可祝。

越後国蒲原郡白根町出生集助、辰二十二歳

右之モノ長州府廻明方笠原集哉ト名乗、越後国酒屋村ニオヰテ元会藩長谷川良蔵外五人召捕、多分之金子貪取差免候始末、不届之儀ニ付、梟首セシムルモノ也。

辰十一月五日

此分先日御出足之砌、申上置候罪人御座候。昨日斬首致候。右御申上可被下候。

聖上益御機嫌能東京御滞在被為遊恐悦奉存候。抑去十月廿五日御発御書去七日到着、夫々拝承仕候。

一、越後府地形之儀研究之上、長岡表在府之旨、先達御届仕置候処、新潟府ト被改候御達ト行違ニ相成候処、新潟府ト被改候上者、全国ニ府ニハ難相成旨御示敬承仕候。尤全国ニ府相成候義ハ、元ヨリ難相成儀、併名義地形等之儀者、今度集評決儀、府県判事上京申立、且伺等此頃御地ニテ可差出儀ト遥察仕候。就テハ新潟府之処、伺中先是迄之通越後府ト称居候。此段御届申上候。

一、御印之儀モ前同断伺済之上、返上可仕候。

一、薩州本多弥右衛門、右者先達テ凱陣之砌、引払帰国仕候間、御沙汰書返上仕候。

一、長州高須梅三郎、右者相違申候。

一、肥前楠田十左衛門、右者未此表江者出仕不仕候間、猶早々出仕候様御沙汰希望仕候。

十一月十三日

右者弁事所江御直書。

一、月給被下方之儀等級ニ応シ上下別ナク同様之旨ニ候得共、京師在勤トハ相違、他邦ニテハ、従僕之多少モ有之、府県共堂上在勤之分ハ士・庶人同様ニテハ家僕月給ハ勿論、日々賄向食料等迄致居候テ者、迚モ永勤ハ難相成、其上家族引越等モ勝手次第ニ可致旨、御沙汰モ有之候得共、是又相応之失費ニモ可及儀、旁以士・庶人同様月給之内ニテ可致義ニ候得共、往々小録〔禄カ〕之堂上ニテ者、府県共遠路在勤ノ儀ハ、難渋之儀候間、如何可相心得哉。諸府県之御規則モ可有之義ニ付、一応伺度奉存候。乍御面働等級及月俸等巨細御申越可被下候様希望仕候也。

但、供連人数御規則モ有之候得共、遠路在勤ニテ者、洛中往反供連人数計ニテ者難勤儀ニモ有之、此儀モ如何可相心得哉。御指揮伺尋奉存候也。

十一月十三日

右者会計官江御直書。

一、御用物　拾棹。

右従京師御本殿当御本宮江被差下候条、先触相達候ニ付、右之御長持致着候ハヽ、其儘直ニ長岡迄差送可被申様被命候間、此段相達申入候事。

十一月十四日

当府御本宮執事星野孝太郎殿

追テ本文之通白木状箱入ニテ、先触壱通正ニ令落手候也。

右者十四日夜孝太郎江直ニ手渡致候事。

越後国三嶋郡小嶋谷在所稲葉左衛門

一、高千石。

右当春北陸道鎮撫使ヨリ上京命置候得共、其節在江戸病中之由ニテ断有之、四月鎮撫使江城滞在中乍所労城門へ罷出、在所表賊徒蜂起ニ付一先帰邑手当仕候上ニテ、速ニ上京御戻趣ニ付、願之通帰邑命候。然ル処在所表帰邑之上、乍少人数有合之者出兵致候由、且西園寺中納言ヨリ指揮ヲ以、大小荷駄方並三嶋郡民政懸リ等命置候ニ付、其儘当時出雲崎民政局へ出勤罷在候処、今般東行之義西園寺ヨリ差許候ニ付、為天気伺東京へ罷出度旨、願之通差免候間、此上領地安堵之儀願可出旨存候間、可然御取計可被遣候様、御沙汰有之度候也。

十一月十八日

越後府

御駐輦所弁事御中

追テ本人ヨリ差出候別紙写御覧入候事。

一、時候。然者先月廿五日石田帯刀新潟出立ニテ東京へ罷出候。定テ大殿様へ得拝謁万々言上且貴君ニモ委細御聞取ト奉存候。去八月柏崎知県事被蒙仰候節、迚モ御尽力ニ難御叶思召ニテ、御辞職御願被遊度ニ付、直記態々上京事情申述候処、権判事小笠原弥右衛門上京ニテ、越後国情申立候ニ付、四辻様へ御治定ニ相成居候。知府事御当方へ被蒙仰、却テ御迷惑、乍併朝命難辞一応御請ニテ、尚更御尽力被遊候処、追々六ヶ敷事而已、其上判事之人体ニ今出府不致ニ

付数輩之権判事一致無之故、毎々私情論不絶候ニ付、自然ト公用ニ関係可致義モ出来、取扱方御迷惑ニ相成申候。当時之処ニテハ判事同様之御心痛被遊候得共、何分京都之御情実モ国情ニ不向之方モ有之、中々六ヶ敷事ニ候。仍判事人体度々御申立有之候付、人体御沙汰ニ相成候ヘ共、如何之訳歟頓ト出府不仕候故、最早此上之御尽力難出来思召候。且先達再度御辞職御願被遊候処、御沙汰不被及候ニ付、何卒大殿様ヨリ御配慮ヲ以御辞職相叶候様、御願被遊度候。殊ニ此節ハ皇上御在東被為有候ニ付、一入御取計之段御頼被進候間、此段御汲取ニテ、可然御聞届御座候様、御披露御頼申入度迄如此候。以上。

十一月

一、御一新創業之定際、日々ニ不可有不立之処、臣不肖ニシテ妄ニ重職ヲ冒シ敢任ニ不堪、躊躇恐縮再三雖固辞不被及御沙汰仍無余儀今日ニ至リ候得共、実ニ不及申、徒ニ逐日消光候而已、更ニ実効ヲ表スル不至、恐縮罷在候。就テ者判事出仕之儀、旦夕渇望候得共、頓ト御沙汰而已ニテ、更ニ一人モ不能出府者何ソ哉。是全臣不肖ヨリ出ル処歟、追々国内多端、既ニ外国御交際モ被仰出候処、未タ紛雑候テ者不相済儀、左権判事以下夫々勉励尽力ハ雖有之、兎角一定和熟不仕、私情雑騰確執誹謗等、或者称所労、内ニ者実ニ職仕ニ不堪向モ相見、彼是公平不成。毎々惑乱被相迫、実ニ弁解教諭等ニ殆ト困難痛心候。雖然救恤之儀者、乍不及稍相立候様勉励指揮仕候得共、何分未タ判事出仕無之ニ付、万端評決怠慢ニ相成、兵後之民政一入混淆之儀不少、此儘逐日候テ者人心可及瓦解者必然失墜ヲ奉備ヨリ他事ナク、不堪寝食案痛罷在候次第、小人之使為国家災害並至トハ則今日之時体ニ可有之哉。未タ御定際モ不相立、混雑候テ者御咎モ不〔ママ〕有之ト痛心仕候得共、前件不得止、実ニ此姿ニテ者人民安堵繁育之標的更ニ見江不申。臣多罪死トモ不可免候間、何卒此段御洞察秀才之判事御撰擢、早々出府被仰付候様、伏テ懇願候也。

十一月廿一日

府県御掛御中

隆平

十一月廿五日到来

先般賊徒御追討ニ付、諸村ヨリ粮米取替差出候分並同諸献納物類取調帳両冊御廻シ申候。取替ハ当年之収納ニテ差引献納物ハ甲乙ニ寄書付並金子等ニテ御取扱可然ト奉存候。何分ニモ右御取扱之儀ハ、惣テ御理モ被成候間、宜御取計可被成候。

一、当国草莽隊之儀ニ付、別紙之通御沙汰ニ付御廻シ申候。其御支配筋へ厳重御布告、屹度御取締可被成候。已上。

十一月廿二日

御本営執事

知府事殿執事御中

府藩県江

当国府藩県支配下ニオヰテ御親兵抔ト相唱、無作法之所業致候ハヽ、速ニ致捕縛置、御本営へ相届候様御沙汰候事。

十一月

府藩県へ

当国草莽之者共、以来軍務官幷府藩県ヨリ之御沙汰無之、兵隊取立ハ勿論、何レ之兵隊へモ加リ候儀堅ク御法度之旨御沙汰候事。

十一月

十一月廿□日

然者星野孝太郎へ当家ヨリ用向被申付候趣者、御届申候由伝承仕候。以之外ニ御座候。実ハ当家無人ニ付、文筆有之者ニテモ召抱度内談申聞候処、藤兵衛留主中ニ付、同人帰宅之上、兎モ角モ御答可仕候ト、本人計応接ニテ弥召抱候ハヽ、貴様へ小生方ヨリ御届可申入ト奉存候折柄、本人ヨリ廉々敷御届申入候段、如何ニ

御座候。右御届方書取口上等承知仕度候間、乍御面倒御写ニテモ御遣シ可被申様御頼申入候。何分未定之儀ニ御座候。此段御承知可被下候様申入度、旁如斯御座候。恐々謹言。

十一月廿九日

四―公務方

柏崎県判事御中

十一月二日

拙官儀去ル七日着京。三条大橋東俵屋喜兵衛ト申者方へ止宿。

八日

上京御届振等承合、旁門脇五位ヲ訪不在。松田五位ヲ訪所不在。京都府江出同人江面会、官代江御届振承合、晩帰京。

九日

官代江出頭。今般同官一同ヨリ迷言之旨並ニ諸陣御用為伺上京仕候段、御届ニ及ヒ候事候。帰途久我家・四條家へ参館。御書翰相達候事。

十日

午後官代江出頭。輔相代両卿へ拝謁、上京之大趣意演述。猶県判事恒川新左衛門上京之上、両人御召出シニテ、御聴取之儀願置候事。此夜半過恒川氏着京。

十一日

門脇五位ニ逢テ、本府之事情、上京之趣意ヲ演述。五位明日ヲ以テ為帰省。老親。

十二日

朝恒川氏ト同発、官代江出頭。此日御繁務ニ付、両卿御逢無之。明日九時十時之際出頭致シ候ハヽ、議参列席ニテ事情聞取可申旨神山五位ヲ以テ御達シ有之。府県建言書者掛リ権弁事水野助太夫へ差出シ置候事。此日助太夫手元ニテ小笠原氏・星野藤兵衛連名ニテ、長岡降人撫育方トシテ金札拝借之儀伺書一見。

十三日

巳刻出頭。但シ恒川氏同道也。午後輔相両卿・議定・参与等御列席、参与福岡四位・弁事神山五位列座。拙官・恒川同席。府県御合並之儀、〔ママ〕其他之事件言上。府ヲ長岡ニ御定之儀者、至極御尤ニ御聞取。但シ越後府ト称候儀不当之趣、福岡四位論之、恒川・拙官弁之、議遂不果、猶御評議可有之旨ニ付、申牌退出。

十四日

雨。恒川氏諸弥示談。夜、明十五日巳ノ刻、非蔵人口へ出頭可致旨、府県掛弁事ヨリ申来。

十五日

恒川氏同道。巳ノ刻出頭候所、掛リ権弁事水野助太夫ヨリ、当時府県ニテ、立局之箇所書出シ可申旨御沙汰之趣伝之、依テ各局地名並ニ各局支配高大数書出シ、其他伺書数通差出シ置、未半刻退出。迂路会計官へ出、先般同官小笠原弥右衛門ヨリ金札拝借之儀願出候趣ニ有之候、右者既ニ御渡シニ相成候哉ト相尋候処、左之通両度ニ御渡ニ相成候旨ニ付、猶又篤ト承合候所、小笠原氏ヨリ被申、残リ候趣ニテ権判事代星野藤兵衛江相渡シ候由、会計官権判事岡田準介ヨリ慥ニ承之候。

十月十四日御渡シ拾万両、同廿九日御渡シ拾五万両。

但シ内五万金者生糸御買上之見込ヲ以御渡シニ相成候由、右者藤兵衛江五万金之生糸相調可申哉ト会計官ヨリ相尋候処、如何トモ相調可申旨相答候由ニ付御下ニ相成リ候趣、尤先金御渡シト申候者無之、矢張本府へ御下ヶニ相成候含之ヨシ。右二口金札御渡シ之節、藤兵衛並四條殿家司田村豊蔵連名之仮手形差入候趣ニ付、手形認振等相尋候へトモ楮幣方ニ有之、唯今一見ニ入難キ旨相答候事。

十六日

休日ニ付、恒川氏ト諸事評談合候事。昨日迄之手続左之通ニ御座候。府之一条者不遠御決議可相成ト存候。其他之事件順々相運候様相考罷在候。猶別紙之件々急速御取調御廻シ可有之候。

一、金札之一条、右等小笠原氏ヨリ被申立、如此手続キ可相成居候儀ニ候ハヽ、先月集会之節、何ト歟御示シ合モ可有之筈之所、其儀無之候哉。過日雲浦御来通之節、御一言承候儀無之、殊ニ右金札者長岡降人之為ト申儀ニ候へ者、小笠原氏者当時長岡在勤ニ無之、貴殿方ニ専ラ関係致シ候ニ付、御廻シニ相成候。産業為営候為元手五万金御下渡シ之儀被申立候伺書ト重腹〔ママ〕致シ、何トモ不都合千万ニ御座候。且藤兵衛儀者為願之儀有之由ニテ上京致シ、当時ニテ者勤役之モノニ無之、決テ御用向関係致シ可申筈無之、況権判事代ナト称シ候儀不審不少。右等之儀ニ故本府之軽重ニ差響キ候儀ニ付、旨趣御取調大急御報有之候様致シ度候事。

一、当時府県ニテ用達候申付、其段京都府へ相届候へ者、苗字帯刀差許シ御用之節ニ官代ニテモ会計官等ニテモ、右之者呼出シ申渡シ、府県ヨリモ右之者へ向ケ御用向等為相伺候へ共、甚都合宜布振ニ付、本府県ニモ壱人申付度ト恒川氏ト示談致シ居候。且本府県御用屋敷御渡シニモ可相成儀哉ト相尋候へ共、当時中々左様之御都合ニハ御達兼候趣、箱館府等者既ニ屋敷買取候ヨシ、本府ニモ御買上〔ママ〕ニ致シ、本府ヨリ為御用上京之者是非其邸カラ就キ候事ニ相極居候へ共、後来之御取締甚可宜、右ニ付、彼是承合候処、別紙之場所之家屋敷等トモ、今日恒川同道ニテ一見候所、随分可然被相考候。併諸色沸騰之無之中価之所如何御考御座候ヤ。御示談ニ及候条、是又急速御報相待候。右之段為可申遣如斯御座候。以上。

十一月十七日　　宮原大輔

南部彦助殿
渡部儀右衛門殿

柏崎ヨリ到来之分。

別紙之通、京都出張恒川新左衛門ヨリ申来候ニ付、県判事代山田平助、県判事試補心得ヲ以上京申渡。不日ニ令出立候間、其儀局ニオヰテ御用之儀有之候ハヽ、可被仰越候。此段申遣候。以上。

極月　　柏崎県

越後府

当十七日夕刻、本藩公儀人〔ママ〕ヨリ相達候儀有之候間、急速罷越候様申越、則罷越候処、昨今弁事御役所江公用人御呼立ニテ、私儀於東京徴士・越後国柏崎県判事共被免候段、於彼地被仰渡相成居候旨申来候ニ付テ者、此頃出京之儀ニモ候間、不致承知御所等江罷出候テ者、不都合ニ付此段相達候条可申渡置旨、権弁事鷲津九蔵ヲ以被仰渡候間、右之通相心得可申旨申談候。国元江引取方之儀モ同人江相伺候処、何分当官ヨリ致指図兼候間、先見合罷在、東京等ヨリ表立申来次第ニ可致旨申聞候由御座候間、不日表向東京ヨリ之御沙汰書到来次第、直様国元江引取申候。右之次第ニテ諸件伺等モ半ハニ相成居候間、早々各様之内御出京モ可有御座哉ニ奉存候。予テ当十六日迄之手続継飛脚ヲ以可申上心得ニテ、別紙相認置申候ニ付、其儘幷伺立候品々写別冊共御廻シ申候間、御落手可被下候、且持参仕候高辻帳等者、府県掛権弁事江示合取計可申候。前件之趣共久我殿江モ、御申上可被下候。以上。

十一月十九日

恒川新左衛門

柏崎県判事御中

〔註〕冒頭「下札」の「四條家文書」「参」は朱書。

11　京師御布告到来控帳

〔表紙〕

明治元辰年十月至十一月

京師御布告到来控帳

壱　越後府

執事

〔付札〕

四條家文書

四條家日記　六

十月二日、長岡民政局ヨリ京師行政官之御布告三通相達候写。

鷹司前右大臣

神祇官知事被免候事。

近衛新前左大臣

同官知事被仰出候事。

九月　行政官

神祇官是迄野宮家ヲ被用候処、今十七日ヨリ元学習院江被引移候間、仍テ為心得相達候事。

九月　行政官

神仏混淆不致様先達テ御布令有之候得共、破仏之御趣意ニハ決テ無之処、僧分ニ於テ妄ニ復飾之儀願出候者往々有之、不謂事ニテ若モ他ニ技芸有之国家ニ益スル儀ニテ還俗致度事ニ候ヘ者、其能御取調之上御聞届モ有之ヘク候得トモ、仏門ニテ蓄髪致候儀ハ不相成候間、心得違無之様御沙汰候事。

九月　行政官

十月廿二日、新潟民政局伝ニテ相達候御布告、十月四日出之分、〆三通。

一　人口　何程

一　戸数　何軒

一　惣高　何石

一　広狭　幾里

右取調早急御差出可有之候也。

十月四日

弁事

新潟府

今般厚キ思召ヲ以、世上為融通金札通用被仰出候処、間々不心得ニテ彼是申難シ、通用ヲ妨ケ奸曲之所行ヲ免候者有之哉ニ相聞へ、以之外之事ニ付、府県ニ於テ厳重遂詮議右様不心得之者於有之者、早速召捕可遂吟味候事。

十月

行政官

一、金札石高拝借御渡方、遅速之違ニテ上納方均シカラス候ニ付、一ヶ年一割之算当ヲ以、拝借之月ヨリ月割リニテ毎年十一月限上納可致候事。

但、十月後拝借之分ハ、翌年正月廿日限上納可致候事。

一、年割上納之分、兼テ御布告之通、会計官ニテ破札ニ相成候ニ付、当辰年ヨリ府藩県ニオイテ雛形之通印判押切上納可致候事。

黒印竪二寸五分
横一寸

年割上納　何 府 藩 県

十月

行政官

人相書

元加州金沢今井田産

当辰十九歳
岡本音吉

一、中背中肉　一、顔長キ方、但疱瘡之跡有之
一、眼眇　一、鼻耳口常体　一、髪茶セン巻
其節之衣類
一、着服白木綿胴服　一、小袴紺僧侶服
一、帯小倉織
同腰物
一、刀柄黒漆掛ケ縁頭鉄小鳥浮彫、鍔木瓜形蔦ノ模様、鞘黒塗惣長三尺三寸無銘
一、脇差鮫柄黒鞘合口
以上
右元黒谷屯集之内、当四月入込候処、同月廿七日脱走。

同
元作州香々見郡年信村産
当辰十九歳
谷村藤馬

一、背五尺五六寸位　一、面長キ色白キ方
一、目太キ方　一、眉毛太キ方　一、鼻高キ方
一、歯白クシテ長キ方　一、唇薄キ方　一、耳太キ方
一、髪毛黒クシテ添入テ結ニ有之
其節衣類
一、衣服白筒袖　一、袴白黒浅黄棒縞（但、馬乗仕立）
同腰物
一、刀身白研両樋銘不具、鞘黒イヂ、塗柄糸黒縁頭不具、鍔鉄丸無地
一、小刀柄黒鞘イヂ、黒塗惣尺壱尺二三寸位
身五寸小サシ
右元黒谷屯集人数之内、去四月入込被仰付置候処、七月十三日脱走。

人相書
元山城国西之丘下津林村

小木曽金三郎

一、背低ク中肉色白キ方　一、顔長キ方

一、眼細キ方　一、鼻筋通リシ方　一、歯大キ方

一、眉毛耳口言舌常体　一、髪毛赤ク前髪少々延シ掛候事

其節衣類

一、衣服調子縮単物　一、黒幅綸羽織

一、帯小倉織　一、袴小倉織竪縞紺足袋

同腰物

一、刀身長サ凡二尺四寸　一、脇差身九寸

其外不具之事

以上

右元二条城屯集人数之内、去ル六月廿三日入込被仰付置候処、同廿四日脱走。

人相書

元阿州出生当辰二十歳

中谷幸三郎

中村藤左衛門孫辰二十二歳

中村元三郎

一、中背肥肉色黒ク　一、眉毛鼻筋其外常体

但、顔ニ疱瘡之跡有之

一、惣体ニ疱瘡毒之跡夥敷右之股ニ刀疵有之

其節之衣類

一、衣服白筒袖上着黒僧侶マンテル鉛ボタン付

一、袴青竹色義経仕立

同腰物

一、刀鍔、彦根出来武者人形彫付、柄糸茶色、尤身中程ヨリ折レ居候

一、脇差、柄皮巻目貫千鳥一羽宛　一、鞘イチ、

右元黒谷屯集人数之内、去四月入込候処、六月廿日脱走。

人相書

元参州武節村出生

当辰十七八歳

一、中背中肉色赤キ方　一、顔長キ方
一、鼻高キ方　一、眉毛細キ方　一、目耳口共常体
一、歯並揃シ方　一、言舌早キ方　一、髪毛厚キ方
一、前髪少シ明ケ有之
其節衣類
一、衣服紺縮単物　一、帯黒幅綸　一、袴暑寒平
一、腰物大小共不具
以上
右二条城中屯集之内、去ル六月廿三日入込被仰付置候処、同廿四日脱走。

同
元筑後国久留米産
才年ヨリ於京師成長当辰二十五歳
中村四郎
一、背低ク肥肉色黒キ方　一、顔丸キ方
一、眼細キ方　一、鼻低ク平キ方　一、眉毛薄キ方
一、耳太キ方　一、口言舌歯共常体
一、髪毛厚キ方大曲結ヒ有之
其節衣類
一、衣服坐布帷子　一、帯小倉織　一、袴浅黄卜白ノ縞、外ニ色糸入暑寒平
同腰物
一、刀身備前物長凡二尺三寸、縁頭鍔鉄之無地、目貫赤ニテ丸ニ茶実之紋入鮫黒塗、柄糸黒、鞘イチ、塗
一、脇差身長凡九寸位
以上
右元二条城屯集人数之内、去六月廿三日入込之処、同廿四日脱走。

同
元信州須坂藩
当辰廿歳
岩井要人
一、中背中肉色黒キ方　一、顔丸キ方
一、眼丸キ小ノ方　一、鼻低ク平キ方　一、眉毛薄キ

方
一、口歯耳共太キ方　一、言舌常体
一、髪毛厚キ方、大曲ニ結ヒ有之
其節之衣類
一、着服生布帷子　一、帯小倉織　一、袴紺ト白キ縞小倉織
同腰物
一、刀身長凡二尺五寸、縁頭鍔鉄、作柄糸黒、脇差身長凡一人位、其外不具之事
右元二条城屯集之内、去六月廿三日入込被仰付置候処、同廿四日脱走。

同

元備前岡山藩天延清左衛門倅
当辰十九歳
武辺重太郎

一、中背中肉　一、色白キ方　一、眼中スルドキ方
一、鼻筋通シ方　一、歯揃シ方　一、唇薄キ方
一、眉毛濃キ方　一、耳口常体　一、言舌サワヤカナラス
一、月代惣髪
其節之衣類
一、衣服紺ト鼠色之竪縞単物
一、帯西陣博多白キト浅黄色ノ竪縞
一、袴暑寒平
同腰物
一、刀無銘長凡二尺弐寸　一、鍔鉄丸形、鞘黒梨子地、縁頭赤銅
一、脇差身六寸計平打、黒塗相口下緒白赤之丸打
右黒谷元屯集之内、当四月入込之処、六月廿三日脱走。

人相書

元肥後人吉
辰二十四歳
佐々木英之助

一、中背色白キ方　一、顔丸キ方　一、鼻高キ方

一、眼口耳共常体　一、歯白キ方　一、眉毛太キ方
一、言舌早キ方　一、月代惣髪ニテ濃キ方
其節衣類
一、衣服越後帷子　一、袴仙台平
同腰物
一、刀身凡二尺三寸、鍔丸形鉄之縁頭、目貫鉄龍之形、
柄糸モ鞘栗色塗
一、脇差鉄金具鮫柄、鞘栗色塗
右元二条城屯集之内、去六月廿三日入込被仰付置候処、
同廿四日脱走。

同　元彦根藩辰二十五歳
高橋右伝治

一、中背中肉色白キ方　一、顔長キ方　一、眼丸キ方
一、鼻高キ方　一、眉毛薄キ方　一、口歯共小キ方
一、髪毛薄キ方、小曲ニ結ヒ有之、其外常体言舌少々
早キ方
其節衣類
一、着服生布帷子　一、帯小倉織
一、袴浅黄ト紺縞之暑寒平
同腰物
一、刀身長サ凡二尺四寸、脇差身凡一尺五寸、縁頭赤
銅ニテ波之彫物、鍔鉄ニテ桐之透シ彫リ、大小揃ヒ
柄糸黒、鞘蠟色
右元二条城屯集之内、去六月廿三日入込被仰付置候処、
同廿四日脱走。

同　越州愛宕郡上賀茂社人
当辰二十九歳
岡本監物

一、背五尺五六寸位、但痩地　一、顔白キ方
一、色黒キ方　一、眼細キ方　一、眉毛濃キ方
一、鼻細キ方　一、耳細キ方
其節衣類

一、白筒袖　一、帯浅黄小倉織
其節腰物
一、小刀計帯シ出ル、作リ不具
以上
右元黒谷屯集之内、去四月入込被仰付置候処、七月十日之朝、不図舎内ニ居合不申ニ付、早速陣門ヨリ外出之儀相調へ見候処、素ヨリ陣門通行不仕候由ニ付、局内相尋候へトモ、一向行情不相知。依之荷物等モ相改見候処、刀衣類ハ其儘有之全ク脱走之体ニモ相見へ不申候へトモ、当節御作事中之儀ニ付、間道ヲ援テ外出モ難計事ニ付、相議之者手配仕所々方々相尋サセ、既ニ右監物身元上賀茂之事故、彼方へモ尋越見候へトモ、今ニオイテ行情相知不申候付、猶又此後モ精々探索為仕候得トモ、先致御届置候。以上。
辰八月
伏水
練兵場

人相書
生国大坂
山本大助
当廿四歳位
一、丈ケ中背　一、面色黒キ方　一、唇厚キ方
一、鼻高キ方　一、目常体　一、眉毛不分明
一、耳不分明　一、髪常体
其節之衣類
一、着服黄布　一、羽織黄布　一、帯不分明
一、袴暑寒平竪縞
同腰物
一、刀身不分明、縁頭鉄桜象脇鞘蠟色、柄不分明、目貫不分明、鍔木瓜
一、短刀ハミ出シ鍔其外作リ不分明
以上
右二条城元屯集之内、去六月廿三日当練兵場へ入込被仰付置候処、同廿五日願出之上病気為療養下坂致居候。其後七月ヨリ往キ七日之間日延追願差出候後、為何音

信モ無之ニ付、心当行先キ相尋サセ候へ共、行情不相知脱走ト相見申候ニ付、別紙容体ニ付不分明之廉モ不少儀ニ候ヘトモ、聞取之儘書取致御届置候。以上。

伏見
練兵場

一、京都伝馬御用所御取建相成候迄、三条通大宮西へ入三宝寺ヲ以仮伝馬所ニ相定候事。

但、十月三日ヨリ取開候事。

一、人馬之儀者、御用通行出兵等ニ限リ、都テ当司之添簡ヲ以差出、其余諸藩発京私用之分等一切指出申間敷事。

一、諸官司始人馬入用之節者、前以当司江申入置、当日其向々ヨリ請取候テ、小者壱人仮伝馬所江差出之筈ニ付、其者江人馬確ト引渡可申候。自今伝馬所ヨリ銘々邸宅江繰込候義ハ致間敷候事。

一、諸官司ヨリ被差出候御用状諸荷物、自今伝馬所ニオヰテ取扱可申候事。

尤当司ヨリ掛リ之者壱人ツヽ、致出役立合為取扱候事。

一、宿駕籠等者一切差出申間敷、万一早追ニテ買上ケ被申入候ハヽ、世話可致事。

一、宮・堂上方、平生遣人夫各不同有之候得トモ、都テ領地高百石ニ付一ヶ年拾人遣之割合御定相成候ニ付、其分申込次第無賃ニテ繰入可申事。

一、右人夫遣方ニヨリ宮・堂上方奥向之用筋ニテ領民不成テハ難相叶、其段前以届有之候ハヽ、其通繰入可申、万一領民繰込方難遣来候節者、夫銀ヲ以相納可申候事。

一、伝馬所御定賃銭左之通申付候事。

一、京都ヨリ大津迄

人足壱人付六百三拾九文、本馬壱疋壱貫弐百八拾弐文、軽尻壱疋付八百三拾五文

一、同伏見迄

人足壱人付五百四拾五文、本馬壱貫五拾文、軽尻八百三拾五文

一、同淀迄
人足壱人付六百拾六文、本馬壱貫弐百廿五文
軽尻八百四文
一、同山崎迄
人足壱人付七百壱文、本馬壱貫三百八拾六文、
軽尻壱貫五拾弐文
一、同樫原迄
人足壱人付三百拾弐文、本馬六百廿四文、軽尻
四百六拾六文
右之通京都伝馬御用所規則取極、取締役共ニ申渡候事也。
辰十月　駅逓司
右之通ニ候間相達候事。
十月　行政官
廿二日

一、人口　何程
一、戸数　何軒
一、惣高　何程
内
何程　何国
何程　何国
但、旧幕麾下領知イマタ御処置無之、当分支配致候分別ニ可認。
一、地方広狭　東西　何里
南北　何里
是ハ他支配他領入交リ、一図ニ無之ハ大方地図ヲ以テ府県エノ道程ヲ記シ、一紙上ニ大凡ノ見度ヲ便セシム。
右支配地限リ至急御取調可被差出候事。
十月　会計官
新潟府

〔挿み込み史料〕

一、人口　何程
一、戸数　何軒
一、惣高　何程
　内
　　何程　何国
　　何程　何国
但、旧幕麾下領知イマタ御処置無之、当分支配致候分別ニ可認。
一、地方広狭　東西
　　何里
　南北
　　何里
是ハ他支配地領入交リ、一図ニ無之ハ大方地図ヲ以テ府県エノ道程ヲ記シ、一紙上ニ大凡ノ見度ヲ便セシム。
右支配地限リ至急御取調可被差出候事。

　十月　会計官
新潟府

十月廿四日到来。

　真田信濃守家来
　高野広馬

越後府判事被仰付候事。
　九月廿四日

　同人

在所表ニ罷在候ニ付、直接新潟府へ罷出候テ宜哉。伺之通被仰付候事。
　同廿五日

右之通被仰出候間為御心得申入候也。
　十月十二日
　　弁事
新潟府

府県ニ於テ不虞之節、臨機之取計ハ格別ニ候得共、平

常諸藩之兵隊ヲ指揮候儀者有之間敷旨被仰出候事。

十月　　行政官

〔欠画〕恵
〔欠画〕紨
〔欠画〕睦

右三字、御諱ニ付名字等ニ相用申間敷儀ハ勿論、刻本等ニハ欠画可致候事。

十月　　行政官

諸侯供廻リ多分召連、尊大華麗ヶ間敷儀ハ、昇平之久シキ自然ト驕侈ニ赴キ候弊風ニ付、先達テ古今之形勢御参考之上、簡易ヲ主トシ、供連定則被仰出候処、頃日洛中之往来ニ供人多分召連、間ニ挾箱等為持或ハ先供之者唱道ニ斉シキ挙動有之哉相聞エ、御趣意ヲ不弁次第ニ相当リ以之外之事ニ候。自今右様之儀無之、御定則通屹度相心得候様御沙汰候事

但、供廻リ之多少ニ依リ、貴賤ヲ相判候訳ニ無之、貴ハ自ラ貴ク、賤ハ自ラ賤シキ道理故、道路之往来各自ニ其分ヲ弁ヘ、互ニ相譲リ、通行妨ケ無之ハ勿論ニ候得共、諸列侯ヘモ、右本文之通被仰出候上ハ、庶民末々ニ至ル迄此旨篤ト領会致シ、貴人ト行違候節、礼儀ヲ尽シ不敬等決テ無之様可相心得事。

右之通被仰出候間、府藩県ニ於テ其支配所之末々之者ニ至迄不洩様、兼テ可申諭置候事。

十月　　行政官

十月卅日到来。

本成寺

王政御復古更始維新之折柄、神仏混雑淆之儀御廃止被仰出候処、於其宗ハ従来三十番神ト称シ、皇祖大御神ヲ奉始、其他之神祇ヲ配祀シ、且曼陀羅ト唱ヘ候内ヘ天照皇大神、八幡大神等之御神号ヲ書加ヘ、剰ヘ死体ニ相着セ候経帷子等ニモ神号ヲ相認候事、実ニ不謂次

第二付、向後御禁止被仰出候間、総テ神祇之称号決テ相混不申様屹度相心得、宗派末々迄不洩様可相達旨御沙汰候事。

但、是迄祭来候神像等於其宗派設候分ハ、速ニ可致焼却候。若又由緒有之往古ヨリ往来之分ヲ相祭候類ハ、夫々取調神祇官へ可伺出事。

十月　行政官

妙法寺へ御達書モ同文ニ付略ス。

別紙之通リ両道ニテ行政官ヨリ御印鑑付申来候ニ付、早々両寺呼出シ相達シ可申候。此段御届申上候。以上。

十月廿九日　長岡在勤権判事

四條公閣下

近年有志之輩、天下之形勢不可已之処ヨリ、往々藩籍ヲ脱シ、四方ニ周流シ、義ヲ唱へ、難ニ殉シ、数百年愉惰之風ヲ一変シ、大ニ国家命脈ヲ維持ス。今日朝廷御復古之運ニ際会スルモ、自其唱首之力ニ資スルモノ不鮮候。然ルニ朝政一新、万機御親裁之秋ト相成候テ者、皇国一体之政令被為立、府藩県共一途ニ相帰シ、今後万民天下ニ於テ不可帰之府藩県有之間敷候。仮初ニモ其戸籍ヲ脱シ、浮浪ニテ其身ヲ終リ、或者其本ニ離《ハナ》レ別ニ容ル、所有之候テハ、大ニ御政体ニ相背キ、万一脱走之風盛ニ行レ、僥倖之道打開ケ、法ニ戻リ、制ヲ破リ候様成行候テハ、誰ト共ニ国家ヲ御維持可被遊哉。既ニ当春浮浪之儀ニ付被仰出モ有之候得共、猶又従前之功ヲ不没、将来之害ヲ被為防、天下有志之輩ト共ニ法ヲ執、制ヲ立ヘキ御趣意ヲ以、旧来脱藩之輩此度夫々藩地へ復帰シ、戸籍ヲ正シ、信義ヲ全シ、其進退当ヲ得、一新之御政治裨補候様被為成度ニ付、其処置可有之旨被仰出候事。

八月　行政官

浮浪士之儀ニ付、今般更ニ被仰渡候間、右取扱等之儀者、軍務官ヘ委細承合御趣意致貫徹候様精々可取計。万一御趣意行違之儀有之候テ者、其府県之越度ニ候条、其心得可有之候事。

十月　　　　行政官

別紙之通被仰出候条、御趣意柄奉体認、銘々其籍ニ帰シ、生活之道ヲ得候様、於其官厚ク処分之御仁恤之叡慮貫徹候様可取計旨、更ニ被仰出候事。

十月　　　　行政官

八月御布告ニ相成候万石以下知行所、最寄之府県ニテ支配被仰付候御定ニ相成候処、当春来徳川元旗下之内恐粛帰順有之一通。

附紙

追テ本文之次第向背ニ不拘、元ヨリ御支配可有之収納之儀者、旧之儘可被指置、此段為念申入候也。

十月　　　　行政官

先般養老之典被為挙、八十八歳以上弐人扶持、百歳以上三人扶持被下置候様被仰候条、其府支配右人員取調、至急当官ヘ被指出候事。

十月　　　　会計官

諸府県ヨリ諸願伺届等差出ニ相成候節ハ、爾来本紙並写相添差出可有之候。右者御用便之儀ニ付被得其意候様申達候也。

十月　　　　弁事

追テ写之儀者美濃紙可被相用候事。

諸願伺届等、以後上包ニ其文届之主旨ヲ取摘ミ、張紙ニテ何々願等相記シ差出シ可申候事。

十月　　行政官

一、越後国所在留戍之官軍、同国病院ニ療養之者共、右夫々入用之金穀等、当分其最寄之府藩県ニテ取賄可致旨御沙汰候事。
但、藩々之分ハ追テ会計官ヨリ御下渡相成候間、資料取調可申出事。

十月　　行政官

東海道
中山道
北陸道
付江州西街道

右三道、春来官軍出張ニ付、沿道之藩々ヨリ臨時金穀調達之向ハ、明細取調書取ヲ以、会計官ヘ可差出候事。
但シ、人馬賃銭等宿駅ニテ引負ニ相成候分モ、其向々ニテ取調可申出事。

十月　　行政官

切支丹宗門改方追テ御規則相立候迄ハ、旧幕之所置ニ相従ヒ、不審成者有無取調、来ル十一月限リ弁事伝達所ヘ可届出事。

十月　　行政官

御一新後万国貨幣之釣合ヲ以、並銭始浪銭等夫々直増通行御定被仰出候処、其国所ニ於テ心得違候者共、十二文通行之処、或者六文、或者八文位ニ取引致、其ニ準シ浪銭等ニ至迄、御定通ニ通用不致趣相聞ヘ、以之外之事ニ候。元来貨幣之儀者、僻境遐陬ニ至迄、不一様候テ者不相済事ニ付、先達金札通用向ニ付テモ厳敷被仰出候通、府藩県ニ於テ厳重ニ取調、天下一円定額之通通用可致様御沙汰候事。

十月

行政官

肥前藩
楠田十左衛門

右其府判事被仰付候。叙爵御沙汰書一通御廻申入候間、本人其府江出仕致候ハヽ、御達可被成候。

本多弥右衛門
高須梅三郎

右御沙汰書弐通御廻シ申入候間、夫々御達可有之候也。

十月廿五日

弁事

新潟府御中

楠田十左衛門

叙従五位下　右、宣下候事。

十月

本多弥右衛門

徴士新潟府権判事被仰付候事。

十月

行政官

高須梅三郎

徴士新潟府権判事被仰付候事。

十月

行政官

八日

今般御来巡御道筋之孝子・義僕、職業出精之者御褒賞、七十歳以上之者、且火災・水難ニ罹リ候者共御賑恤被仰出候。依テ者皇国中無遠邇、前件之通御拡行被為遊度深キ叡慮ニ付、府藩県ニ於テモ御主意ヲ奉体認、其支配所領速ニ褒賞賑恤之道ヲ施シ、窮民撫育等精々行届候様可取計旨御沙汰候事。

十月

新潟港之儀、来ル十九日（即西洋千八百六十九年第一月一日）ヨリ各国商民共ト貿易相開候儀御決定相成、各国公使江モ夫々御布告相成候ニ付、為御心得早々及御報知候。就テ者、外国官権判事三沢揆一郎其外税銀取立相心得候属吏等被差立候間、此段モ為御心得申進候也。

十一月七日　　外国官

西園寺中納言殿御執事

越後国所在留戍之官軍、同国病院ニ療養之者共、右夫々入用之金穀等当分其最寄之府藩県ニテ取賄可致旨御沙汰候事。

但、藩々之分ハ追テ会計官ヨリ御下渡相成候間、資料取調可申出候事。

十月　　行政官

別紙之通被仰出候間、其旨可被相心得候。猶委細之儀ハ早急御本営会計方可被承候事。

十一月　　御本営執事

越後府執事各中

長州一大隊

右見付へ屯集候様御沙汰候処、見付中之儀、方今其令難渋居候由相聞候。見付村近方中ノ島大面ノ辺ヨリ、夜具其外不如意之物致助力候様御取計可被成候。已上。

十一月十七日　　芝田御本営執事

越後府権判事中

別紙之儀、疾御承知ニハ可有之存候へ共、万一御不承知之儀モ有之候テ者御不都合モ可有之ト存候間、為念本書差向入御披見候。

新発田執事

十一月十七日

一筆致啓達候。然者過日新潟港之儀、来ル十九日（即西洋千八百六十九年第一月一日）ヨリ各国商民共ト貿易相開候儀御決定相成、各国公使江モ夫々御布告相成候。就テハ外国官権判事三沢揆一郎其外税銀取立相心得候属吏等急速被差立候旨、申進置候。然ル処今少条約並ニ税則取調ニ付少々延日ニ可相成候間、自然日限之後ニ至リ、各国商船共渡来候ハヽ、右之次第柄含ニテ程能御取扱振有之度、此段為御心得申進候也。

十一月十五日

外国官

新潟府御中

先日御布告之通、府県オキテ〔ママ〕役向相心得候者在京為致候ハヽ、姓名旅亭当官江可届置候。

一、府県ヨリ差出候諸伺届等之書付、美濃紙帳ニ写シ本書ニ相添差出候。右之趣相達候事。

十一月

会計官

先日相達候通リ、当辰年租税米可成程年内可為収トノ儀、御都合モ有之候ニ付、弥以早急納方可取計石数定又可申出候。此段相達候事。

十一月

会計官

諸国貢米運漕之儀、以来各地ニ於テ海船雇付廻漕可取計候。尤地雇難相成者積船可差廻条、積石数並船着湊積立旬合等書訳ケ、年々取調次第当官へ可申出候事。

一、雇付候船々堅固ナルヲ撰取、可成程大船ニ積船数多キニ可至様作配可有之候。尤藩々所持外国形製造艦へ積立不苦候。相当之運賃可被下事。

一、運賃之儀貢米之内ヨリ御渡可相成条、精々吟味致、至当之訳相認当官へ相伺可得指揮候。尤大体半高者積立之節艦方へ相渡、御米御蔵納済残分渡方可有之、依テハ運賃高見積リ積湊置米可致事。
一、船中上乗ノモノ、殊ニ人撰致シ厳重取締相立候様可致。尤奸曲竊盗等不取締候儀毛頭無之様船方ヘモ堅ク被掟候事。
一、湊積在並御蔵納之節、取計其外之手続無益之儀、屹ト改革都テ吏民一致明白之取計致シ疑惑不致様逐一可心掛候事。
右之趣相達候事。

十一月　　　　会計官

新潟府

〔註〕冒頭「付札」の「四條家文書」「六」は朱書。

12　書状往来

〔表紙〕
明治紀元辰十二月ヨリ
巳正月二月
書状往来
越後府役所

〔付札〕
四條家文書
越後府役場　書状往来留
五

〔欄外〕着
十二月六日、弁事官ヨリ到来。
兼テ御布告之趣モ有之候間、諸官並府藩県職員中本籍ヲ脱シ候儘御採用ハ無之筈ニ候得共、今後猶篤ト御調相成候付、当時相勤候輩元誰藩誰家来ト申事内々被取調、封物ニイタシ、早速職務掛弁事へ御差出有之候様輔相代ヨリ被命候間、此段申入候也。

十一月

職務掛リ弁事

右之通候間早々取調可有之申入候事。

府県掛リ弁事

〔欄外〕出
十二月七日、京御本殿へ出状。
以態々急飛申入候。然者判事イマタ参府不得候ニ付、右急之催促、且御用向方々為伺定権判事宮原大輔、県判事恒川新左衛門等十一月上旬上京為致候処、右両人東京ヨリ御沙汰之旨ヲ以於御地テ御役被免候由申来候ニ付テ者、肝要之御用向モ不相弁、殊ニ此頃ニ至テ権判事中之自力ニモ難叶、小笠原等モ力ニ難及候ニ付、当所脱走モ可致様トノ気分ニ相成、誠ニ国政六ヶ敷、最早切迫ニ及候。兼テ今様之事モ可有之ト御察ニテ、御尽力ニ難叶旨ヲ以御辞退モ度々御申立ニ相成居候へ共、不被及御沙汰ヨシニテ困リ入申候。且判事モ参府不致、権判事等モ力ニ不及ト申立候テ者、何ヲ以御奉公御在勤出来可申哉。今様之事ニテハ御不首尾ニ相成候義眼前ニ立至リ候。御迷惑之儀ニ付、此書状着次第押小路様へ御申込被成判事早々罷下リ候歟。左様無之候ハヽ、速ニ当方御役被免候歟。右両様之内於京都三ヶ日之内ニ御決議ニ相成、急速御返事御差越シ可成候様可申達候旨被命候。尤態々御使可被遣之処、御無人ニ付、貴公へ申達無油断尽力可有之候様被命候。仍此段申入度迄如斯候。以上。

十二月七日午刻　小西直記

渡辺雅京

田村―

外ニ御直書ヲ以留守居中へ被仰遣候事。

〔欄外〕着写

御来高奉恐悦候。随テ愈御壮健被成御盛勤珍重存候。先般急翰無異義、当六日着イタシ同七日参朝。四條殿仰之趣共夫々及奏達候得共、兎角御決義連リ、然処十一日若松表ヨリ高木新次郎、広田平兵衛早追ニテ到着、同日及奏達候へ共、賛成無之。其内三岡八郎京師ヨリ着ニ相成、従彼方情実問尋有之、委曲申立候処、先々其辺決議相成、金札拾万両御取替御下渡相成、来三月中京師ヨリ相運返納之証書出状、廿六日請取申候。同廿七日運送致候。

一、私義御用済ニ付長岡帰府申立候へ共、何分若松情実モ有之義候へハ、先立越合与之御沙汰ニ付無拠今日発□□□□。

一、安田郷蔵建言書並長岡旧藩御所置方等、同書夫及奏達今日御決義有之御沙汰可被成ト、坊城殿之談有之候へ共、何之御沙汰モ無之ニ付、前件問合三岡へ及判談候所、元来鎮守府御発シ相成候へハ、万事太政官ニテハ埒明不申、乍□□長岡旧藩之一件ハ先々御決議可然候へ共、一朝之次第ニモ相成不申条、追テ御沙汰可有之旨申聞候。
一、安田郷蔵明廿八日頃□□迄相通候条、左合御心得被成候。右之趣夫々可然処、四條殿へモ御達被成候也。

十一月廿七日　　成田八九郎

南部彦助様
藤田庄右衛門様

〔欄外〕
出
隆冬之節弥無別条珍重存候。抑過日者進美祢人義、御用向為打合出府之処、不計彼是雑乱之義有之、長々止置且段々尽力之程深忝存候。乍憚此段宜挨拶申入候。就テハ過日モ一応為申入候通リ、其表御用向都合モ如何可有之哉ト存候得トモ、乍御苦労当表へ出仕之義早々有之度、此段分テ頼入度存候。猶巨細之義者美祢人ヨリ可申入ト存候間、可然示談繰合出府之程、伏テ令企望候。早々不具。

十二月十五日

高須梅三郎殿

右者御直書ヲ以、高須梅三郎当表へ出仕可致ト、進美祢人持参ニテ示談ニ参申候事。
十二月廿三日水原へ書状。

〔欄外〕
出
然者貴殿御所労之由、御難渋之段察入候。右ニ付、御保養被成度ニ付、御願之趣承知致候得共、何分御無人ニ付困リ入候。就テ者成田八九郎、若松一件ニ付先達東京へ罷出候節、於同所越後府被廃、更ニ新潟府被為立候テ、西園寺殿知事被蒙候由、既ニ官員録モ御改ニ相成候。依一読イタシ候ニ付、其旨趣相尋候処、越後府ハ判事、権判事多人数ニテ一小隊モ有之、御月給ニ失費多由ヲ以惣替リ之条相極リ候由承賜リ候得共、全御当方へハ爾今御沙汰モ無之故、如何ト心配罷在候。誠ニ人口ハ可恐之事ニ御座候。且若松出張之権判事モ帰府被命御達ニ相成候間、近日之内帰府ト奉存候。前件之次第モ有之ニ付、御申越之柴田結長人三人之方御頼之義ハ当時御見合被遊度候。尤モ若松ヨリ帰府人出来候ハヽ、如何様共御繰合可被遊候得共、先当分之処乍御所労御在勤可被成候様御頼申入候。其上ニモ御辛抱難出来義ニ候ハヽ、藤田・榊原之内ニテモ可被差向候得共、於本府南部大患之所労ニテ引籠中ニ付、兼テ渡部へ出雲崎出張被命候得共、是又当時御差留ニ相成候程之事ニテ、御無人之段御察可被下候。且又世上之人口者難防、其実行ヲ不知シテ只多人数ト而已風聞故歟、既ニ別紙之通御沙汰ニ相成候筈之由、京師ヨリ探索シテ申来候間写差送リ候。先右可申入旨被命候。仍如此候。以上。

十二月廿三日

本府公務方

小笠原弥右衛門様

〔欄外〕着

芳翰令拝披候。厳寒之砌聖皇益御機嫌克恐悦之至ニ候。貴君ニモ愈御勇健御勤仕珍重ニ存候。然者御申越之条々一通リ御尤之事ニ存候。乍去府県御規則之儀ハ、於当官何トモ御指図モ難申上、猶外ニ知府事振合モ承合候処、別段申立之儀モ無之趣ニ候。月給之儀ハ大略別紙之通リ即今之処致定候事ニ候。少々之儀ハ以時宜御取計ニ相成可然ト存候。早速可及御報之処、彼是承合且繁務取紛、大ニ延引御宥恕可給候也。

十二月十日

博房

越後府知事公

〔欄外〕着

賜瑤翰盥漱捧読之処垂念懇至奉感佩候。寒威凛烈之候ニ御座候得共、愈閣下御平安之内奉恭賀候。陳者直盛事、御用有之早々登府候様被命候。且美祢人江御宣諭之儀同人ヨリ伝聞、巨細之趣拝承仕候。何歟盤錯之儀有之、御煩念被為遊候由奉恐察候。就テ者不日枢趨登府可仕之処、熟考仕候得者、重大之事件、短才管見之直盛輩十分之目算モ更ニ無之、且当節持病之痔痛差起難儀罷在候。彼是心事御憫察被成下、何卒寛容之思召以、暫時登府之処御猶予奉伏願候。此段不悪御取捨奉希候。尚委細ハ拝謁之上万可申上候也。時下寒威凛烈為国家旧年重奉万祈候。恐惶謹言。

十二月十九日　　平直盛再拝白

呈
四條公閣下

右者前文有之候。御直書返翰也。

〔欄外〕出

廿一日発之花墨、同二日夕方到着致早々披見曲々遂披露候処、小笠原氏御示談大略御同意之由至極御尤ニ被存。然ル処先日成田八九郎、若松情態之儀ニ付東京へ罷出候。暫時滞留中奇説伝承致段々探索ニ及候処、実否分明ナラス候へ共、越後府ニオヰテハ権判事以下共物代リニ相成可申由ニ付、如何之次第哉ト存候処、幸内蜜〔ママ〕承合候へ者、已ニ官員録ニモ顕然ト表出致居候次第、事情相糺候処、越後全国権判事等一小隊員之全国物成月給ニ費畢候抔ト申唱、又若松表ハ一大隊モ有之候抔ト悪評致候者有之由。全ク右等之処ヨリ已ニ官員録ニモ表出ニ候へハ、最早越後府ハ御沙汰ニ相成居候哉ト卒爾ニ帰府致候処、当府ニオヰテハ右等之事件一向無之候間、同人モ愕然トシテ狐狸ニ誑サレシ同然ト珍談此事ニ候。乍去可畏ハ人口ニ有之候間、就テハ柴田借用人ハ今暫時待機会可申入哉ニ被存候。扨為風評権判事一小隊モ有之抔ト申居処、又々若松へ呼遣置候人モ帰府ニ相成候へハ、弥多人数世ノ嫌疑モ可避時節ニ有之候ハ、先々方今ノ姿ニテ小笠原氏ハ水局へ抑留折角尽力之ヨシ、其内若松ヨリ帰府ニ相成候へハ、藤田氏モ差遣可申、就テハ両公之内是非共御一人出府被致、高須氏無拠次第有之候へハ、尊公一寸モ早御出府ニ相成候趣被命候間、呉々モ速ニ御出仕之程企望此事ニ候。文略不悉。

十二月廿三日

公務方

進美祢人様

明治二己巳年分
〔欄外〕着

正月七日於三条表至来。西園寺殿ヨリ到来三通之写。

東久世殿ヨリ西園寺殿へ之文達二通。

一翰謹呈致候。寒冷之節御清適御奉職欣幸之至候。陳者聖上玉体安全朝野奉恐悦候。来月上旬一先還幸来潟再奉駕之由、一昨日被仰出候。北越・東奥降伏諸惣テ御処置被仰出、来月五日六日頃者御発船汽艦清水港迄御水旅之御決定ニ御座候。昨日者海軍叡覧天色・平和発砲御乗船之儘ニテ有之、聊天気御勤無御座誠恐悦千万御座候。追々海軍御振起シ嘉兆ト奉賀候。随テ貴卿北越知事御理之事件、誠ニ無拠御次第抔モ有之候半ナカラ、誠ニ朝廷ニモ御無人ニ御座候。御苦労〔ママ〕之段ニ被思召候得共、何卒押テ御奉職被成度、御改政之義ハ方面之御見込モ可有之、御辞職之処ハ難被及御沙汰之間、乍御苦労御受申上可有之。付テ者新潟ハ去十九日ヨリ開港之趣、各国へ御布告ニ相成候末、外国官権判事三沢揆一郎・水野千波外付属之者等指送候間、可然御下知可給。尤両人トモ交際ノ上ニハ事ナク候人物ニ有之。千波者旧幕府横浜奉行ニテ当春政府へ引渡ノ人物ニ御座候間、右様御承知可給、尤府事モ可取扱存候間、府判事兼勤方御都合ニ御座候ハヽ、兼勤ニテ可然可〔神〕奈川・長崎等ニテモ各兼勤ニ御座候間、右段御取調之上可被仰越候様ニ致度。先ハ早々恐用乱筆候。以上。

十一月廿九日

第三受□弁事

追テ永々御旅中御真意奉察上候。北辺別テ酷寒ニ可有御座候。為国家折角御自愛専一存候。当時者議定職外国兼勤誠心繁務御座候間、甚心外御不音打過無本意、先々早々心情難尽頑指以上。

東久世中将

西園寺黄門閣下平安

一翰呈上致候。寒冷之節御座候処御安全珍重存候。然者新潟表開港ニ付、外国官吏指送宜御指揮可被成候。就テハ宇和嶋藩荻野次郎東京飛地ニオヰテ警備隊軍監申付置候処、今般辞表指出候ニ付御免相成、三沢附属トシテ春表へ罷越申候。少シ本藩子細御座候テ、黴雇之名目ヲ不蒙御座候。分明ニ成次第、御達可致手筈御座候間、其御含ニテ夫迄之処御遣方可然御頼申入候。雪天強寒之増処、定テ万端御手数奉察候。先ハ早々要用以上。

歳揃望嘉日

追テ東京還幸御機嫌克被為在、為朝野奉賀候。時候折角御自愛可成小生瓦全是亦御放念可被下候。灯下執筆乱筆恐惶如此候也。

十二月四日従東京

東久世中将

西園寺黄門閣下平安

一翰呈上候。新歳奉慶賀候。陳ハ別飛従東久世中将書中到来仕候へ共、公望ハ御理申上候事ユへ、則御廻申入候。可然御掌領願上候。扨公望ハ自明日新発田表出途、東京へ相廻リ、其後西京へ罷帰候。長々御世話ニ預リ畏入候。戍兵指揮之処ハ参謀軍艦等残置候間御用モ有之節ハ御申越可給候。右早々頓首。

正月十五日

公望

四條公麾下

前案御報左之通リ。

去五日御認貴翰謹令拝読候。新春之嘉兆奉倣賀候。陳ハ先達東京日誌届候義ニ付御尋問申入候後、隆平儀於東京断然被免有之由、正ニ承知致候ニ付、最早其内御達モ可有之義ト相心得、早々御引渡可致覚悟候処、於貴官御理之由、別紙弐通御廻ニ相成候。且御書等モ拝見恐愕仕候。御辞表之儀ハ難被及御沙汰段、文中拝読仕候。且再三之御沙汰ニモ有之、何卒御勉勤之程偏ニ令希望候。仍前書弐通令返上候。御入手可給候。就テ者隆平義、是迄国情万端為言上、一応至急上京之義ヲ決、既ニ昨七日三条表迄出立候処、不図尊書候得共、前件之通リ於同処仕度、調次第、明日ニモ発立之覚悟ニ候間、此後之処万端宜相願度存候条、伏テ歎願候。早々如此候。不具。

正月八日

隆平

西園寺中納言殿閣下

副啓前条次第ニ付御印籠。

一、本府ニ残置候間、御出府次第早速可差上旨判事中江申置候。此段申入候。且外国官権判事ヨリ今朝到来候書類差出候間、且又宜御所置願入候。本文乍御隣境意外之御不意ニ相成、真平可免候末、余寒難凌折角御保護専祈候也。

○御在京中越後ヨリ来状書之写。

以態書得御意候。然者小生共儀、不肖短才不堪其職ヨリ、今日之形勢ニモ立至候儀ト深恐縮仕候。仍之別紙之通辞表歎願書弁事官江差出申候間、写御廻シ申候。御序之段府公江宜布被給上被下度。尤即発途之砌、御懇之御意被成下候義難黙止候ニ付、乍意外交代之人出府迄ハ、奉職罷在候存念ニ御座候。其段ハ御安堵被為在候様仕度、右為其如此候也。

正月十七日

山崎伝太郎
榊原三郎兵衛
渡辺儀右衛門
南部彦助

小西直記様
渋谷孫蔵様

一翰拝呈。春寒之候候処、先以府公益御勇健被遊御急行奉恐悦、将各位愈御安康御供奉珍重奉存候。扨三条御発途之砌、御残置御直書等之旨、夫々奉謹承候。扨又南部氏柏崎ニテ杉本談判之砌、小生其已前建白之一条ニ付殆大嫌疑ニ渉リ罷候趣、南部帰岡ニテ預詰問初テ承知、何共驚入候次第ニ御座候。就テ者右一件手続別紙之通御座候テ、御披見之上、宜御執成之程奉希候。尚又一封辞表差出申候間、是又為御達被下度奉希候。右御頼旁為可得御意如此御座候也。

正月十七日

渡辺儀右衛門

小西――
渋谷――

昨夏越後府御取建ニ付、不肖之徳積存懸モ無御座、微士大任被仰付冥加至極難有奉存候。然ル処不学短才可堪其職覚悟更ニ無御座候ニ付、再三固辞仕候得共、何分至急之御場合ニテ達テ奉命、出府日夜勉励微力ヲ尽候得共、元来愚昧之所為其処置当ヲ誤候義究テ不少、約ル所奉汚御政体候段、深奉恐入候折柄、同寮〔僚〕追々出府、一時者有余之人員ニ相成候ニ付、幸ニ御辞退申上候処、懇ニ切ニ蒙御沙汰、感銘之余又候奉職罷在、其末年ニ今日尊台御進退ニモ関係仕候形勢ニ立到候段、退テ既往ヲ熟考仕候得共、全不肖之徳積荏苒奉職過失百端、本府不体裁ヲ醸候義ト深恐縮之外他事無御座候。此度歎願書弁事官江差出申候。就テハ職務被免者勿論、失体御乱向之上如何様之御譴責成下候共、聊遺憾無御座候間、至急御達相成候様御奏達被成下度、血泣奉歎願候。誠恐頓首再拝。

正月

渡辺儀右衛門徳積

知府事殿閣下

今般俄ニ御発輿、殊ニ御急行御供奉、愈御安健御旅行奉賀上候。然者此中於柏崎御発輿後、杉本氏ニ及面会、本府齟齬之意味承合候処、分明相成、仍之右一件之次第書別紙一封呈上仕度候間、差出申候。宜御執成被成下候様奉願上候

一、去月廿七日、本府如元御殿へ再被仰出候趣、慥ニ承知之旨申来由致伝承候。且又楠田五位モ去月廿一

日頃京師出立之旨、当節ニテハ多分必着之筈、定テ御途中ニテ行合可申、只々時々御左右ヲ奉待上候。万々得急呈鴻之時候。恐惶頓首。

正月十七日

南部彦助

小西――

渋谷――

辰十月新潟集会後、恒川新左衛門・林太仲・小生、出雲崎江同行、南部彦助跡ヨリ到着。於同処太仲ト対談之折柄、同人申聞候者、本府判事于今壱名モ出府無之者不都合之事也。仍テハ同寮中ヨリ御抜擢相成候方、却テ御都合ト相考、熟其人ヲ見ルニ南部・宮原之両氏老錬且夏已来出府ニテ、民情地形ニ渉リ候旁至当ニハ無之哉ト申聞候処、於小生ニモ素ヨリ同案之処ニ付、乍合説夫ヨリ種々談合之上、然ハ此度判事至急出府之建言モ有之義ニ付、銘々見込之処可及建白ト則新左衛門江モ及示談、是モ同意ニ付建白草稿相認候処、兼テ杉本行蔵義、於新潟判事之儀ニ付一説相発シ候事モ有之、幸当時新潟滞在中ニ付、同人江ハ及示談度ト申談、則至急御用状ヲ以草稿相廻シ、存念之処相達呉候様申遣候処、如何之懸違ニ相成候哉、更ニ返事無之、漸十一月下旬頃歟、行蔵出府之砌対面ニテ致承知候処、同人モ同意之旨申聞候ニ付、夫ヨリ本書相認、尚藤田庄右衛門江モ及示談候処、是又同断ニ付、行蔵・新左衛門・太仲・庄右衛門・小生五名ニテ在京新左衛門迄送リ達候処、府県変動風聞中ニ相成候旁相見合、書面ヘ新左衛門手元ニ控置候段、旧臘申越候義ニ御座候。右ハ本文ニモ得御意候通、於行蔵ニハ素ヨリ甚不同意之処、小生独断、其上彦助ト合体ニテ何カ陰策施行之様ニモ押移居、尚又県判事之方聞膳見候処、是ハ素ヨリ真之同意ニハ無之趣ニ相聞、其段申聞候ヨシ行蔵ヨリ彦助江申聞候趣ニテ、其段彦助ヨリ預詰問、初テ承知驚入候次第、全体右県判事ハ何某之口気ニ候哉、県判事迚モ新左衛門、太仲之外ハ更ニ不関義、然ルニ右両人ニオヰテ如此曖昧之答可有之共不被考、夫ハ閣、小生ヨリハ行蔵之心底甚以不審之到、素ヨリ不同意ニ候ハヽ、其段申聞呉候筈之処、表裏両舌ヲ以却テ嫌疑ヲ生シ、夫カ為自然府公之入御内聴候様之儀モ候ハヽ、一層之御配慮被為在候哉ト、実以恐歎之至ニ御座候。勿論右一件ハ前段之通ニテ、彦助・大輔ニオイテ素ヨリ可及示談訳ニ無之故、一円不知事ニ御座候。且府公ヲ閣、弁事官江直達仕候ハ、甚差懸候場合故、不得止銘々見込建白可然ト申談候義ニ御座候。尚又両氏ニオイテハ老練博識常ニ感服之廉不少、実ニ本官之任ニ可堪ト、本府至急上下之御為筋一偏ニ相考、周旋仕候ノミニテ、更ニ私意ヲ以他ヲ黜陟為致候様之儀、天地之神祇日月照覧、誓テ覚無御座候間、此段宜御達被下度所希御座候。

正月十七日

渡辺儀右衛門

小西――

渋谷――

弁事官江差出候歎願書写。

昨辰越後国過半賊領之折柄、官軍進撃其開処一日モ民政無之テ者不相叶旨ヲ以、急ニ越後府御取建、臣広矛始大任被仰付。元来不肖難堪其職恐縮仕候得共、前段至急之秋ニ膺テ辞退等仕兼、強テ奉命、出府日夜勉励微力ヲ尽シ、漸ニ民心鎮定殆ト方向モ相立候者全皇威之所輝ト難有感銘仕候。然ル処旧冬知府事始総テ被免、西園寺殿江知府事被仰付、且当府御改正之儀、同殿江御委任被仰出候趣承知仕、何共驚愕之至、究テ事ニ不体裁之御聞取モ御座候事歟。且又右辺者日誌或ハ官員録等ニテ一統承知之処、今以一応之御沙汰モ無之、全国之人心疑惑ヲ生シ候ヨリ、民間ニハ種々之流言ヲ唱ヘ殆ト漂々之形勢ニ立至リ、去秋以来聊民事尽力之義モ一時瓦解ニ及ヒ、愈以歎息之外他事無御座候。就テ者今日無名同様之広矛始依然奉職仕候モ、第一民心之信疑如何ト痛心仕候。畢竟不肖之広矛始百里懸隔ニテ民政之御趣意ニ戻リ候義モ有之哉。畢ニ知府事之進退ニモ関係致シ、上ハ御欠政之端ヲ開キ、下ハ蒼生之疑惑ヲ生シ候段、広矛始全ク処置ヲ失シ候故ト深奉恐入候。仰願ハ御失政之件々御糺問之上ハ、何様之御譴責モ甘テ拝請可仕候間、何分ニモ一先広矛始職務速ニ御免之御達被成下、交代之人至急出府相成候様泣血奉歎願候。誠々惶々頓首謹言。

正月

山崎伝太郎孝之

榊原三郎兵衛有邑

渡辺儀右衛門徳積

南部彦助広矛

弁事御中

諸官江差出候伺書等、府公御滞京中者本書御殿江御廻シ申候上、御差出シニ相成候儀至当ト相考申談シ候処、風説之一件モ御取消ニ相成候歟之聞モ有之、左候得者直ニ御引帰シニ可相成哉ト懸違之儀出来候テハ不都合之事モ有之候方、矢張是迄之通其向江直ニ差出候方可然ト申談候儀ニ付、此段御承知可被下、宜御申上御座候様存候也。

正月

越後府在勤権判事

知事殿公務人御中

従越中高岡駅之御用状、当廿三日朝到着致披見候。先以府公益御機嫌克被遊御旅行奉恐悦候。然テ西園卿ヨリ御廻之一件、三条ヨリ御返之分、又々御送返ニ相成趣ニテ、約ル暫時御預之上、金沢ヨリ御急行被為在候段致承知、何共御配慮之御義奉恐入候。就テハ御留守中本府御用筋御依頼之御旨奉謹承候。爾後為差事件モ無御座候処、楠田五位新潟着之旨申来候ニ付、不取敢何角談判旁彦助儀去ル廿一日彼地江急行、未帰府無之、御用状者早速送リ届可申候。

一、松平豊熊江旧領其儘下賜候旨、弁事官江御達有之候ニ付、当府管内之外七日市組三十三ヶ村高八千六百三十壱石余之分、今日引渡方別紙之通夫々取計申候間、此段宜御申上被下候。尤弁事官江モ引渡相済候段、御届差出申候。是又御承知置御座候様存候。
一、牧野家江之分、今以為何御達無之、不都合之至御座候。是又早々御達御座候様府公ヨリモ被仰上候様仕度、並旧冬東京弁事江伺置候。同人家族始家来、婦女子等殆六千人御扶助引揚候テ、凍餒眼前云々、仍之引渡相済候迄御扶助御至当之段云々之返事有之、矢張鋭橋江弐万四千石下賜候ニ付、扶助ニハ及不申旨申来、已上三度ニ及候、旁此段相達、旧臘限リニテ扶助方引揚候処、殊之外難渋、追々飢餓ニモ可及勢、実ニ不忍見聞次第ニ御座候。何卒此上御憐評有御座度、是又現場御研究之旨ヲ以、宜被仰上候ハヽ、莫太之御仁恵ト窃ニ希望此事ニ御座候。右ハ不取敢貴酬且御届旁如此候也。

正月廿三日

本府在勤渡辺儀右衛門

知府事殿公務人御中

修験共ヨリ願書差出候ニ付添達書写。

別紙二通之通リ願出候処、全体昨春来神社之儀ニ付貴官ヨリ被仰出候件ニ有之哉ニ候得共、当府ハ昨辰六月ヨリ相開候事故、春夏之分一円無之不都合之不少候間、乍御手数貴官ヨリ被仰出候六月迄之御布告、不残早々御廻シ被下度、尚別紙之義、宜御指図御座候様御頼申候。為其如此候也。

正月

越後府

神祇官御中

上弥彦神主五十嵐大炊ヨリ願書差出候ニ付、神祇官江添達書写シ。

別紙之通願書仕候ニ付者、得集議候処、外ニ差障等モ無之、全体当国者神州之至北辺鄙、加之庶民旧来仏説ニ侵〔浸〕潤シ神道最衰微之国柄ニ候得共、別テ急務之事件ト存候。仍之願出之儘御廻シ申候間、御許容可相成儀ニ候ハヽ、教師始学則等御取調之上御問合度為其如斯候也。

正月

越後府

神祇官御中

追テ願人五十嵐大炊近々朱印持参、登京可致候付、願面麁漏之事件モ候ハヽ、直ニ御聞取御座候様存候也。

松平豊熊旧領引渡御届書写。

松平豊熊旧領越後国分領壱万三千石余、如旧下賜候旨、就御達当管内三辺郡卅三ヶ村高八千六百三十壱石九斗四升壱合、豊熊家来江引渡候間此段御届申候。尤刈羽郡高五千三百三十石余之分ハ、柏崎県管内之儀ニ付、彼県ヨリ可引渡旨申聞置候間ニテ又御届申候。為其如此候也。

正月廿三日

越後府

府県御掛弁事官御中

追テ先般相伺置候右四村ヨリ辰年分収納金穀之儀者、追テ御指図之上取計可申分相控置候間、此段御承知置御座候様存候也。

牧野駿河江御寛典之御処置被仰出、二万四千石下賜候ニ付、不及扶助旨御達ニ付、右封地被下方、幷家族始家来、婦女子等六千人江之扶助方引揚候テハ、忽凍餒眼前之儀ニ付、御達差控置、御伺差出候後、今以何等之御沙汰モ無之、加之既ニ於東京牧野鋭橘江家続被仰付、領地郷村高辻等御渡ニ相成候由ニテ、夫々写差出候処、是亦当府江ハ初中後共今以一円御沙汰無之、甚以不都合之至リニ御座候。右ハ伝承ヲ以引渡候決ニモ難到候ニ付、其段申聞其儘差置御沙汰相待候事。

一、彼江御渡ニ相成郷村高辻致比較候処、当府ニテ昨年来取調候村々高辻ト多少不同有之。約ル処現地之所ハ千二十九石余之増高ニ相成、右郷村之内椿沢村ハ分郷ニ相成候事歟。且反高場等之儀ハ如何相心得可申哉。則別冊二通御廻申候。御比較之上早々御沙汰有之度候事。

一、右御渡相成候高辻、当巳年物成ヨリ請取可申旨ニテ、当秋迄取続方並家来扶助方等確ト差支難渋当惑之旨ヲ以、別紙之通願書差出シ候処、何分未タ当府江御達無之、仮令御達相成候共、其辺ハ当府ニテ難及処置義ニ付、其筋江願達可然旨申聞置候事ニ御座候。仍之願書写御廻申候間、此辺モ宜御評議有御座度存候事。

但、本文彼歎願之義、実ニ無余義筋ニモ相聞候処、当秋迄御扶助被下候テハ莫大之義ニモ有之。仍テ此度下賜ハ郷村ヨリ収納之時、辰年之米金トモ為御手当被下置候テハ如何可有御座候哉。仍之別紙勘定帳御廻シ申候事。

一、松平豊熊家来共出府左之通届出候。

主人旧領羽前国村山郡壱万七千石之内、三千石上地被仰付候上ハ、是迄越後分領壱万三千石被置候分ハ、其儘御下賜候事ト相心得罷在候テ宜敷御座候哉。此段奉伺候。以上。

十二月廿五日

松平豊熊家来笹尾五郎八

弁事御役所

御附札

可為伺之通候事

右御達相成候由ニテ引渡方等伺出候得共、是亦何等之御達無之、其上右領地ハ昨辰五月官軍進撃之砌役人共遁走、領地人民捨置候ニ付、不取敢御料同様民政ハ勿論、租税収納等悉皆当府ニテ処置致来候処、此度彼方江其儘下賜候ニ付テ者、昨辰収納等モ悉皆付送リ可申哉。是亦牧野家同様至急御指図有之度候事。

右之件々相伺候間、至急御指図有之度。猶已後当府管内江致関係候義、各藩江御達ニ相成候義ハ倶ニ当〔ママ〕江御達無御座候テ者御不都合之至ニ御座候間、此段兼テ御届置候也。

正月

越後府

府県御掛弁事官御中

旧臘廿四日、於東京表被成下候領地郷村帳御渡、当巳年ヨリ可請取旨被仰出難有仕合奉存候。然ル処米金初砌之蓄モ無之、旧領古来ヨリ之仕法ニテ夏物成等之収納一切無之候処、多勢之家来共当秋収納迄之食料等何ヲ以賜候。手段更ニ無之及凍餒候仕合当惑至極奉存候。依之出格之蒙御高恩候上、猶又願上候モ重々恐入候得共、是迄之通御救助被成下候様奉懇願候。以上。

正月六日

牧野鋭橘

別紙写

昨年已来御普通之金札、当越後国旧冬ヨリ専通用之処、如何成悪徒者取敢候儀哉、右金札贋札ヲ拵江辺土愚民ヲ誑シ候ヲ御心付取受候分、民政局江正札引替被成下間敷哉、歎訴申出事情取糺候処、如何ニモ不愍至極ナカラ取受候者之可為損失旨申聞候処、兎角金札ヲ不好折柄、贋札之恐レモアリ、自分下方不融通ニ可相成、依之右之通贋札有之候間、吟味取遣候様相触候節ハ、愈以金札ヲ恐レ可申哉ニ付、暫時触達見合置夫是深痛心罷在候。就テ者右贋札ト心不付受取候方ハ、其事情取糺不審之廉モ無之候ハヽ、引替御渡相成候ハヽ、下方取遣シ無心遣通用可致候。自然贋札取受候テモ引替御渡相成候義候ハヽ、聊之恐レ無、御趣意通難有相心得可致通用ト存候。此段相伺可申、早々御沙汰可被下候事。尤贋札拵候者込捕探索専ラ取調候事。

正月十九日

越後府

会計官

覚

旅行入費御渡之儀、会計官御矩律通都テ十里日着之割、其外共御定被仰出候処、短日並極暑之折柄者迚モ行届不申、且十月ヨリ三月迄者該賃銭冬増相還、余程之引違ニ相成候ニ付、御遣立之者自然内費之迷惑モ可有之奉存候間、実用ニ相協候様仕度、仍テ左之通御組直シニ相成候様仕度奉伺候。

旅行之義、四月ヨリ九月迄一日八里割、十月ヨリ三月迄ハ六里割、且旅籠之義何方モ弐朱以上之由ニ御座候間、都テ上下共三朱宛ニ御直シ被成下、逗留中之駄賃銭相除、其他送中並ニ御渡被成下度候事。

一、早追之義人夫多ニ付、駄賃並食料等相掛候丈ケ御渡ニ相成、其他諸雑用トシテ上一日弐分、下壱分宛被下度候事。

一、当府管内見分或ハ就御用往復等之節、人馬賃銭舟賃実跡掛並御定宿料、御渡之外諸雑用トシテ、壱人ニ付壱分宛被下度候事。

右之通奉伺候。以上。

巳正月

越後府会計方

判事御中

諸役員就御用往来並出張先滞留中共御渡金、貴官御規則之通リ於当府テモ相定追々取計来候処、全体当国ハ神州之至北三方山路険隘、就中冬春深雪、其上近来物価騰貴等ニテ、右御規則通ニテハ失費多端不少趣ニテ、別紙之通其筋ヨリ申出候処、実地研究無余義相聞候ニ付、其儘御廻シ申候間、宜御評議、早々御沙汰被下度、為其如此御座候也。

正月

越後府権判事

会計官御中

今般、女御入内、立后等被為在候ニ付、献上物左之通来ル十六日ヨリ十八日迄三日之内奏者所江可差出事。

一等官ヨリ四等官迄人別ニ

禁中江	太刀	一腰
大宮御所江	干鯛	一箱
中宮御所江	干鯛	一箱

五等官ヨリ九等官迄各官等毎ニ組合ニテ

禁中江	干鯛	一箱
大宮御所江	干鯛	一箱

右之通相達候事。

正月　行政官

追テ知事・判事之内上京之節、献上可有之為心得相達候事。

正月　府県掛弁事

三条局役員之内
岩田大作
右ハ頭取申達候事。

野崎他吉郎
右ハ頭取申達候事。

岩田大作
秋山顕蔵
右ハ当官ヲ以水原局江至急出仕可有之候事。

出雲崎局役員之内
町田文大夫
右ハ庶務方申達候事。

佐藤喜右衛門
右ハ庶務方申達候事。

神戸須磨之丞
右ハ庶務方試補申達候事。

浅野左五右衛門
右ハ筆生下同付指揮役兼申達候事。

右之通此間取計申達候ニ付、此段御届申上候。宜御披露奉願候。以上。

正月廿日　渡部儀右衛門
南部彦助

四月

執事御中

追テ此度別紙之通弁事官ト会計官江申達候ニ付、此段モ御届申上候。以上。

〔註〕冒頭「付札」の「四條家文書」「五」は朱書。

13　京都御布告到来留

〔表紙〕

明治元年辰十二月並巳年

京都御布告到来留

越後府役場

〔付札〕

四條家文書

越後府役場　京師御布告書控

参

十一月廿四日到来。

越後

溝口越前

右十一月四日、本領安堵被仰付候事。

大澤右京大夫

平野内蔵助

先達テ被加藩屏之列候事。

十一月

行政官

南部美濃

丹羽左京

岩城左京

酒井紀伊

松平伊豆

本多能登

内藤長寿丸

牧野駿河

今度被止官位屋敷取揚被仰付候事。

十一月

行政官

春来帰順証書等差出追々上京致シ候処、各勤王実効之

厚薄モ有之趣ニ候得共、御一新至仁之御処分ヲ以今般
其方共一同本領安堵被仰付候ニ付テ者、随分之御用被
仰付候間、此旨相心得可申事。
去ル五月十五日、本領安堵被仰付候面々へ、被仰渡之
御趣意並其後被仰付候御規則之条々、一同相心得可申
事。
旧席高家、交代寄合之外官位之儀、都テ被為止候事。
中・下大夫、上士之格席振合等、諸事触頭江承合可申
候事。
万石以下知行所之儀者、最寄之府県可為支配旨、先般
被仰出候通相心得可申事。
駿遠参ハ徳川亀之助へ知行被仰付候ニ付テ者、三州領
知之面々ハ追テ替地可被仰付候ニ付、此旨相心得可申。
尤領知本高込高等有之候処、上地之節ハ土地相改現在
有高ヲ以替地可被宛行候間、是亦相心得可申事。
但、当年収納之儀是迄之領主取納可申事。

十一月

行政官

〆

天下一新之御政体被為立、第一民庶ヲ綏シ、各其処ヲ
得倦サラシムル御趣意之処、倉卒兵馬之事起リ、不被
為得已次第モ候へ共、今日ニ至リ、上ハ愈国本ヲ強ク
シ、皇基ヲ培植被為在候ニ付、今般新ニ治河使被設、
天下之水利大ニ御所置可有之候。就テハ差掛リ近畿之
地ニ於テ澱川隄防等十分ニ修覆致シ、以後水害ヲ除キ
民利ヲ起シ候ハ勿論、且又浪華ヨリ之運送等モ是迄之
三十石通船ニテハ徒ニ人力ヲ費シ、実以不便利故、今
日之御偉業ニハ不相副候間、是非トモ蒸汽船ニテモ仕
掛利用可有之候処、何分春来騒擾之折柄、終ニ右澱川
之隄防サヘモ御行届兼候得共、東北征討略平蕩之功ヲ
奏シ候上ハ、追々右等之儀モ御詮議被為在、大ニ天下
水利之道ヲ起シ、民庶之福ヲ生シ候様被仰出候間、府
藩県ニオヰテモ此旨相心得、上下同撲其地方最寄ニ就
テ、夫々利害得失相考勉励可致旨御沙汰候事。

十一月

行政官

別紙名前之者、本領安堵被仰付候ニ付テハ、別紙之通

御達ニ相成候間、為御心得申入候也。

十一月　　弁事

新潟府御中

東京弁事ヨリ到来。

一橋大納言領地、越後国岩船郡金屋村外拾六ヶ村ニテ

高七千石余有之候分、是迄通被仰付候間、其段相心得

候様村上民政所へ早々御達可被下候。仍テ申入候也。

十一月十七日　　弁事

新潟府

十二月二日到来。

戦地新用ハ総テ当官ヨリ仕払、租税之分ハ其向々ニテ

取束ネ差出候様御評議ニ相成、既ニ先日会計官出張之

者軍費仕払之為罷越居候間、彼地ニテ取扱可致存候事。

会計官

前顕之通会計官ヨリ申来候間相達申入候。仍テ別紙

令反却〔ママ〕候也。

府県掛

十二月二十日　　弁事

新潟府御中

今上御誕辰九月廿二日右之外御大礼之節

但、其節ニ御布令有之候事。

神武天皇御忌三月十一日

仁孝天皇御忌二月六日

孝明天皇御忌十二月廿五日

右御当日刑罪並拷問等可相除旨被仰出候事。

十一月　　行政官

今般御京廻之節、左之通御賑恤被下候間、府県共右之振合ヲ以宜可取計候事。

七十歳以上金弐百疋ツヽ、八十歳以上三百疋ツヽ、九十歳以上ハ五百疋ツヽ。

孝養之聞有之者金千疋ツ、又ハ弐千疋、弐百疋モ有之。

忠孝兼備之者へ金弐千疋、又ハ千疋。

貞操ヲ守、孝養ヲ尽之者へ金弐千疋。

奉公誠実金三百疋、同五百疋、同千疋、同弐千疋。

年来実行之聞有之農業出精之者へ、金三百疋、又ハ五百疋。

平日心得方厚ク、正直商売致シ、常ニ難渋之者へ憐ミ深キ者へ金五百疋、又ハ三百疋、千疋モ有之。

極難渋人中難渋人水害潰レ家等へハ金若干ツヽ下賜候事。

〆

十二月五日着。

一、京都伝馬御用所御取建相成候。追三条通大宮西入三宝寺ヲ以テ仮伝馬所ニ相定候事。

一、人馬之儀者御用通行出兵等ニ限リ、都テ当局江届有之候分差出候。其余諸藩発京、私用之分者一切差出不申事。

一、諸官司初人馬入用之節者、前以当局へ申達シ有之候得者、当日伝馬所ヨリ官司並向々旅宿等へ刻限通無遅ニ人馬相廻可申事。

一、諸官司ヨリ被差立候御用状諸荷物等、各官司印鑑有之通牒ヲ以直ニ伝馬所へ相渡、伝馬所ニオヰテ取扱可申事。

尤当局ヨリ掛リ之者壱人ツヽ致出役、立会為取扱之事。

一、宿駕籠等一切差出不申事。

一、宮・堂上方平生遣人夫、各不同有之候得共、都テ領地高百石ニ付壱ヶ年十人遣之割合御定相成候ニ付、其分申込次第無賃ニテ繰入可申事。

一、右人夫遣方ニヨリ、宮・堂上方奥向之用筋ニテ領民不成テ者難相叶節者、其段前以届有之候ハヽ、其

通繰入可申、万一領民繰込方難出来之節者、夫銀ヲ
以相納可申事。
一、伝馬所御定賃銭左之通申付候事。
京都ヨリ大津迄
　人足壱人ニ付　六百三十九文
　本馬壱疋　壱貫弐百七十八文
　軽尻馬　八百三十弐文
一、京都ヨリ伏見迄　軽尻七百十文
　人足五百四拾五文　本馬壱貫九拾文
一、同淀迄　人足六百卅六文
　本馬壱貫弐百卅弐文　軽尻八百弐文
一、同山崎迄　人足七百三文
　本馬壱貫四百六文　軽尻九百十三文
一、同樫原迄　人足三百十弐文
　本馬六百廿四文　軽尻四百六文
　十一月　駅逓司
右之通候間相達候事
　十一月

行政官

此度箱館産物問屋・仲買等之名目相改、箱館産物売捌人ト唱ヘ、荷物之儀者大坂・兵庫・堺・敦賀等ニオヰテ会所取建総テ引請取扱候間、右売捌人之外、農家トモ望之者ヘハ広ク売捌候ニ付、其最寄会所ヘ可申出候事。

但、会所之取扱ヲ不経シテ、船方ヨリ直ニ売買之儀一切不相成候。若違背之輩於有之者、屹度御咎被仰付候条、心得違無之様可致候事。

　箱館府
右之通候間相達候事。

　十一月

行政官

天下地方府藩県之三治ニ帰シ、三治一致ニシテ御国体可相立。然ニ藩治之儀ハ従前各其家之立ルニ随ヒ、職制区々異同有之候ニ付、今度一般同軌之御趣意ヲ以テ、

藩治職制大凡別紙之通可相立旨、被仰出候事。

十月　　行政官

藩治職制

執政　無定員
掌体認朝政補佐藩主一藩紀綱政事無不総

参政　無定員
掌参政事一藩庶無不与聞

公議人
掌奏承朝命代国論備議員

一、執政・参政ハ、藩主之所任ト雖モ従来沿襲之門閥ニ不拘人材登庸務テ公挙ヲ旨トシ、其人員黜陟等時々大〔太〕政官ニ達スヘシ。

一、執政・参政ノ外、兵刑民事及庶務ノ職制其藩主ノ所定ト雖モ、大凡府県簡易ノ制ニ准シ一致ノ理ヲ明ニスヘシ。
　但、職制一定ノ上ハ之ヲ冊ニシテ大〔太〕政官ニ達スヘシ。

一、藩主側ハラ従来所置用人等ノ職ヲ廃シ、別ニ家知事ヲ置、敢テ藩屏之機務ニ混セシメス、専ラ内家ノ事ヲ掌ラシム可シ。

一、公議人ハ執政・参政中ヨリ出スヘシ。

一、大ニ議事ノ制ヲ立ラルヘキニ付、藩々ニ於テモ各其制ヲ立ヘシ。

十月　　行政官

右為御心得相達候也。

十一月　　府県掛
　　弁事

十二月六日着。

来ル十九日ヨリ東京鉄砲洲開市相成候ニ付テ者、武家之向無鑑札ニテ外国人居留地へ立入候儀不相成候。自然要用有之罷越候節者、東京府へ申立、印鑑請取、入出者、鉄炮洲稲荷橋、真福寺橋南、小田原町橋三ヶ所ニ限リ通行可致候事。

右之通於東京被仰出候間相達候事。

十一月　　行政官

来廿二日三日各国公使参朝被仰出候事。

十一月

右之通於東京被仰出候間相達候事。

十一月　　行政官

九日夜

東京臨幸万機御親裁被為遊、蒼生未タ沢ニ霑ハスト雖モ、内地略及平定候ニ付、大廟へ御成績ヲ被為告度、来月上旬一先還幸被為遊候。尚明春再幸之思食ニ付、百官有司可得其意旨被仰出候事。

十一月

右之通於東京被仰出候間相達候事。

十二月　　行政官

当年内還幸可被為在処、箱館之事件相発候ニ付、御駐輦御越年被為在候旨被仰出候事。

十一月　　行政官

今般御東巡御道筋之孝子、義僕、職業出精之者江御褒賞、七十歳以上之者且火災、水難ニ罹リ候者共江御賑恤被仰出候ニ付テ者、皇国中無遠邇、前件之通御拡行被為遊度深キ叡慮ニ付、府藩県ニ於テモ御主意奉体認、其支配領所共速ニ褒賞賑恤之道ヲ施シ、窮民撫育等精々行届候様可取計旨御沙汰候事。

但、八十八歳以上之者江ハ、既ニ養老之典ヲ以テ御扶持下賜候得者、此度被下候不及候事。

十一月　　行政官

中大夫以下知行所有之面々並社寺領共

一、制札ハ最寄府県ヨリ掲示之事。

一、知行所村々役人共、其進退トモ総テ府県ニテ指揮致候ニ付、其地頭ヨリ差配致間敷事。

一、宗門人別帳ハ、村々ヨリ直ニ府県江可為差出事。

一、知行所年貢之儀者、其年々府県ニ於テ取極可相達事。

一、知行所村々江夫役用金等勝手申付間敷事。

右之外政務ニ関係致候儀ハ、一切府県ニ於テ可取計間、兼テ相心得候様御沙汰候事。

十一月

行政官

宮・堂上方知行所有之向々江

一、制札ハ最寄府県ヨリ掲示之事。

一、領所村々役人等公事ニ係リ候者ハ、府県ニ於テ可致差配事。

但、其地頭限リ用向申付候儀ハ別段之事。

一、領所村々宗門人別帳ハ、村役人ヨリ直ニ府県江可差出事。

一、領所年貢之儀者、其年々府県ニ於テ取極相達候事。

但、当年之儀者、従前之通可取計事。

一、領所人夫遣方之儀ハ、兼テ御布告有之候駅逓司定則通ニテ猥ニ申付間敷事。

一、領所村方江無拠次第ニテ用金等申付候節者、前以一応府県江可問合事。

右之外政務ニ関係候儀ハ、一切府県ニ於テ可取計間、兼テ相心得候様御沙汰候事。

十一月

行政官

十二月十二日

中大夫以下領地支配之儀ニ付、此度被仰出候通ニテ、就テ者兼テ御布金相成候孝子、義僕ヲ始七十歳以上御賑恤之儀モ、中大夫以下領地之者共ハ、〔ママ〕模寄管轄之府県ニオキテ、租税金之内ヲ以、被下方取計可然旨御沙汰ニ付、此段為念申達候也。

十二月　　行政官

十二月十三日到来。

諸府県ヨリ諸願伺届等総テ本紙並写相添可被差出候様去ル十月申達候処、未タ府県ヨリ候テハ御得意無之、先々モ有之御用便ニ不相成候間、以後御達之通屹度無落可被指出候也。

十二月四日

府県掛弁事

新潟県御中

尚以申入候。本紙ヘハ別紙雛形之通附紙ニテ可被差出候。

附紙　　何府県

主意書記　　或ハ何某

今般東京ニ於テ議事体裁取調所御取建相成候ニ付テハ、追々御体裁相立候上ハ、府県議員モ徴集会議被仰付候間、兼テ其心得可有之旨御沙汰候事。

十一月　　行政官

生駒大内蔵

今般諸侯列被仰付候事。

十一月

右之通於東京被仰出候間相達候事。

十一月　　行政官

今般東北平定ニ付、賞罰之典被為挙候テ、一先還幸被遊度思食之処、将士功勲之等級等精密取調行届兼時日遷延ニ及候間、尚還幸之上速ニ褒賞之典可被為挙候。此旨一同可相心得様被仰出候事。

十二月

右之通於東京被仰出候間相達候事。

十二月

行政官

諸国寺院之領地、従来守護不入ト相唱ヘ候分、政務等自ラ取行ヒ今以府藩県之所轄ニ不相成趣ニ相聞候間、右等之寺院取調早々可申出旨御沙汰候事。

十二月

行政官

宮・堂上・諸侯、及中・下大夫・社寺ニ至ル迄、従来京師・東京・大坂其他自領ニ非サル所ニ於テ用達出入等申付候者江、苗字帯刀ヲ許シ、或ハ家来ト唱サセ候儀、不謂次第ニ付、自今禁止被仰出候事。

但、苗字帯刀格式等、其家限リ内輪取扱之儀ハ可為勝手候。若又其家之抱ニ無之テハ差閊候向モ有之候ハヽ、其管轄之府県ヘ可申願ニ仍リ其地民籍可被差際候事。

十二月

十二月廿九日到来。

行政官

日蓮宗江

王政御復古更始維新之折柄、神仏混淆之儀御廃止被仰出候処、於其宗ハ従来三十番神ト称シ、皇祖大御神ヲ奉始其他之神祇ヲ配祠シ、且曼陀羅ト唱ヘ候内江天照皇大神、八幡大神等之御神号ヲ書加ヘ、剰ヘ死体ニ相着セ候経帷子等ニモ神号ヲ相認候事、実ニ不謂次第ニ付、向後御禁止被仰出候間、総テ神祇之称号決テ相混不申様、屹度相心得、宗派末々迄不洩様、可相達旨御沙汰候事。

但、是迄祭来候神像等、於其宗派設候分ハ、速ニ可致焼却候。若又由緒有之往古ヨリ在来之分ヲ相祭候類ハ、夫々取調神祇官ヘ可伺出候事。

十月

右之通被仰出候間相達候事。

十二月

行政官

諸府県ニオヰテ百姓共訴訟筋難取捌事件、往々其府県之添書ヲ以行政官江及直訴候向モ有之候処、是等之類、以後会計官租税司へ宛可被差出候事。

十二月

府県掛弁事

日給御渡方五等官以上、当五月ヨリ御減相成有之候処、東北漸平定ニ及候。今般還幸被為在候ニ付テ者、従前減給之分御渡ニ相成候間、為心得相達候事。

十二月

行政官

外ニ森対馬守伺書之写添。

御布告　七通。

右相達候也。

十二月廿四日

新潟府御中

行政官

今般御制度復古之折柄、第一御追孝之思食ニテ、来ル廿五日、先帝三周御忌辰神祇式ヲ以テ於朝中御祭奠、同日山陵御参拝被仰出候事。

十二月

行政官

孝明天皇三周御忌辰、御参拝ニ付廿四日晩ヨリ廿六日朝迄御神事之間僧尼並重軽服之者、参内可憚事。

十二月

行政官

諸国大小ノ神社神職継目之儀ハ、所部之府県藩之以印鑑可願出候。其上於神祇官許状相渡尚又心得方相達候間、請書調印可仕候事。

但、勅祭大社神祇官直支配之分ハ非其限事。

一、遠国辺陬或ハ末々之神職共、差向上京難渋之者、所部之府藩県ニテ先承置取約メ願出候共不苦候。許状等之儀、前同断之事。

但、名代人指出候テモ不苦事。

一、延喜式神名帳所載諸国大小之神社現存之分ハ勿論之儀、衰替廃絶之向等所部之府藩県ニテ精々取調確定之上可申出事。

一、式外ニテモ大社之分且即今府藩県側近等ニテ崇敬之神社者、是又可申出事。

十二月　　行政官

大政御一新ニ付、天下之衆庶其所ヲ得、各其志ヲ遂候様覆載至仁之御趣意ニ付、鰥寡孤独窮民等ニ至ル迄、追々御賑恤之道モ相立候処、戊午年来国事ニ周旋シ、皇室ニ勤労之者、却テ姦吏之為ニ非命之死ヲ遂、其妻子等飢寒ニ苦シミ、且幸ニ存命候モ落籍、流離候族モ有之哉ニ相聞ヘ、実ニ不憫之事ニ候。依之今般京都府ニ於テ夫々取調死亡之忠魂ヲ慰祭シ、妻子救助等之儀執行候ニ付テハ、府藩県共其管轄中右等之者有之候ハヽ、篤ト取調ヘ祭祀救助等行届、洽ク御仁沢ニ浴シ候様可取計旨御沙汰候事。

十二月　　行政官

宮・堂上・府藩県及社寺之家来小者等、且雇仲間鳶体之者ノ内、間々商戸之店ニ於テ高価之品ヲ纔ノ代銭ヲ以テ押買致シ、又ハ煮売屋等ニテ飲食之上、代料不相払立去リ候者モ有之哉ニ相聞候ニ付、向後右等之振舞致候者ハ、直ニ召捕候間、家来末々ニ致迄決テ心得違無之様、兼テ示シ置可申旨被仰出候事。

但、心得違之者召捕候節、若逃去候ハヽ、仮令主家之門内タリトモ付入穿鑿可致間、何方ニ匿居候共速引渡可申事。

十二月　　行政官

拝領地並社寺等除地之外、村々之地面ハ素ヨリ都テ百姓持之地タルベシ。然ル上者身分違之面々ニテ買取候節者、必名代差出村内之諸役無支為相勤可申事。

一、右同断町分之地面ハ、向後都テ町人名前之券状タルベシ。然ル上者身分違之面々ニテ買取候節ハ、必名代差出シ町内之諸役無支相勤サセ可申事。

右之通相心得候様被仰出候事。

十二月　　　　行政官

伊達亀三郎

同姓慶邦儀、其藩江引取於東京謹慎可為致事。

但、引取方之儀諸事軍務官へ可伺出事。

十二月　　　　同人

同姓宗敦儀、格別之思食ヲ以テ於国許謹慎被仰付候旨、更ニ御沙汰候事。

但書同文

十二月　　　　軍務官

別紙写之通、伊達亀三郎江被仰渡候ニ付、慶邦父子引渡方之儀、諸事於其官取計可有之事。

十二月

佐竹修理大夫

任侍従

叙従四位下

右、宣下候事。

十二月十四日

久世順吉

同姓久世広文儀、過日被仰渡候通、領知之内五千石被召上隠居被仰付候処、今般其方江家名相続被仰付、四万三千石下賜候条、藩屏之職ヲ重シ、勤王尽忠可有之旨御沙汰候事。

十二月

右為心得相達候事。

十二月　　行政官

東京外国官ヨリ正月七日着。

条約再議可有之ニ付テ者、輸出入品定税元代之廉者、多分現今之儘ニテ沿革増減無之、依旧据置候積ニハ候得共、時価ト不相当ニ相違之元代定リ居候品、又者定価ニイタシ候テ者品類差等有之、屡運上所ニテ議論ヲ起候品者、時価ニ従税銀取立候方御益筋ニ可有之、右等御見込之廉ハ、茶・生糸同様巨細ニ御申越可有之候事。

十二月　　外国官

新潟府御中

今度皇国東南海岸へ、外国船標的之為灯明台数ヶ所御取建相成候積ニテ、当節経営中之処、右出来之上ハ、永代薪油其他之諸雑費莫太可相懸候付、費銀為差出候積可及掛合ニ候得共、右ハ凡ニモ何程為差出候テ相当ニ可有之哉。条約開議之節申入候積リニ付、見込之処早々御取調御申聞可有之事。

辰十二月廿七日

本文灯明台之儀ハ、御国常船ヨリモ費銀取立候積ニ付、都テ外国船ノミニテ費用為相償候儀ニハ無之事。

十二月廿七日　　外国官

新潟府

〔註〕冒頭「付札」の「四條家文書」「参」は朱書。

14　北陸道督府御申渡控

〔表紙〕
北陸道督府
御申渡控
永昌館

〔付札〕
四條家文書

越後府御役場
高田藩へ御達控

慶応四年戊辰正月
北陸道鎮撫使総督　高倉三位殿
同　副総督　四條大夫殿
右正月廿日御発向ニ付、前以北陸道藩々江御達シ書ニ一通、若州家々重臣へ相渡シ北陸筋ニ順達ス。左ニ。

今般王政御復古ニ付テ者、王事ニ勤労可致ハ勿論之事ニ候得共、当今之騒擾ニ付方向難定、人心疑惑可致折柄候得者、尚存慮之次第可及尋問御沙汰候事。

正月

別紙之趣ニ付、為勅使不日可発向候得共、積雪之時節、途中ノ手間取モ難計ニ付、御趣意之次第、先ツ以書相達候間、一応之御請状早々差上可申者也。

正月

今般両卿為勅使北陸道江発向ニ付、前以別紙両通被相達候間、七ヶ国中国主・領主・地頭共、最寄ヲ以早々順達可有之。御請状之儀ハ両卿出先江差出候様トノ事。
正月
〔付箋〕「北陸道総督府」
高倉殿家司
岡本監物
四條殿家司

右件々正月十六日、酒井家江達ス。

小西直記

正月十八日

一、越後下今町在杉之森（溝口領郷士）高橋竹之助、右者沢殿ヨリ御吹挙、於国元有志之者多有之由ヲ以、随従願出候得共難召連、於国元周旋可致旨被仰渡、左之通。

北陸道為鎮撫不日御発向ニ付、勤王之有志有之由、兼テ及御聞神妙感佩思食候。当御時節早々馳集先鋒可有尽力之旨被命候条、執達如件。

辰正月

四條殿家司
小西直記
高倉殿家司
岡本監物

高橋竹之介殿

一、北陸諸藩々江御沙汰、左之通。

一、御制札一通、大号令一通、農商布告一通。
右者徳川慶喜朝敵之件々也。

一、督府ヨリ御達書、重臣之者へ渡ス。

一、御趣意之旨、重臣之者ヲ呼出シ被仰聞候上、諸承伏仕候ハヽ、御請当主拝謁言上。

一、国内物高家領並国内図面等写、可差出候事。

一、本領之外新開田畑何程ト申儀、其外徳川領有之処、悉御改並国政等聞糺、窮民有之候ハヽ、御救被下候事。

一、帰服之者ハ世子・重臣等ヲ以人質上京之事。

一、寺社領地高吟味之事。

一、国々惣高水帳写可差出之事。尤督府ヨリ参与御役所へ為御登可相成候事。

一、徳川領租税夫々未納皆納之義取調之事。

一、大赦被行候ニ付、罪人軽重御調之事。

一、御趣意之旨、国中布告触書ヲ以士民江申聞、尤制札可相立之事。

一、国主・領主・地頭ヨリ士民ヘ果役用金過分申付有之候所、猶其領主ヨリ窮民救可差遣候事。
一、勤王正義之輩、是迄徳川家ヘ憚リ潜居罷在候義モ難計、若左様之輩国中ニ於有之者、無忌憚可申出候事。

酒井左京亮家来
寺町元之進江

酒井織部家来

此度朝命之御趣意被奉畏候ニ付テハ、急務之御用モ可被為在候間、其旨急飛ヲ以左京亮殿ヘ被相伝、速ニ上京勤王可有之候事。

北陸道督府参謀

辰二月

一、藩主在東之向江御達
此度朝命御請書被差上候ニ付テハ、急速其主人ヘ御沙汰之条被為在候間、急飛ヲ以其旨被相伝帰国可有之候。御両卿御行先ヘ早々御出張可有之事。
右往反御帰国日限請書即今可被差上置候。夫迄人質差上可被置候事。

督府参謀

辰二月

督府思召ニテ心得方相達ス。
一、在東之大小名、父子之内在国候ハヽ、申諭候事。
一、父子共東在之者、留主居ヨリ急速可申遣。尤日限相定、往復迄人質可請取之。最寄之国主ヘ御預ケ之事、主人帰国次第、両卿出先ヘ罷出、其上上京可申付事。
一、小名・旗下之向領地有之候ハヽ、在東不服之者ハ徳川領同様之所置可致候事。
一、在国ニテ違命之者ハ最寄之国主ヘ申付、問罪可致之事。

辰二月

今般王政御一新ニ付、是迄天領ト称シ来候徳川之采地及賊徒之所領等、念入取調可致。右者従前苛政ニ苦ミ居候哉之趣モ相聞、患難疾病相救之道モ相立兼候ニ付、先無告之貧民天災ニ罹、国難之者へ者夫々御取糺之上御救助モ可有之候間、右之旨申諭、億兆人民王化ニ服シ候様精々尽力可仕旨御沙汰之事。

但、代官支配地所石数人数帳・地図面等携、早々上京可致候。若代官立去候地所ハ、最寄之国主、当分御預リ可申。尤石高・図面等早々可差出候事。

辰二月

又曰、右者太政官代ヨリ御沙汰之儘、藩々江御達候也。尤日誌ニモ御著有之向ハ、藩々へ御達御座候共、記録不仕候事。

一、越前家へ御依頼

当国内藩々江今度鎮撫御趣意被達候内、当時藩主在東之向モ有之、右者在国重臣ヨリ急速主人江相迎、勤王可有之旨御沙汰相成候。依之当主帰国出京迄、其家族又ハ重臣之内、人質可差上筈ニ候間、其分越前守殿へ御預ケ被成度候。此段兼テ御承知ニテ御通達有之次第、其家々ヨリ直ニ御請取可被置候様トノ事ニ候。

辰二月

督府参謀

越前家御用掛リ

土井弥十郎殿

千本弥三郎殿

今般東賊御征伐被仰出候ニ付、是迄北陸道鎮撫使之処、改可為先鋒総督兼鎮撫使之旨被為蒙仰候事。

二月六日

尤随従之諸藩兵隊モ同様ニ可為先鋒之旨被仰付候事。

右為御心得申達候。以上。

二月十日

督府参謀

北陸道国々国主・領主・地頭役人中

二月九日

一、越前敦賀酒井左京亮・酒井織部等へ御制札・大号令・農商布告等三通、御沙〔汰〕書壱通宛、都合四通ツ、両家ニ来候。御渡御請書差上ル。

十六日

一、右同様四通御達　越前少将江

一、同　土井能登守へ

一、同　小笠原左衛門佐江

一、同　交代寄合　金森左京

一、同四通御達　音曲司　幸若八郎九郎

同　弥次郎

同　小八郎

同　牧之助

参州西尾　松平和泉守

濃州郡上　青山峰之助

右越前国内ニ領地有之所、其主人弥以勤王可仕旨分明相知候迄、越前家へ御預ケニ相成候。尤本領安堵之義ハ従京都御沙汰可有之候事。

右之趣領地代官詰合之者ヨリ早々其主人へ仰進可致候事。

辰二月十七日　督府参謀

松平和泉守家来　相沢武右衛門殿

青山峰之助家来　上田喜一郎殿

本多邦之輔

萩原清左衛門

小林仙之介

右在京ニ付、当人上京弥以勤王実効有之迄、領地越前家へ御預ケニ可相成候。本領安堵之儀ハ、従京都御沙汰可有之事。

但シ御趣意柄ハ越前家へ御達之旨可伺候。留主居有之者ハ早々主人へ可申達候モノ也。
辰二月
右夫々家来へ申達ス。小林義ハ領地斗ニ付越前家へ相詑〔託〕ス。

一、弐万四千六百七十五石四斗七升七合
青山峯之助
一、弐万千百五十五石四斗四升五合七夕二才
松平和泉守
一、三千二百石　本多邦之輔
一、七百石　萩原清左衛門
一、三百石　小林仙之助
右領地当国ニ有之分、当時越前家へ御預ケ被成候。尤其主人今般被仰出候趣違背無之旨申越候上ハ、先規之通其領主へ可相渡候様可致候事。
辰二月
督府参謀
越前家御用掛御中

二月廿四日
北陸道諸藩へ御達
一、宿駅休泊人馬継立等、左之印鑑所持無之徒者可為自払間、此旨通達可被致候。向後如何様之者通行候トモ同断可被心得候。

北陸道 督府	年号月日某藩何百人
	人馬何程或ハ何藩何某
	人馬何程

一人前
泊　白米四合　昼支度　白米二合
金　一朱　銭　百文
右之通、兼テ太政官ヨリ御達ニ相成候得共、向後改左之通取極候条、宿駅不洩様通達可被致候。
泊　白米六合　昼　茶代百文
金　一朱
右泊所ニテ腰兵粮用意、昼休所ハ真之肴茶手当可有之事。

月　日

北陸道督府

一、行軍之節、毎日朝卯半刻支度、辰刻出立之事。
　但、前軍ヨリ順々繰出可申候事。
一、駅々人馬継立等之節、軍列不乱様其手々々隊長ヨリ指揮可有之事。
一、昼休場所混雑無之様、支度仕舞次第前軍ヨリ順々出立之事。
一、泊宿着陣之上、酉之刻以後一切外出ヲ禁ス。
一、斥候探捜〔ママ〕ハ先陣之専務タルヘキ事。
一、非常急務報ハ先陣ヨリ二陣、二陣ヨリ中陣ト順次転報可有之事。中陣ヨリ下知等之節モ可為同様之事。
一、各営往来ハ勿論、一陣内タリ共印鑑引合無之者ハ営門出入堅禁制之事。
一、毎陣若干人已上、刻限モ定メ交番順邏不可怠。但夜陰並地理不要害之ケ所ハ格外為厳重重〔ママ〕事。
一、異変有之節者、本陣ニ見立候間、早速諸隊一同馳参リ可申候事。
　但、出火之節者其手々々人数ヲ纏置、本陣之差図ヲ可受事。
一、京地出発前太政官ヘ達シ之人員並継人馬、行先キ、宿駅印鑑相照シ、書付差置可罷通事。
　但、右定員之外ハ一切可為自分払事。

二月

一、兼テ相触置候休泊兵食、猶又相改。
泊　白米七合　　昼休　茶代百文
　　金　一朱
右泊所ニテ腰兵粮用意、昼休所者真之素茶手当可有之事。

二月廿六日　　北陸道督府

一、宿駅休泊人馬継立等、左之印鑑所持無之輩者可為自分払間、此旨通達可被致事。

慶応四年
戊辰何月　何州
印　休泊何人
継立人足何人
鑑　馬何疋
北陸道督府

別紙二通之通被仰出間、御国中宿駅不洩様布告可有之候事。

辰二月　督府参謀

一、随従諸藩へ達書

別紙印鑑相渡候条、宿々印影引合セ休泊人足継立等印鑑紙面通被取計、別ニ休泊何百人人馬継立何程印鑑通相違無之旨、小書付ニ致宿々江被留置候得者、跡仕舞会計方書付引揚取計方可致候事。

二月

督府参謀

別紙之通北陸道藩々へ御達ニ相成候間、此旨被相心得従卒又者ニ至迄心得違無之様可被示合候事。

但、別紙印鑑者其手々々小荷駄方へ壱枚ツ、相渡置候事。

二月　督府参謀

芸州

其藩御警衛之内、両三人ツ、御用長持為御守衛交番御本陣へ可被相詰候事。

二月廿六日

三月三日

一、御趣意書・御沙汰書等五通御渡

加州家老
奥村河内守

横山三左衛門

一、越中富山前田稠松家来山本五兵衛江御渡左ニ。
休泊附一通、印鑑一件一通、別紙一通ハ左之通リ。
徳川旗下並会桑之者共、往々潜居之聞モ有之候間、無油断吟味ヲ遂召捕可申出。万一隠シ置候族於有之者可為同罪。尤帰順之者ハ寛大之御所置可有之候間、其段可届出候事。右之趣、道中筋宿駅等ハ勿論、国中不洩様可被示置候事。

三月　　　北陸道督府

但シ、同文越後藩々江相達ス。

一、榊原家へ御達
別紙佐渡並新潟奉行江之御達書弐通、其藩ヨリ通達方可被取計旨被仰出間、此段急速可被申通候。以上。

三月　　　督府執事

榊原式部大輔殿留主居中

佐渡奉行江

今度御両督府先鋒兼鎮撫使トシテ北陸道江御発向、就テ者被申達候御用之儀モ有之候条、越後高田表へ参営可被致候。尤差急候御用之儀候間、此状着次第無遅滞早々参着可被致候事。

三月　　　北陸道督府執事

新潟奉行江

一、同文壱通

三月六日
一、加州家へ御渡書付
高合壱万四千三百六十八石九斗三升七合四夕五才。
能登国羽咋郡敷浪村・鹿嶋郡川田村・鳳至郡鹿嶋村・珠洲郡真脇村等六十弐ケ村
右従前徳川家ヨリ被預来候処、更当分其藩江可被置預旨被仰出候間、諸事取締撫恤方可被取計候。猶追々太政官ヨリ御差図可有之間、其旨可被相心〔マヽ〕候。
但、去卯年貢未納金納方之儀者、会計局へ可被申談候。

辰三月　　北陸道督府

加賀宰相中将殿

土方兼三郎

右本人在京ニ付、朝旨導〔遵〕奉勤王実跡相顕候迄、同人采地当分其藩へ可被預置旨被仰出候間、此旨可被相心得事。
但、家来在住之者共、追テ御沙汰有之候迄ハ是迄同様心得可罷在旨相達可被申候事。

辰三月　　北陸道督府

三月七日、加州ヨリ越後迄御通行筋へ達ス。

今般御総督御通行之藩々、其領内御宿営中御本陣御門之内外、且宿駅取締向番衛等之儀、厳重ニ被申付候様仰出候間、此段可被相心得候事。

三月　　北陸道督府執事

間部下総守

同藩人質兼テ其藩江被預置候処、本人参営直ニ御請有之候ニ付、右人質本藩へ可被差戻候旨被仰出間、其旨可被取計候。
但、人質預リ御請書者追テ太政官ヨリ御差戻シ可有之事。

三月　　北陸道督府執事

越前家
大井弥十郎殿
千本猪三郎殿

越前国内ニテ代官支配地之義者、当分其藩へ取締向被仰付候条、其旨可被相心得候。

三月

北陸道督府

越前少将殿

三月八日

一、越後藩々へ加州石動宿ヨリ相達ス。左ニ。

新発田藩　村松藩　三日市藩　黒川藩

村上藩　椎谷藩　長岡藩　与板藩

峰山藩

右藩々江被仰渡候義有之間、急速高田表へ重臣之者壱人宛出張可有之旨被仰出候条、此段被相心得、早々順達可有之候。

三月

北陸道督府執事

前田飛騨守殿へ

右所労快気次第、急速登京勤王可有之様御沙汰之事。

三月

督府執事

追テ御請之義ハ書取ヲ以御出先へ可被差出候事。

有馬遠江守

同藩人質兼テ其藩へ被預置候処、本人上京御請有之候ニ付、右人質本藩へ可被差戻旨被仰出候。其旨可被取計候。

三月九日

北陸道督府執事

越前家

大井弥十郎殿

千本弥三郎殿

三月十日

一、越中越後藩々へ御達シ。

御親征被仰出候ニ付テ者、其藩人数致用意置候様トノ

儀者、兼テ御沙汰ニ相成居候得共、此節臨時出兵之御
指揮モ可有之候間、猶無油断其覚悟可有之候事。
三月
督府執事
右者、富山、高田、椎谷、長岡、与板、峰山、新発
田、村松、三日市、黒川、村上支藩也。

三月十六日
一、御趣意書
一、御沙汰書等
御直ニ五通御達
榊原式部大輔
家老　伊藤弥惣
滝見九郎兵衛

一、右同様五通御達方左ニ。
牧野駿河守家来　植田十兵衛
牧野伊勢守家来　神戸十郎右衛門
柳沢彰太郎家来　柳沢隼之介
柳沢伊勢守家来　加用出石
溝口誠之進家来　溝口半兵衛
内藤紀伊守家来　美濃部貢
堀左京亮家来　野口彦兵衛
堀右京亮家来　山田秀助
井伊右京亮家来　松下源左衛門

十七日
榊原式部大輔
急速上京御請可仕旨、兼テ達置候義有之候得共、不及
其儀候間、溝口誠之進ト万端示合、別紙之通非常救応
筋精々尽力可有之候。
三月十七日
督府
別紙之通御沙汰有之間、致御通達候。
督府執事

前書ニ相添別紙
会藩脱走之者有之ニ付、為鎮定兵隊繰出候義可有之段、其藩々へ廻状差越候哉ニ相聞候得共、差当リ右脱走体之者潜伏罷在候ケ所モ無之趣之処、自然鎮定ヲ名トシ妄ニ他境へ兵隊繰出シ候等之儀於有之ハ、奉対朝廷妄動不敬之至ニ付、万一兵隊通行致候ハヽ、其旨申諭差帰候様、若強テ押通之者ハ兵力ヲ以討取可申候。其節別紙書付之藩々迅速救応之手当、兼テ盟約取結置可申候事。

三月

北陸道督府執事

榊原式部大輔

従来徳川氏ヨリ預リ来候地並今般新規御預ケ地面、其藩へ当分可被預置旨被仰出候間、撫恤取締向尽力可致候事。

三月

督府

右之書添外ニ越後十一藩名前書

右之通御沙汰有之間、為御心得申入候事。

三月

督府執事

一、前同文三通、溝口誠之進江御達有之候事。

溝口誠之進

長岡

牧野駿河守江

一、同文壱通

兼テ御沙汰ニ相成居候通、兵隊御用候間、国力相当之人数、急速高田表江可被差出候。参着之上御指揮之旨可有之事。

越後藩々名前

右藩々何時御用之義有之哉モ難計ニ付、当表出張重臣之内、一人宛出先江附添可罷越候事。

督府

右之通被仰出条被相心得、無用之従者ハ可成丈減少御随従可有之事。

督府執事

三月十八日

一、随従本願寺使僧

阿耨寺　願成寺　明性寺
西勝寺　福正寺　円照寺

北陸道筋為御使僧被為附候処、当所ヨリ格別御用モ無之ニ付、御差戻シ可被成候間、帰京可被致候。猶御両卿御帰洛之上御挨拶可被仰上候事。

三月

督府執事

柏崎詰合役人共
年寄共へ

其方共義至極勤慎罷在候哉之聞有之、神妙之義ニ付、太政官ヨリ追テ御沙汰有之候迄諸事取締向最前同様心得可罷在事。

三月

督府執事

別紙柏崎役人へ之御達書、其藩ヨリ通達方可被計旨御沙汰候間、此段御達申候。

三月

督府執事

榊原式部大輔殿役人中

榊原藩江

佐渡・新潟両奉行、最前当表迄罷越候様達置候ニ付、後日来着之節ハ出先迄追駈遂案内候様、当藩ヨリ可申聞候。右之通被仰出候間、此段御達申候。

三月

督府執事

越後藩々宛

督府執事

其藩人数高田表迄可被繰出旨、兼テ御達ニ相成候得共、当表御引払信州追分筋御進発ニ付、御押先兼行追附可被申候事御沙汰候条、此段致通達候事。

三月

北陸道督府執事

長岡藩江

三月廿一日、関山宿ニテ椎谷藩山田秀助へ御達シ候。

柳沢彰太郎家来　柳沢隼之介

右之者高田表ヨリ御随従被仰付候処、病気ニ付、同人交代之者、国元ヨリ御出先へ到着迄其方手元可被預旨御沙汰候間、此段被相心得、保養可被差加候事。

但、御出先ヨリ御沙汰有之迄本人可被留置候。

三月

北陸道督府執事

越後藩々名前

近頃浮浪無頼之徒、義名ヲ借リ所在横行金穀ヲ掠取候族モ有之趣不届之至ニ付、向後右体之者者勿論、督府中之者タリ共乱暴ケ間敷所業於有之者、無遠慮召捕可申。万一手向致シ候節ハ打捨不苦候条、此旨国中江布告可有之候。右之趣被仰出候間、左之藩々江早々順達可有之候事。

三月

廿二日

御達

新潟奉行江

御沙汰之御趣意御請有之候ハヽ、其方支配地水帳・郷帳並租税未納・皆納有合金穀共精細取調、本人早急上京、太政官へ申出、御指揮可相談旨被仰付候条、此段可相心得候事。
　但、支配所取締之義、追太政官ヨリ御沙汰有之迄ハ最前同様心得置罷在候旨被仰出候事。

　　三月　　　　　　　　北陸道督府執事

両番上席
新潟奉行支配組頭
　　田中廉太郎

今般其方へ御沙汰有之候御趣意書之趣、越後国内代官支配所並旗下領地共、不残其方ヨリ支配及通達、諸取調向等其方江御達通取計、早々処置有之事。
　但、代官所並族〔旗〕下領地共取締之義ハ、追テ御沙汰迄ハ最前同様可心得事。

　　三月廿三日　　　　北陸道督府執事

柏崎詰合之者江

右之者勤慎罷在候哉之聞有之、神妙ニ付、追テ御沙汰有之候迄、諸取締最前同様心得可罷有旨兼テ達置候。就テ者、別紙御沙汰之通四通其藩ヨリ相達、違背無之候得者、早々御出先へ御請書差出、領地水帳・郷帳並租税未納・皆納夫々取調、太政官へ急速可被出旨被仰付候条、此段其藩ヨリ相達可被申候事。
　但、御請書ハ其藩ヨリ取次差出可申候事。

　　三月　　　　　　　　北陸道督府執事

榊原式部大輔殿執政中

廿六日
　　　　　　　　土御門殿家来
　　　　　　　　　田中内蔵介

右之者、兼テ御沙汰通其藩ニテ召捕被遂吟味候処、其儘難被差置義有之候条、本人附属之者共其藩ニテ京都御取締役所へ厳重護送可被引渡旨被仰出候条、此段致通達候。

三月

北陸道督府執事

牧野遠江守殿役人中

本人　五十才　田中内蔵介
附属　廿八才　池田廉之助
同　三十九才　岡村山城
同　廿才　三恵野松蔵
〆

四月朔日

濃州郡上

青山峰之助

右越前国内ニ有之領地、先般勤王実効相顕候迄、越前家へ御預ケ置之処、今般弥以勤王実効分明之旨御聞届ニ付、右御預ケ領地如旧青山家へ御渡相成候条被仰渡候間、其旨御取計可被成候事。

辰四月

北陸道督府執事

越前少将殿役人中

青山峰之助

其許儀、勤王実効分明候条、御聞届ニ付、兼テ越前家へ御預ケ置之領地、如旧御渡被成候間、従越前家御請取可被成候事。

辰四月

北陸道督府執事

芸藩隊長中へ

其藩人数是迄往々不作法之義有之候得共、寛大之思召ヲ以其儘被差置候処、此節又々坂木宿ニオキテ不容易挙動有之趣相聞候。重々不届之至、此条於軍法難差免候。屹度可被処罪科候条、左之方止宿罷在候者厳重取調、罪科軽重相糺、早々御本陣へ可被申出事。

坂木宿立町　松葉ヤ五兵衛
同　大内町　油屋安右衛門

同　立町　松屋八五郎

三月

督府参謀

右ニ付、於隊中所置、左ニ。

切腹　新田嘉介

同　堀田与介

帰京　片桐太三郎

右ニ付、御沙汰書其藩人数之内、往々不作法之義有之候得共、寛大之思召ヲ以其儘被差置候処、過日於坂木宿不埒之聞有之候ニ付、糺明被仰付候処、軍令且其藩法律等ニ相背候義ヲ以、新田嘉介・堀田与介右両人切腹被申付候段達御聞候処、法律トハ乍申、不便ニ被為思召候。依之葬送可為勝手之条之条〔ママ〕御沙汰ニ候事。

三月廿七日

督府執事

芸州隊長中

北陸道藩々高一万ニ付、粮米六石宛之割合ヲ以雑米方被仰付候条、其旨被相心得東本願寺御本陣江早々運送可有之候。尤代料者追テ御下ケ渡シニ相成可申候事。

但、石数多少ニ不係、買入次第白米ニテ可被相納候事。

督府

北陸道藩々留守居中江

越後長岡藩江御達書

其藩江兼テ出兵之義被仰付置候処、不及其義ニ付金子左之員数通為御軍需可被差出旨御沙汰候間、此段御達中入候。

四月四日

北陸道督府執事

牧野駿河守殿重役衆中江

北陸道藩々江御達書之追加

藩々当邸詰合之兵隊人数並砲器弾薬多少ニ不係、御本陣江可被差出旨御沙汰候事。

一、佐渡奉行名代之者ヨリ御請差上候ニ付、尚又書付
　相渡左ニ。
御沙汰之御趣意御請之上者、支配地取締向之義最前同
様相心得、上京之上御沙汰相待可申旨被仰出候事。
　但、上京之節其旨御出先江可届出事。

四月

右竹川龍之助江相渡、別段ニ飛脚差出候ニ付、自分帰
国等之入用ニ付御印鑑二枚被下候事。

一、今日御本陣御移替ニ付、触達左之通リ。
千住宿御不便利ニ付、当本願寺江御本陣被為据候処、
徳川慶喜弥恭順奉勅之実効相立、水府江引取ニ可相
成候趣、就テハ当地御在陣被為成候テハ人心安堵致
兼候義モ可有之間、一先市中御引払六郷邸江御移陣
ニ相成候間、市中一同安心渡世可罷在候様、近辺在
町共無遺漏可被触候事。

辰四月

北陸道督府執事

江戸市中近在百姓町人共

一、此頃悪徒共市中ニテ乱暴相働候趣達御聞、依テ御
達且御触左之通。

市中取鎮方江
此頃悪徒共市中江入込乱暴相働候趣相聞、重々不届
ニ付、以後右様之者於有之者早急御本陣江可訴出候
事。

四月

北陸道督府執事

東海道参謀ヨリ

右当参謀江書翰到来ニ付返書、左之通。
田安門辺明地屯在之歩兵共不服之形容相見候付、明十
三日早朝今一応被及諭誨、其上猶不順伏之様子有之候
得者、速ニ可打取之旨被仰出候。就テ者砲声等相聞候

節、他之暴徒等何方ヨリ突起候モ難計候間、諸隊申合
別紙之各処夫々配兵之処置御達之旨承知仕候。猶委細
之義ハ追テ使者ヲ以可申上候間、此段御領掌可被下候。

北陸道督府参謀

東海道総督府参謀御中

東海道総督様ヨリ昨夜被仰越ニ付出兵之箇所、左ノ通。

昌平橋　筋違橋　和泉橋　若州勢
新橋　浅草見附　芸州勢
柳橋　両国橋　肥州勢
東橋　高田勢

今辰半刻
順迎出張

肥前　東橋向　両国向　二小隊ツヽ
若州　二小隊
芸州　二小隊

榊原家来丹羽六太夫

右者御預所之儀ニ付、過日願書差出候間、御沙汰書双
方江御渡シニ相成候。左之通リ。

〔註〕付箋に「榊原家記ニテ採了」とあり。

新潟奉行江

越後頸城郡之内高三万七千石余、兼テ榊原式部大輔江
当分可被預置旨御沙汰ニ相成候条、此旨相心得、甘利
八右衛門手代之者江其旨申達、郷村引渡方早々為取計
可申事。

辰四月

北陸道総督府執事

榊原家江

元出雲崎代官甘利八右衛門支配地頸城郡之内高三万七
千石余、兼テ其藩江御沙汰通、郷村受取取締可有之候
事。

四月

北陸道督府執事

明十六日、大総督宮御入城ニ付、夫々配兵申来、依テ当府藩々江申達、別紙之通。
大総督宮ヨリ御沙汰有之候間、明十六日辰刻左之各所江出兵警衛可有之事。

（昌平橋　若州一小隊
（筋違門　両門兼
神田橋　若州一小隊
呉服橋　芸州一小隊
一橋門　肥州一小隊

右可為常詰候事

四月　督府執事

肥州
芸州　隊長中
若州

浅草市中取鎮方一統

一、金壱万疋

右其方共慶喜恭順之意趣ヲ承、市中取鎮方行届候趣殊勝被思召、依之為御褒賞被下之候事。

辰四月　北陸道総督府執事

一、金千疋　肥前藩馬渡旌蔵

右為香料被下候事。

添書

右昨十九日上野江出張之節、不計込筒取落発砲致焼家及死失候段、御両卿御聞達シ不便ニ思召候。為吊香料被下候事。

四月廿日　会議所

肥前隊長中

一、金五百疋　　　渋谷勇蔵
右焼家致候ニ付、為膏料被下候事。
添書
其許儀昨十九日上野出張之節、不計込筒取落発砲焼家
有之条不運ニ被思召、依之膏料被下候間、可加療用之
旨御沙汰候事。
四月廿日　　会議所
肥前隊長中

一、金五千疋
右病気ニ付帰京之処、永々精勤大義被思召、仍被下候
事。
閏四月朔日　　督府執事
高田藩江達

千住出張之人数交代之者着次第可被引揚候事。
閏四月朔日
其藩御不審之筋有之、兼テ被差出置候御人数御用ニ無
之間、勝手ニ国元江可被引取候事。
北陸道督府執事
榊原式部大輔殿隊長中

清水喜一郎
右人過日不法之儀有之、肥州手ニテ召捕獄屋入置候処、
親類一統ヨリ発犯〔ママ〕之旨ヲ以段歎願出候ニ付、寛大之以
御沙汰、親類中江被下候事。
閏四月朔日

今朝賊兵市川辺ニテ発砲、兵端開候ヨリ注進有之、依
テ当府出兵左之通。
千住辺　　肥州勢二小隊
木母寺辺　　芸州勢一小隊
小梅常泉寺　　若州勢先詰共三小隊

御達書左之通　　　　高田重臣江

其藩御不審之儀、兼テ御沙汰相成居候処、賊徒追伐稍御疑惑被為解候。就テ者近日其表御進軍相成候間、以後弥実効ヲ以勤王之誠心可被表旨被仰出候事。

閏四月

北陸道督府執事

榊原式部大輔重役中

一、太政官江御差出之控

先日比下越後屯在之賊徒古屋作左衛門等信州路出発之節、式部大輔自分城為致通行不届ニ付、別イ印之通相達置候処、其後右賊徒共ヲ致追伐、別紙ロ印届書並ニ歎願書之通情実ニ御座候ニ付、後日贖罪奮発之為前書ハ印通相達置候。

但別紙ニ留有之

一、当表着陣之節北陸道諸藩留守居共江当邸内詰合居候兵隊有之候得者、本営江可差出旨相達候処、其節加州留守居共聞取違ニテ、是非人数不差出候テ者不叶儀相心得候哉ニテ、国元江繰出シ方申達候由ニテ、不日百五十人許モ可差出筈之処、此節太政官ニテ出兵之御沙汰相成候故、不能其義旨留守居共申出候。併此儀者前文之次第ニテ全留守居之者趣意汲取違ヨリ之事ニ御座候間、始末一応申上候。猶加州ヨリ御断可申出候。

一、越後諸藩未タ上京不致向、同国近状ニ付名代ニテモ差出シ可申旨追々及歎願候処、同方再進候得者一同在邑致居候方、諸事駆引便利ニモ可相成ト存、後日沙汰候迄者上京差控罷在候様達置候間、此儀申上置候。

閏四月

中川某義

右之者先達犯罪召捕囚獄之処、段々歎願ニ付寛大之以思召御赦宥ニ付、出願之輩江今日引渡候事。外ニ品々引渡ス。

一、太刀造刀一腰　一、下緒一掛

一、六発短銃一挺　一、煙草入壱ツ
一、手掛一筋　一、首巻一筋
右之通相渡申候。

永々随従兵隊一統大儀ニ被思召、依之乍聊酒肴料被下
候事。
閏四月
北陸道督府執事
肥前孫六郎並隊長中、兵隊一同江

芸州
新田故嘉介
堀田故与介
右之者格別之思召ヲ以為石□料金拾両被下置候事。
閏四月
北陸道督府執事
芸州隊長中

今般北越為御再進本月廿四日異船江御乗込、海路凡五
日目、今町港江御着到候間、為御心得申達候事。
閏四月廿二日
北陸道督府執事
榊原式部大輔殿重臣中

御一統御壮勇遠路御出張御苦労ニ奉存候。陳者御両卿
様異艦御雇ニ相成、明後廿四日江戸御出帆、大凡五日
路之御見込ニテ今町港江御着到被仰出候。兵隊之義ハ
若州人数四百人附属仕候間、此段申達候。万緒御配慮
ニ預候義宜御取扱願候。猶期拝面之時候。謹言。
閏四月廿二日
参謀
津田山三郎
小林柔吉
越後御出張参謀御衆中

〔註〕冒頭「付札」の「四條家文書」は朱書。

15　口上

口上

西園寺様御本陣附御役人小頭衆御宿之儀、筆屋五郎右衛門へ申付、御宿為致申候処、同人義平常不行届之者故、不調法無之様精々申聞、其上兼テ者同勤ヨリ一人ツ、定詰之申合ニ仕置候処、宮様近々御発向御本営普請、御両卿御本陣等数ヶ所之心配前代未聞之儀ニ付、相互ニ狼狽而已致シ、五郎右衛門方へ詰合所ニモ無之、御機嫌伺等不仕候処、水風呂之儀ニ付、五郎右衛門妻不調法有之、私共御呼寄ニ相成候。其節始テ参リ候処、屋敷其外御賄方等不行届実ニ申訳無之、精々御詫申上候へ共、御聞済無之、終ニ五郎右衛門家内之者、私共へ御預ケ相成候ニ付、替リトシテ京兵衛、新九郎、源助差出、不調法無之様精々申聞御賄申付置候処、猶追々御詫申上候へ共、御勘弁ニ相成不申、心痛罷在候処、御料理人右ヲ聞受気之毒ニ存候テ、同人ヨリ詫申入呉、漸々御勘弁ニ相成申候。五郎右衛門家内共立戻被仰付、一同安堵仕候故、為御礼御菓子料金五両ツ、小頭衆四人へ差出シ申候。何分不行届之私共此上宮様御下向等ト相成御多人数御乗込之上ハ弥ヶ上不行届ニ可有之、心痛罷在候テ、内々承リ及候ニ付申上候。此段御聞置被下度奉存候。以上。

七月七日

星野藤兵衛

民政局

御役人中

西園寺殿小頭四人

松川　石松

若山吉五郎

吉村　藤太

小西長次郎

右書付、西園寺殿へ御達候。急度御所置有之度旨被仰入候処、同人帰京可被仰付者ニ付、尚又判事ヨリ差出候書付、西園寺殿御内小頭四人不届之所業有之趣相聞候ニ付、事情御届申上候処、早速御先方へ御達ニ相成候。寛典之御所置ヲ以帰京可被仰付趣、右ハ目籠入護送人等如何取計相成候儀哉、尚又御一新之折柄、官軍方ニ不取締之儀有之テハ御政道ニ差響候間、御所置振伺度奉存候。兼テ官軍取締之儀ハ、於高田表御家司中迄御達申置候廉モ有之、急度御掛合可被下候様仕度候。以上。

七月九日

判事

別紙壱印之通関川関門詰之者ヨリ申越候ニ付、高倉様御内衆へ問合候処、弐印之通之答ニ御座候。然ル処是迄高倉様ヨリ御差出ニ相成居候御印鑑御差留ニ相成候ニ付、以来之処、会計方御印鑑而已ニテ所々関門相通シ可然儀ニ御座候哉、又者御当方様御印鑑持参無之者者、相通シ申間敷儀ニ御座候哉、此段奉伺候様、高田表ヨリ申付越候ニ付、此段奉伺候。以上。

七月廿六日

榊原式部大輔内
香西又五郎
丹羽六太夫

壱印

一筆啓上仕候。然者下越後御出張仁和寺宮様、西園寺様御家来並各藩通行之節、軍事会計方ト申印鑑、宿駅人馬継立ニ被差出候様ト御座候得共、右ニテ御関所モ無差支通行出来候由、会計方ニテ申聞候由ニ付、無拠以来之儀者総督府印鑑持参可致旨申聞、相通申候。然ル処今朝西園寺様御家来吉村藤太ト申仁、従越後柏崎京都罷越候得共、御印鑑持参不仕、別紙之通会計方添翰ニテ通行仕度旨、段々問屋ヲ以為及懸合候得共、彼是迷惑申立候間、已来之儀申聞、相通申候。此後会計方ヨリ被指出候宿駅人馬印鑑等持参之仁、取計方如何仕候テ宜敷御座候哉、御伺申上候。早速御差図被下置候様奉願候。右為可申上如此御座候。恐惶謹言。

七月廿三日

永田順次郎
花押

本間弥八郎
花押

原田権左衛門様

添翰

西園寺殿御内
吉村藤太

右者京都迄為御用被差遣候間、道中ニテ人足等入用之節者、無差支差出、尤休泊賄料人足賃共都テ自分払候間、得其意無滞様取計可申モノ也。

軍事
会計方

辰七月

従越後柏崎江州大津迄

右宿々
問屋年寄

弐印

西園寺様御家来吉村藤太ト申者、関川御関所通行方之儀ニ付、山本左馬江相談候処、左之通。

御関所関門等通行方之儀者、御総督印鑑無之候テ通行之儀相成カタキ旨ハ兼テ御達モ有之候処、会計方計之印鑑ニテ関川等通行之儀者、難相成筋ニ候。然ニ西園寺様御家来トシテ右様之儀御座候テ者、此後御取締方等ニモ御不都合ニ付、一応柏崎表御詰香西、丹羽殿等へ御掛合之上、其筋江御伺被成、此後之御取極メ被成置候様被成候方、可然ト申聞候間、此段申上候。以上。

七月廿三日

長谷川唯四郎
白井門左衛門

Ⅱ　四條隆平と明治国家

四條隆平宛書簡

1　爵位局第三課　明治（　）年8月19日

先般授爵相成候ニ付テハ一戸御新立ノ手続済次第、定籍届御差出有之度。此段為念申入置候也。

爵位局第三課

八月十九日

男爵四條隆平殿

2　醍醐忠敬　明治31年7月20日

記

一、華族ニ被列辞令書　一通

一、勅書写　一葉

右爵位局主事ヨリ被渡

一、授爵　宣旨

右宮内大臣田中ヨリ被渡

一、御請書写ノ通リ差出候

一、御礼　両陛下江東御車寄御帳ニ記候事

一、賢所へ奉呈ノ誓詞書御自記ノ上御差出ノ事（爵位局へ）

一、議員資格調書本人ノ実印ニ限リ

但至急ヲ要シ本日中ニ爵位局へ御実印捺印ノ上御差出候事

一、外華族令一冊被渡候事

史談会惣裁　東久世通禧

男爵四條隆平殿

〔封筒表〕男爵四條隆平殿。

〔封筒裏〕史談会惣裁東久世通禧。

右正ニ御渡シ申上候。本日ハ御本人御出頭ノ筈御請書モ出テス又名代人差出ノ届ナシ。無論本人参内ノ御準備ノ由ニテ名代出頭ノ

（式部長ヨリ御用召状返上候也）

届出ナキニ付、宮内大臣ヘ伺ノ上臨期所労等名代ノ御理申上候趣ニ候。尤モ御親授式ノ処名代等宮内大臣ヨリ授与相成候也。

明治三十一年七月廿日

醍醐忠敬（印）

男爵四條隆平殿

3　東久世通禧　明治（　）年1月25日

御白金珍重候。然者今般史談会ヨリ藤堂家旧家老之家筋賞典之儀上申致度存候付、別紙藤堂釆女先年山崎砲撃之事件閣下為勅使御参向之実際、史談会御演説事実取調別紙相認申候。何卒御記名御調印御証明被下度企望之至御座候。右御依頼迄。早々謹具

一月廿五日

四條隆平関係書類

1　華族関係勅諭等書取

明治四年十月廿二日ヨリ廿四日ニ至華族へ

勅諭

朕惟フニ宇内列国開化富強ノ称アル者、皆其国民勤勉ノ力ニ由サルナシ。而国民ノ能ク智ヲ開キ才ヲ研キ勤勉ノ力ヲ致ス者、固ヨリ其国民タルノ本分ヲ尽スモノナリ。今我国旧制ヲ更革シテ列国ト並馳セント欲ス。国民一致勤勉ノ力ヲ尽スニ非レハ、何ヲ以テ之ヲ致スコトヲ得ンヤ。特ニ華族ハ国民中貴重ノ地位ニ居リ衆庶ノ瞩目スル所ナレハ、其履行固ヨリ標準トナリ一層勤勉ノ力ヲ致シ率先シテ之ヲ鼓舞セサルヘケンヤ。其責タルヤ亦重シ。是今日朕カ汝等ヲ召シ親シク朕カ期望スル所ノ意ヲ告クル所以ナリ。夫レ勤勉ノ力ヲ致スハ智ヲ開キ才ヲ研クヨリ外ナシ。智ヲ開キ才ヲ研クハ眼ヲ宇内開化ノ刑〔形〕勢ニ着ケ有用ノ業ヲ修メ、或ハ外国へ留学シ実地ノ学ヲ講スルヨリ要ナルハナシ。而年壮ヲ過キ留学ヲ為シ難シ者ハ、一タヒ海外ニ周游シ見聞ヲ広ムハ亦以テ智識ヲ増益スルニ足ラン。且我邦女学ノ制未タ立タサルヲ以テ婦女多クハ事理ヲ解セス。殊ニ幼童ノ成立ハ母子ノ教導ニ関シ実ニ切緊ノ事ナレハ、今海外ニ赴ク者妻女或ハ姉妹ヲ挈テ同行スル。固ヨリ可ナルコトニテ、外国所在女教ノ素アルヲ暁リ育児ノ法ヲモ知ルニ足ル可シ。誠ニ能ク人々此ニ注意シ勤勉ノ力ヲ致サハ開化ノ域ニ進ミ富強ノ基随ヲ立テ、列国ニ並馳スルモ難カラサルヘシ。汝等能ク斯意ヲ体シ各其本分ヲ尽シ、以テ朕カ期望スル所ニ副ヘヨ。

同八年十月七日華族会館ニ臨御之節華族へ

勅諭

朕茲ニ親臨シ汝衆華族ニ宣示。朕曩ニ汝衆ニ諭ス所アリ。汝衆能ク朕カ旨ヲ体シ昨年中同志ヲ会合シテ斯館ヲ創立シ、以テ国家ニ報効スル所アラントス。朕甚タ之ヲ嘉ミス。汝衆華族一般嗣後此館ニ従事シ、協同勉励学術ヲ研精シ其目途ヲ宏遠ニ期シ、汝ノ履行ヲ端クシ、汝ノ家道ヲ斉ヘ、能ク名聲ヲ保チ、永ク皇室ニ尽ス所アレ。

明治九年八月廿六日

宮内卿徳大寺実則

華族督部長岩倉具視

今般禄券之制被仰出候処、華族之義ハ予テ勅諭ノ趣モ有之候事ニ付、前途之目的ヲ立、家政向斉整候様、一層勉励誘導可致旨被仰出候事。

明治九年八月廿六日

宮内卿徳大寺実則

華族督部長岩倉具視

別紙之通被仰出候ニ付而ハ、部長局及諸費トシテ特旨ヲ以テ来明治十年ヨリ二十四年マテ十五ヶ年間毎年御手許金壱万五千円宛下賜候事。

華族督部長岩倉具視

華族ノ輩、昨年勅諭ヲ奉体シ衆議ノ上、学校建設之趣被聞食神妙ニ思召候。右者当今必需之急務ニ付、速ニ成功可致。就テハ其経費トシテ特旨ヲ以テ来明治十年ヨリ廿四年マテ十五年間毎年御手許金壱万五千円宛幷学校地トシテ府下第四大区一小区神田錦町三丁目一番地ノ内八千四百四十三坪建物共下賜候条、学齢之子弟ヲシテ必ス学ニ就カシメ習業成熟候様厚董督可致旨被仰出候事。

明治九年八月廿六日

宮内卿徳大寺実則

華族督部長岩倉具視

我国中葉兵農職ヲ分チ文武途ヲ異ニシテヨリ数百年ノ後、遂ニ世襲ノ勢ヲ成シ種族ノ繁ヲ生ス。戊辰維新ノ際公卿諸侯ヲ混一シ総テ之ヲ華族ト称セラル。動スレハ旧ニ慣レ時ニ疎ク新ニ馳セ故ヲ忘ル、ノ弊ナキヲ免レス。依テ今般仮ニ華族類別録編製被仰出候ニ付、其家系ヲ正シ本源ニ遡リ皇神外ノ三別ヲ序テ別中又流派ヲ画シテ類ヲ定メ、以テ衆華族ニ頒付候条、此書ニ就テ其故旧ヲ忘レス、同姓相親同族相助各自前途ノ方向ヲ定メ、遠クハ祖先ノ遺業ヲ墜サス、近クハ更始ノ鴻業ヲ賛成致ス可キ事。

但シ別冊之義ハ本文ノ通仮ニ編成シ三別中類ヲ定メ、類中各其家門嫡庶ヲ問ハス位次ニ従テ記名ス。他日家系伝記ヲ参考シ正誤ヲ要候者有之節ハ、督部長ニ於テ詳細意見ヲ具シ当省ヘ可申出候事。

明治九年八月廿六日

宮内卿徳大寺実則

〔註〕史料表題は編者による。

2　華族会館司計概算書写

〔表紙〕

華族会館司計概算書写

我同族辛未ノ年已来屢々恩諭ヲ辱フシ、又一般就途ノ事ヲ図ルノ勅ヲ以テ大臣ニ賜ヒ、而シテ具視特ニ同族ヲシテ学ニ就カシムルノ職ヲ奉スル、茲ニ日アリ。具視謹テ以シルニ、凡ソ事ハ敬ヨリ成リ不敬ニ破ル。忍耐能ク其本ヲ維持セハ何事カ成ラサラン。然トモ独力ヲ以テ事ヲ成シ難シ。必ス相通シ相輔クルノ社会アッテ存ス。天地万物皆社会ノ功益アラサルハ無シ。況ヤ倫理ヲ具有スルノ人ニ於テヲヤ。而シテ人ニ貴賤アリ。励勉ナル者必ス賢ニ、怠惰ナル者必ス愚ナリ。愚者恒ニ賤シク賢者恒ニ貴シ。是レ自然ノ公道ナリ。方今我輩華族厳然社会ノ上ニ立テ、特ニ富栄ヲ極ムル者ハ抑何ノ故ソヤ。蓋シ皇上保護ノ恩恵ト祖先功業ノ余栄トニ依ラサルハ無シ。若シ只因襲ノ久シキニ安シ怠惰自棄智識ヲ研カス徳行ヲ修メサレハ、啻ニ其祖先ノ余光ヲ汚スノミナラス、皇上ノ寵眷モ亦仰クコト能ハサルニ至ラン。豈警戒セサルヘケンヤ。今ヤ特賜ノ学校資金及ヒ同族ノ醵集金トヲ以テ学校ヲ建設シ、不日将サニ教師ヲ聘シ学則ヲ定メントス。是同族学齢ノ者奮起就学セスンハアルヘカラサルノ時ナリ。曾テ聞ク、欧洲英仏日蘭ノ如キ各種学税ノ法アリ。或ハ分頭ニ課シ或ハ家産ニ課シ或ハ毎戸ニ課ス。米国北部諸州ノ如キモ亦私有品税ノ課法ヲ立ツ。皆平均ヲ公衆ニ取リ子弟ノ有無ヲ問ハサルナリ。是ニ於テ子弟ナキ者ハ皆曰ク、一人ノ賢愚ハ一国ノ利害ナリ。一国ノ利害ハ我利害ナリ。況ヤ今我子弟ナキモ他日之レアルヲヤト。子弟アル者ハ皆曰ク、我既ニ我財ヲ出ス。若シ我子弟ニ益セス唯他人ノミニ益セハ、猶己カ肉ヲ割テ人ヲ養フカ如シト。人々精神如此ク鋭敏、互ニ相奨励強促シテ学ニ就カシムト云。是レ其文明四方ニ鳴ル所以乎。此校ヤ専ラ少壮者ノ為メニ設クト雖トモ中年以上ニシテ勉学ノ篤志アル者ハ固ヨリ入学ヲ妨ケス。他日士民モ亦将サニ入学ヲ許サントス。是即チ私益ヲ以テ公利ヲ拡ムル所以ナリ。請フ、諸君其規模ヲ宏遠ニシ浮費ヲ節シテ実利ヲ求メ他日ノ大成ヲ期シ、以テ就学ノ者ヲ奨励セラレンコトヲ。茲ニ我輩同族ノ尤モ猛省セサルヘカラサル要題ヲ掲ケテ諸君ニ告ケントス。曰ク、華族ノ華族タルハ抑何ニ由ルヤ、世上華族ヲ評スル果シテ如何ソヤ、富且貴シテ智徳ナキ者能ク永ク安全ナルコトヲ得ヘキヤ、何ヲ以テ祖先ノ恩ニ酬ヒ何ヲ以テ皇上ノ寵遇ニ報ヒ奉ランヤト。此四ノ者ヲ反覆省思シテ忘レサレハ、一身ノ見識立チ方向定マリ而シテ畢生ノ事業大過ナカルヘキナリ。

会館創建以来醵集スル所ロ、資本及保続幷寄附及公債証書其他ノ利子幷払品代金総計廿七万六千五百四拾四円八三八九ニシテ（本文諸種収入金円ノ額ハ其収入ノ度ニ之ヲ広布セリ）明治九年十二月ニ至リ支消スル所ロノ決算七万四千〇〇六円二六二四ヲ除キ剰余弐拾万二千五百三十八円五七六五ノ内、公債証書ニ換ルモノ拾四万七千百八十円一七一ニシテ再ヒ所剰五万五千三百五十八円四五五ヲ正金トス。今会館学校経費ノ定額ヲ定メ出納ノ規則ヲ立テ収入ノ利子幷正金ヲ以テ増殖ヲ謀リ、而シテ永遠会館学校維持ノ基本ヲ立ントス。夫レ事物ノ興廃存亡タルヤ一ニ理財ノ要ヲ得ルト否トニ関セサルモノ無シ。而法則ノ平行ヲ期スル亦其人ヲ得ルニ在リ。具視既ニ重任ヲ本官ニ荷ヒ諸兼務ニ従事ス。其余暇ナキヲ以テ司計事務ノ如キハ姑ラク二三ノ委員ニ托スト雖、日夜惕苦トシテ唯恐ル、失誤アリ上特恩ヲ空シ下庶望ニ負カンコトヲ。頃日本省出納課委員十等出仕香渡晋ニ別紙甲号ノ通リ之ヲ命シ、部長局司計及学校賜金ヲ監督セシム。固テ更ニ乙号ノ通リ本省ニ請フ、云ク出納課長ヲ会館学校ニ時ニ派出シ私自ノ司計亦之ヲ監督セシメンコトヲト。既ニ允許ヲ得テ同課大録麻見義脩ニ丙号ノ通リ命セラレタリ（課長大丞香川敬三供奉ニ在ルヲ以テ麻見之ニ代ル）。何ノ幸カ之ニ加ヘン。特ニ同族結社貯蓄金亦之ニ監督ヲ依頼セントス。於是其定額分賦ノ規則及利子増殖ノ法方ヲ制定シ別紙丁号戊号ニ詳記シ、以テ電覧ニ供ス。庶幾ハ上特賜ヲ空セス、下諸君ニ負カサランコトヲ。幸ニ諒察セラレヨ。

二月十日

督部長岩倉具視

宮内省十等出仕香渡晋

出納課申付候事

右同人

部長局司計并学費賜金監督申付候事

右之通本日申付候条此段為心得申入候也

十年一月廿日

宮内大少丞

副督部長池田慶徳代理　部長五辻安仲殿

具視督部長ヲ奉命シ兼テ華族会館々長ニ撰挙セラレ、内職員ヲ率ヰ外華族ヲ統ヘ本局及会館学校公私之事務ヲ総理シ、以テ特別之叡旨ニ奉酬セントス。其責任タル実ニ重且大ナリト謂フ可シ。惟フニ事ノ廃挙隆替一々理財其要ヲ得ルト否トニ関ス。具視已ニ重任ヲ本官ニ荷ヒ傍ラ兼務ニ従事シテ寥々二三ノ職員ヲ以公私司計事務ヲ担当セシム。常々失誤アランコトヲ虞慮ス。今ヤ御省出納役員ヲ派シ部長局司計并学費賜金ヲ監督セシメラル。公事已ニ安慮スト雖トモ尚同族之義財弐拾余万円アリ。之ヲ公債証書ニ換ヘ其利子ヲ斂メ且増殖ヲ謀ル。及許多之醵集金アリ。会館学校経費ニ支消ス。仰冀クハ其之ヲ監督セン為、更ニ出納課長ヲ派シ其帳簿ヲ検査セシメラレンコトヲ。幸ニ司計過誤ナク同族之委托ニ違負セサラン。此段願候也。

明治十年一月

督部長岩倉具視

宮内卿徳大寺実則殿

宮内大録麻見義脩

督部長申立之趣モ有之、華族会館集金幷学校費金計算検査トシテ同館江出張申付候事。
但出張時限等ハ同所司計局へ打合スヘキ事。
右之通本日申付候条、此段為御心得申入候也。

十年一月二十日　　宮内大少丞

副督部長池田慶徳代理

五辻安仲殿

学校保続資本

拾二万六千三百五拾円

右寄附幷資本其他収入金ノ内拾万五千四百五十円六七一ヲ以テ購求スル所ニシテ、此公債証書ヨリ収入ノ利子ヲ積ミ年々之ヲ公債証書ニ換ルトキハ十五年ノ後其増加スル所ノ証書金高四拾五万八千八百二十五円、是ヲ実価ニ直シ三十八万三千百十八円八七五トス。及其証書ヨリ所得ノ利子一万八千三百五十三円ヲ合シ、総計四拾万千四百七十一円八七二トス。

此利子八朱ニシテ三万二千百十七円七五〇〇トス。向来恩賜金尽ノ後ト雖モ是ヲ以テ斯校保存ノ資本ニ充テ、之ヲ永世不窮ニ伝ンコトヲ欲ス。乃其法ヲ設クル左ノ表ノ如シ。

会館経費

五万円

右従前保続金贏余四万千七百二十九円五ヲ以テ購求スル所ニシテ此一ヶ年収入ノ利子四千円トス、以テ会館一ヶ年経費ニ充ツ。

学校経費

三万円余

右賜金一万五千円、醵集金一万五千円余、合セテ三万円余トス。内二万四千円ヲ学校、三千円ヲ西京勉学所一ヶ年定額トシ、剰スル所三千円余ヲ以テ臨時費ニ充ツ。尚贏余アレハ保続資本ノ額内ニ加ス。

正金

五万五千三百五拾八円四〇五五

右寄附其他収入金円中ヨリ公債証書ヲ購求スルノ残

余ニシテ現時存在ノ分

内

四千円　会館一ヶ年

四千五百円　学校半ヶ年

千五百円　西京勉学所

右五万円利子幷醸集金未タ収入セサルノ間、仮ニ其経費ニ充ツ。

剰余

四万五千三百五十八円四〇五五

右臨時費及学校本校其他諸建築費ニ充テ、或ハ銀行定期預ケヲ為シ且時宜ニ応シ学校資本額内ニ加フ。

右本年増殖ノ金高及決算表、年末ニ至テ広布スベシ。

凡例

明治十年二月ニ於テ学校ノ資本トナルヘキ秩禄公債証書券高拾弐万六千三百五拾円ヲ以テ明治十六年迄其ニ収入スル処ノ利子ヲ以テ秩禄公債証書ヲ購求ス。

明治十六年十一月ニ至リ秩禄公債証書ノ消滅スルニ由リ更ニ新公債証書ヲ買入レ其ノ年ニ収入ノ利子ヲ以テ追年購求ス。

秩禄公債幷新公債証書、毎年的籤ノ法アリト雖トモ預〔豫〕メ測ル不可ルモノニ付、先ツ的籤ニ上ラサルモノトス。若シ幸ヒシテ的籤セハ本書計算ヨリ尚ヲ其富ヲ加スベシ。

明治十年

秩禄証書在高

拾弐万六千三百五拾円

此八朱之利壱万百八円

此買入証書壱万弐千百七拾五円

但シ百円ノ券八拾三円ノ割（貯蓄浩社条則ニ掲記ノモノニ倣フ。以下之レニ同シ）

正金残弐円七五、、

同十一年

証書在高拾三万八千五百弐拾五円

此利壱万千八拾四円七五　但シ前年正金弐円七
五、、加レリ
　此買入証書壱万千百円
　　但シ百円券八十四円五、、、ノ割
正金残拾五円廿五銭

同十二年
証書在高拾四万九千六百廿五円
此利壱万千九百七拾円
前年残金
合壱万千九百八拾五円二五、、
　此買入証書壱万三千九百廿五円
正金銭九円七五、、

同十三年
証書在高
　拾六万三千五百五拾円
　　此利壱万三千八拾四円

前年残金
合壱万三千九拾三円七五、、
　此買入証券壱万四千九百五拾円　八拾七円
　五、、、ノ割
残金拾弐円五拾銭

同十四年
証書在高拾七万八千五百円
此利壱万四千弐百八拾円
前年残金合
壱万四千弐百九拾弐円五、、、
　此買入証書壱万六千五拾円
残金八円　但八十九円ノ割

同十五年
証書在高拾九万四千五百五拾円
　此利子壱万五千五百六拾四円
　前年残金合

金壱万五千五百七拾弐円
此買入証券壱万七千弐百円　九十円五三ノ割
残金六円

同十六年
証書在高弐拾壱万千七百五拾円
此八ヶ月利（但シ満季ニ付八ヶ月ナリ）壱万千弐百
九拾三円廿四銭
本金受入ニ付利子幷残金合
弐拾弐万三千四拾九円二四、、
此買入証券（但シ秩禄公債削減ノ期年ニ付今年ヨ
リ更ニ新公債証書ヲ買入レ年四朱ノ利子ナリ）
三拾弐万九百廿五円（但シ六十九円五〇〇〇ノ
割、以下年々壱円七五、、宛直上リ）
残金六円三拾六銭五厘

明治十七年
新公債在高三拾弐万九百廿五円
此利子壱万弐千八百廿七円
前年残金合
壱万弐千八百四拾三円三六五
此買入証書壱万八千廿五円
残金五五二五

同十八年
証書在高三拾三万八千九百五拾円
此年四朱ノ利壱万三千五百五拾八円
前年残金合
壱万三千五百五拾八円五、弐五
此買入証券壱万八千五百五拾円
残金拾七円〇五二五

同十九年
証書在高三拾五万七千五百円
此利子壱万四千三百円
前年残金合

壱万四千三百拾七円〇五弐五
此買入証券壱万九千百五拾円
残金弐円四弐七五
同廿年
証書在高三拾七万六千六百五拾円
此利子壱万五千六拾六円
前年残金合
壱万五千六拾八円四二七五
此買入証書壱万九千六百七拾五円
残金拾七円〇五弐九
同廿壱年
証書在高三拾九万六千三百廿五円
此利子壱万五千八百五拾三円
前年残金合
壱万五千八百七拾円〇五二五
此買入証書弐万弐百七拾五円
残金四円八六五〇　但七十八円二五、、
同廿二年
証書在高四拾壱万六千六百円
此利子壱万六千六百六拾四円
前年残金合
壱万六千六百六拾八円八六五〇
此買入証書弐万弐百廿五円
残金八円八六五
同廿三年
証書在高四拾三万七千四百弐拾五円
此利子壱万七千四百九拾七円
前年残金合
壱万七千五百五円八六五〇
此買入証券弐万千四百円
残金拾壱円三六五〇

同弐拾四年
証書在高
四拾五万八千八百廿五円
此利子壱万八千三百五拾三円
前証書実価ニ直シ　百円ノ券実価八拾三円五、、、トス
三拾八万三千百拾八円八七五〇
前ノ利子ト合シ
四拾万千四百七拾壱円八七五〇
此八朱ノ利三万弐千百拾七円七五〇〇
（六朱ニスレハ）弐万四千八拾八円三壱弐五
〔註〕本史料は錯簡があるため、原文書を並べ替えた上で翻刻した。錯簡の詳細については、今津敏晃・神谷久覚・土田宏成・清水唯一朗・内藤一成・水野京子「四條男爵家文書（二）」（『東京大学日本史学研究室紀要』一一、二〇〇七年）を参照。
史料表題は編者による。

3　華族の負債対策について

難ニ赴キ急ヲ救ヒ保護扶持、互相永遠ノ存立ヲ謀ルハ同族ノ義務ナリ。而シテ同宗ノ責其多キニ居ル。今ヤ同族ノ負債ヲ合算スルニ東京ニ在ル者弐百万円ニ垂ントシ、西京ニ在ル者拾五万ニ下ラス。其額実ニ大ナリト云ヘシ。早ク之カ扶助ノ道ヲ立サレハ顚覆ニ至ラサル者幾希ナリ。具視同族薫陶誘掖ノ任ニ負荷スルヲ以テ之ヲ傍看ニ附スルニ堪ヘス。乃衆ト共ニ支消ノ方法ヲ謀リ債主ニ説諭シ其元額及利子幾分ヲ減少セシメ或ハ年賦弁償ノ法ヲ立テ或ハ其宗族ニ説テ出金セシメ且宮内省ヘ恩借ノ事ヲ申請シ百方尽力粗其事ヲ終ヘタリ。然ト雖トモ若シ善後ノ策ヲ立テ以テ之カ取締ヲ為サヽレハ如此負債ヲ為セシ者、或ハ其寛裕ノ処分ニ慣レ怠惰自棄他日復タ負債ヲ生セサルヲ保スヘカラス。故ニ今日ノ結果ニシテ永ク水泡ニ属セシメス各自存立ヲ得セシメンコトヲ謀ルノ義務ハ、諸君豈ニ深ク注意ナカルヘケンヤ。茲ニ其要目ヲ掲載スル左ノ如シ。

一、負債多キ家ハ其債主ニ談判シ元額利子ヲ減少セシメ更ニ新債ヲ興シテ之ヲ償ヒ又年賦消却ノ法ヲ立テ、年々受領スル所ノ禄券利子及銀行株券益金幾分ヲ以テ其償却ニ宛テ、又其幾分ヲ以テ自家一歳ノ経費ニ充ル事ニ決セリ。然レトモ若シ一歳経費ノ全額一時ニ付与スル時ハ終歳ノ計ヲ為サス浪々消費スルノ恐レアリ。故ニ之ヲ其宗族長又ハ部長局ニ預リ置キ毎月ノ経費ヲ概算シ其月初末両度ニ割合セ之ヲ付与スヘシ。右等ノ如キ家ハ其銀行株券モ亦宗族長或ハ部長局ニ預リ置ヘシ。

一、居常節倹ヲ守ルト雖トモ或ハ不慮災禍ノ為メ困難ニ及フナキニ保シカタキヲ以テ、各家禄券利子及銀行株券益金高ニ応シ其幾分ヲ積金トナシ、或ハ公債証書ヲ買収シ或ハ銀行ニ加入シ以テ不虞〔慮〕ノ備ト為スヘシ。

但客歳八月諭達書第五条ニ省冗守倹不虞〔慮〕ノ備ナカル

ヘカラス。故ニ十分一以上三分一ヲ限リ儲蓄スヘシトアリ。而シテ今斯条ニ其幾分ヲ積金トスト云モノハ前後矛盾ニ似タリト雖トモ、聞クカ如クンハ前議十分一又ハ三分一ヲ積金ト為ス能ハサル者多シト。且下条宗族中扶助積金ノコトナルヲ以テ故ニ之ヲ改メ、各家ノ便宜ニ任シ其幾分ト云ナリ。然レトモ宗族扶助金ノ外尚十分一以上三分一ヲ剰フヲ得ル者ハ固ヨリ斯条ニ拘泥セスシテ可ナリ。

一、華族ハ縦〔従〕来ノ慣習ヲ以テ衆庶ニ比スレハ名望アル為カ、否サレハ時勢ニ迂闊ナルヲ以テ之ヲ奇貨トシ愚視スルカ、狡奸ノ徒アリ。巨額ノ金ヲ貸与シ高利ヲ貪リ又ハ手数料ト称シテ不相当ノ謝金ヲ要シ、且其還償ノ期至ルヲ待テ厳ニ之ヲ督促シ遂ニ官ニ訴フルヲ以テ、同族中身代限ノ処分ヲ受ケシ者少ナカラス。元来各人貸借ノ自由ナルニ依リ如此後害ヲ来ス者ナレハ、今其預〔豫〕防ノ方法ヲ立ンニハ各宗族中ニ於テ平時積金ヲ為シ罹災窮困ノ者アルニ当テ之ニ貸与シ、若シ不足ナル時ハ銀行ニ要求シ決テ他ニ負債ヲ生セシメサルヘシ。故ニ又他ノ人民ヨリ何等ノ事故ヲ以テ依頼ヲ受ルモ占利ニ属スル諸工商業ノ結社ニ加入スヘカラス。但学校病院貧院等ヘ出金スルハ妨ナシトス。

一、負債日ニ積リ家財蕩尽シ頗ル困迫ヲ極メ其醜体復タ掩フヘカラスト雖トモ、家主無力或ハ幼稚ニシテ其事皆家令扶ノ処為ニ出ル者ハ其宗族ニ於テ軽重緩急ヲ量リ処分スヘシ。

一、居常懶惰唯飲酒ニ耽リ放蕩暴慢ナル者ハ改良校ニ入ラシメ平時漫リニ外出ヲ禁シ、厚ク之ヲ教誨誘導シ其自ラ悔悟謹慎シ且一ノ学事ヲ成業スルヲ待テ出校ヲ許スヘシ。

一、前条ノ如キ者改良校ニ入ラシムルモ尚改心ヲ期シ難キハ、三ヶ年間北海道ニ赴カシメ開墾又ハ鉱山等ニ従事シ艱苦ヲ実験セシメハ自ラ天与ノ本性ヲ発出シ遂ニ良人タルヲ得ヘシ。且其学フ所ヲ以テ公事ニ竭スヘク自資ノ道モ亦立ツヲ得ヘキナリ。而シテ其費タル毎年纔百二十円許ニ過キサルヘシ。若シ如此ノ人アラハ将ニ開拓長官ニ依頼シテ処分スルアラントス。
一、居心狡点品行穢悪、屢体面ヲ汚シ遂ニ後年家名ヲ相続スルヲ得ヘカラスト認ムル者ハ、宗族親類協議ノ上戸主ヲ辞シ位記ヲ返上セシムヘシ。其養子タレハ其実家ニ復籍セシムルモ自家ノ都合タルヘシ。然トモ是レ其人終身ノ栄誉ニ関係スル事件ナレハ万不得止ノ外ハ為スヲ得ヘカラス。
一、右数条ニ係ル者、蓋シ皆無学ノ致ス所ナリ。其或ハ字ヲ知リ書ヲ読ム者アリト雖トモ之ヲ実用スルヲ知ラサルニ由ル。豈ニ哀シカラスヤ。今ヤ華族学校既ニ成ル。是諸君子弟ヲシテ勉焉学ニ就カシムヘキ好機アリ。然ルニ聞ク如クンハ、同族中或ハ斯校ニ入ルヲ好マサル者アリ、又之ヲ以テ同族結社ノ校ト看做サヽル者ナキニ非スト。知ラス、果シテ真ナリヤ。固ヨリ既ニ他ノ学校ニ於テ勤学セル者ヲシテ必ス斯校ニ入ラシメンコトヲ強ユルニ非スト雖トモ、処スルニ同族共立ノ学校タルカ為メニ又聊カ意ヲ加ヘサルヘカラス。若シ夫教師ノ良ナサラルト学則ノ善ナラサル等ノ事ハ具視其責ニ任セサルヲ得ス。諸君ノ忌憚ナク之ヲ告知セラレンコトヲ望ム。
以上ノ諸件ニ当ル者ハ部長局ニ於テ之ヲ処分シ善後ノ策ヲ立ントス。各族長其宗族中ニ就テ如此者ノ有否ヲ調査シ申陳可有之候也。

明治十年七月十五日

督部長岩倉具視

〔註〕史料表題は編者による。

4　各類宗族長及触頭等へ示談書

各類宗族長及触頭等へ示談書

一、方今銀行ノ事業緒ニ就キ学校ノ土功終ルニ垂ントシ同族ノ負債清償ノ目途ヲ定ム。是即チ一昨年聖駕親臨訓誥ヲ辱フシ一般会館ニ従事スルノ致ス処ト雖トモ同族協同シ資金ヲ醵集スルニ倚レリ。自今類別録頒布ノ上意ヲ体シ各族弥敦睦、族長之ヲ誘導シ一層前途ノ目的ヲ確立シ各族気脈ヲ通シ後図ヲ鞏フスヘシ。故ニ此後各族長触頭毎月第二土曜日ヲ会同ノ定日トシ、午後一時ヨリ懇会ヲ開キ協議一致シテ着手セント欲ス。其所ハ会館ニ於テシ事宜ニ応シ菓子酒肴ヲ出スヘシ。

一、外国ノ風習ヲ見ルニ夫婦相待テ家事ヲ経営シ幼子女ヲ教誨スルノ任専ラ婦人ニ帰ス。素本邦婦人モ亦女教ヲ承ケ貞操端粛、其徳美ナルアリ。然レトモ目下同族ノ婦女多クハ深閨ニ潜居シ交際稀少ナルヲ免レス。茲ヲ以テ今後各族ノ懇会勉テ妻ヲ携ヘ又会館ニ於テモ之ヲ誘導シ有志者ヲシテ私費相会シ、予シメ督部長ヨリ宮内省ヘ上申シ許可ヲ得置、芝離宮、浜御殿、吹上御苑等ニモ逍遥雅集シ、婦女交際ノ道ヲ開カントス。且皇太后皇后ノ貴キスラ内外人ニ謁見ヲ許シ、学校博覧会等ヘモ臨御アリ。況ンヤ同族ノ婦女ニシテ交際ヲ開カサルハ遺憾ナラスヤ。近々学校開業ノ典ヲ行ヘハ其日相携テ来校ヲ請ハントス。故ニ予シメ族中触下ヘ説得シ来者ノ多数ナランコトヲ欲ス。是ヲ以テ券〔眷〕属婦女（華族□□）老幼ニ論ナク、同道来校シ建築ノ成レルヲ縦観シ祝宴ニ就カレンコトヲ欲ス。

一、昨年類別録発布已降、宗族長幹事触頭ヲ置キ事務ヲ弁理スト雖トモ職制区々未タ一定セス。茲ヲ以テ近々部長局ヨリ職制ノ概要ヲ掲ケ発布ノ後、弥事務ヲ挙ケ勉メテ人才ノ公選ヲ要セントス。且其職務ニ属スル入費アルヘケレハ其費用若干ニシテ相当スルヤ賢考ヲ乞フ。然ル後出金方法ヲ計ラントス。

一、華族学校既ニ授業ヲ始メシヲ以テ同族男女生徒二百名以上ニ及ヘリ。然レトモ尚生徒ヲ容ルヘキノ有余多ク且同族耳ニ限ラハ従テ其弊アルヲ免レサルヲ以テ、校長ニ委任シ漸次士民ノ就学ヲ許サントス。

一、学校銀行ノ創立セシモ其源特選幹事諸員ノ会館ヲ起セルニ基ヒシ且一昨年親臨ノ後同族一般従事セルニ依レリ。而シテ其前後条規ニ係ラス特別ニ書籍器械或ハ寄贈金ヲナス者陸続之レ有リ。又格外尽力セシ者アリ。其厚意タル専ラ同族ノ為メニ裨益スル者ニシテ感佩ニ余リアリ。故ニ之ヲ優遇接待セントス。

仍テ其如何シテ可ナルヤノ賢考ヲ質ス。

5 公家華族ニ常職ヲ授クル議

蓋シ聞ク、上ニ聖明ノ君在スト雖モ、下ニ忠良ノ臣無ケレハ国威ヲ宣揚シ国権ヲ振起シ天下ノ安寧ヲ保全スルコト能ハサル者トス。伏テ惟ニ、天祖降臨ノ時群神陪従シ神武即位ノ時群臣職ヲ奉ス。爾後崇神ノ肇国天智ノ中興、皆上者之ヲ率キ、下者之ニ従テ而後能ク鴻業ヲ成シ、以テ後者ノ緒クヘキヲ致セリ。維新中興ノ大業亦然リ。回顧スルニ大権武門ニ帰シ、皇室式微ナルコト六百余歳、徳川氏天下ニ覇タリシヨリ二百有余年ナリ。而シテ彼レ能ク赫々ノ威厳ヲ以テ天下ヲ制馭シ、昌平ヲ保チタル所以ノモノハ、他ナシ、智将権ヲ握リ、良臣之ヲ翼ケタルニ由ラスンハ非ス。然リ而シテ強弩ノ末カ魯縞ヲ穿ツコト能ハス。幕政萎靡シ、威望地ニ墜チ、一蹶シテ大政ヲ奉還シ、再転シテ藩土ヲ返上セサルヲ得サルノ機運ニ及ヒタルハ則チ上聖下良関東ニ在ラスシテ而シテ朝廷ニ存セルニ由ルニ非スヤ。抑維新ノ業タル、叡明ノ君上ニ在スト雖モ忠良ノ臣、其所ヲ得ルニ非サレハ則チ容易ニ赫々ノ功ヲ奏ス可キニ非ス。蓋シ外藩草莽勤王敵愾ノ士ヲ輩出スト雖モ、忠良ノ公卿内ニ在テ内外気脈相通スルニ非サレハ将タ何事ヲカ成ン。顧フニ当時幕威既ニ衰フト雖モ、暴吏蒼鷹尚ホ目ヲ内外ニ注キ威ヲ官武ノ間ニ逞フス。而シテ旧公卿ノ若キ既ニ実力ノ頼ム可キ者ナク亦威望ノ依ルヘキ者無シ。若シ能ク確然トシテ生命ヲ大義ト名分トニ擲ツノ志ヲ以テ中興ヲ翼賛スルニ非スンハ、則チ建武ノ業未タ成ラスシテ承久ノ禍、将ニ踵ヲ回サ、ラントス。時ナル哉、聖天子上ニ克復シ公卿下ニ鞠躬シ以テ薩長其他憂国敵愾ノ士ヲ噬嗑シテ、遂ニ能ク維新ノ大業ヲ成セリ。然ハ則チ明治中興ノ業ニ於テハ公卿与テ力アリト謂フモ決シテ過言ニ非ルカ如シ。今又茲ニ当時ノ幕政ヲ追想スルニ、公卿ニハ実力ヲ与ヘスシテ虚位ヲ崇フシ、諸侯ハ官爵ヲ卑フシテ実力ヲ有セシム。是ヲ以テ表ニ尊崇謙遜ノ意ヲ飾テ内ニ実権ヲ把握ス。官武籠絡ノ策、其術ヲ得タリト謂フ可シ。維新以後治体一変シ、公卿諸侯皆混シテ華族トス。是レ則チ時勢ノ然ラシムル所ニシテ素ヨリ当然ノ処置ト謂フ可ク、且ツ一視同仁ノ政、固ヨリ然ラサルヲ得ス。然レトモ一視ハ内外ヲ一視シ、同仁ハ親疎ニ同仁ナルノ謂ニシテ、物ニ内外親疎ノ別無カラシムルノ謂ニ非ス。故ニ之ヲ処スルノ道、差等其宜ニ適シ始テ之ヲ一視同仁ト謂フ可キ耶。然而シテ目下両同族ノ情況ヲ看ルニ、疎ナル者或ハ親フシテ厚ク、内ナル者或ハ外ニシテ薄キカ如キノ情状無キニ非ス。今斯ノ若ク論シ来レハ婦人小子ノ言ニ近キノ嫌アリト雖モ、隆平ノ赤心決シテ然ルニ非ス。愚衷実ニ輔車唇歯ノ相依ルニ感アリ。諱忌ヲ避ルニ遑アラサルヲ以テ敢テ其情景ノ概略ヲ陳述セントス。

抑彼ノ譜代親藩ノ性質タル、素ヨリ徳川氏ノ股肱ニシテ決シテ朝廷ノ藩塀〔屛〕ニ非ス。故ニ彼レ平素幕府アルヲ知テ復タ朝廷アルヲ知ラサルモノ多シ。維新ノ際ト雖モ或ハ王師ニ抗シ大義名分ヲ弁セサルモノ尠カラス。故ニ今日朝恩ノ厚キニ浴スト雖モ一朝有事ニ臨テハ人心ノ変動亦測ルヘカラス。且彼輩ハ目下多ク旧領地ニ於テ士心ヲ撫テ財産ヲ殖ス。故ニ今其心ヲ収攬シテ政略上ノ用ヲ為サシムルハ必要ノ事ナリト雖モ是ヲ頼テ朝廷ノ股肱ト為ス可ラサルヤ明ケシ。而シテ公卿華族ニ至テハ則チ啻ニ維新創業ノ際ニ於テ鞠躬尽力セシノミナラス、多クハ天祖降臨以来帝室ト艱難盛衰ヲ同フシ、殊ニ保元平治ヨリ元弘正平ノ間ニ当テハ身ヲ鋒鏑ニ膏シ、親族流離シ、家祀滅絶スル者亦尠カラス。之ヲ要スルニ皆帝室ノ股肱干城タラサル者ナシ。然ルニ今我同族実力ナク実権ナク又旧領地ノ倚ルヘキ者ナシ。如此ノ形状ヲ以テ数年ヲ経過セハ、益々萎靡衰茶シ一朝事アルノ秋、復タ国家ノ要ニ供スヘキノ人ヲ得ルコト難カルヘシ。若シ之ヲ等閑ニ付シテ其子孫ニ及ハヽ、終ニ上古以来帝室ノ藩屛タルノ本分ヲ失シ、甚シキ者ハ天恩ノ隆渥ナルヲ忘却スルニ至ルモ亦未タ知ル可ラス。目今ニ於テハ幸ニ大臣ノ公卿華族ニ出ルヲ以テ其光耀ニ依テ僅ニ体面ヲ失ハサルヲ得ルト雖モ、将来其位置若シ旧藩臣ニ遷ルコトアルニ及ハ、、則チ同族ノ衰茶ニ帰スヘキハ勿論帝室ニ於テモ多少ノ尊栄威光ヲ損スヘキヤモ亦予知スヘキニ非ス。是レ実ニ隆平ノ憂慮シテ措ク能ハサル所ナリ。

今又重テ公卿華族ト旧藩華族ノ権衡ヲ異ニスルノ実況ヲ略陳スレハ、勅奏任官麝香間祗候及ヒ位階昇級叙勲授章ノ若キ率ネ彼ニ多クシテ是ニ少シ。外観ヨリスレハ所謂親疎相反スルノ形アルヲ免レス。是レ蓋シ人員及才識ノ多少ニ因ルヘシト雖モ、要スルニ公卿ハ資力ノ以テ其面体ヲ高尚ニスル者ニ乏シキニ由レリ。且財産ノ若キ曩ニ禄券ノ制ヲ建ラル、ト雖モ、各家ノ負債ハ全ク各自ノ私債ニ帰セリ。然ルニ其負債ナル者ハ純然タル私債ノ性質ニアラス。蓋シ当時諸公卿ノ爵位ハ皆虚空ニシテ実力有ルニ非スト雖モ、朝家凡百ノ儀式上ニ於テハ必ス古例ニ依テ各自ノ家格官爵ニ応スルノ調度準備ヲ要スルカ故ニ、已ムコトヲ得スシテ巨額ノ負債ヲ生スルノ家多シトス。是レ全ク公用ノ費額ニシテ公債中ニ属スヘキノ性質タルコト明ナリ。而シテ旧藩華族ハ藩〔版〕籍奉還ノ際ニ於テ公私ノ費用ヲ分別シ、斯ノ若キノ負債ハ悉ク公債ニ属シテ政府其義務ヲ継続スト云フ。

前条ニ縷述スルカ若キ実況ナルヲ以テ甲ハ益々栄フルモ乙ハ益々衰フ。彼ハ愈々尊キモ是ハ愈々卑シ。如斯ニシテ歳月ノ久ヲ過キハ啻ニ帝室ノ干城タルヲ得サルノミナラス、却テ貴族ノ体面ヲ失ヒ、帝室ヲ累ハスノ長物タルヲ免レサラントス。且ツ夫レ皇華士民ノ秩序ヲ正フシ、以テ社会ノ安寧ヲ維持スルハ立君国体ニ欠ク可ラサルノ要ニシテ、国会開設以前ニ於テ必須ノ政略ナリ。故ニ華族ニシテ到底廃物ニ付スヘケレハ則チ已マン。苟モ然ラサレハ則チ今日ニ於テ急ニ之ヲ扶助奨励シテ華族タルノ名実ヲ相反セサラシメ、以テ他日ノ用ト為サ、ル可ラス。扶助トハ何ソ。目下妄ニ賜金ヲ乞フニ非ス。先ツ授クルニ常職（常職ハ一般華族ニ及ホサンコトヲ望ム）ヲ以テシ、之カ方向ヲ一途ニ定メシムルニ在リ。奨励トハ何ソ。之ニ相当ノ責務ヲ負ハシメ奮踔淬励シテ自ラ振作シ以テ世故治体ニ練達セシムルニ在リ。如斯ニシテ而後更ニ家計（家計ハ宮内省ニ於テ特旨ヲ以テ適当ノ方法ヲ設ケテ之ヲ保護セラレンコトヲ望ム）ヲ整理セシメ、内ニ顧ミル所無ク一向ニ力ヲ帝室ノ藩塀〔屏〕保障タルノ点ニ尽サシメハ、庶幾クハ、以テ欧洲各国ノ貴族ト対峙シテ恥ツル所ナク、且ツ天祖降臨以来皇室ニ対スル親密ノ関係ヲ墜スコト無カランカ。若シ夫レ家計整理ノ方法得失如何ニ至テハ容易ニ喙ヲ容ルヘキニ非スト雖モ、本議御採択ノ上ハ別ニ鄙見ヲ呈シ、更ニ裁制ヲ仰カント欲ス。隆平時情ヲ憂ルノ切ナルヲ以テ諱忌ノ在ル所ヲ避ケス、敢テ同族ノ現情ヲ縷陳シ伏テ進止ヲ煩ハス。

明治十六年八月

従四位　四條隆平

〔註〕史料表題は編者による。

6　華族会館規則改正意見

〔表紙〕

華族会館規則改正意見

華族会館規則

総則

一、華族ハ勅諭ヲ遵奉シ協同一致シ皇室ヲ翼賛シ社会ノ安寧ヲ保チ其利益ヲ図ルヲ以テ目的トス。是以テ其履行ヲ正シ家声ヲ保チ貴号ヲ辱シメサルヲ要ス。

二、華族ハ皇室ノ制度儀礼等ニ付テ御諮詢アルトキハ之ニ奉答スル責任アルモノトス。

三、皇室ノ制度儀礼等ニ付テハ衆華族ニ意見アルトキハ其衆議ヲ以テ宮内卿ニ具申スルコトヲ得。

四、華族一般ノ利害ニ関シ法律ニ渉ラサル事件ハ特ニ其衆議ヲ以テ直チニ宮内卿ニ請願スルコトヲ得。

五、天皇陛下ノ詔勅ヲ賜ヒタル会館ニ従事シ愈同族ノ協力ヲ固クシ交際ヲ厚シ、以テ芸術ノ切嗟〔磋〕、道徳ノ奨励、貧困ノ救恤、知識ノ進歩ニ関シ利益アルヘキ事業ヲ作シ国家ノ大体ヲ明カニシ日進ノ世運ニ後レサル精神ヲ励精スヘシ。

第一条　華族会館ハ総則ノ目的ヲ達シ其責任ヲ尽ス為メ天皇陛下ノ制可〔ママ〕ヲ仰テ其規則ヲ定メ以テ同族ニ頒布ス。

第二条　華族ノ戸主タル者ハ総テ華族会館ノ会員トシ而其権利責任ヲ有スルモノトス。

但其子弟ト雖モ会館エ出入スルヲ得ル権利アルモノトス。

第三条　会館ハ此規則ニ従ヒ華族会館ノ財産及設置物件ヲ使用スル等皆同一ノ権利ヲ有ス。

第四条　新ニ華族トナル者ハ拝命ノ日ヨリ二週間以内ニ本館ヘ必届ケ出ツヘシ。其届タル日ヨリ会員トス。家督相続シ戸主トナル者亦同シ。

第五条　除族セラル、者ハ其除族ト同時ニ会員タル権利ヲ失フモノトス。
第六条　会員ハ其名義ヲ以テ其財産ヲ占有シ裁判所ニ於テハ原告被告トナルコトヲ得ヘシ。
第七条　会館ハ東京ニ之ヲ置キ或ハ西京ニ分局ヲ設ク。
第八条　春秋二回親睦及事務報道ノ為メ会員ノ総会ヲ開クヘシ。但総会ノ外会員ノ若干部分学術討論演説等又ハ懇会等ノ為メ集会スルコトヲ得。
第九条　春秋二回ノ総会ニ於テ公示シタル会館ノ会計、予算ノ議定及会計ノ決算事務ノ報告書ハ直チニ宮内卿ヲ経由シ天覧ニ供ス。
第十条　会館職員左ノ如シ。
但賛事以上華族トス書記ハ華族ニ限ラス。
館長　一人
副館長　一人
幹事　十人
賛事　無定員
書記　無定員
第十一条　職員撰挙ノ法左ノ如シ。
各宗族管中其公撰ヲ以テ其丁年以上ニシテ戸主タルモノ、内ヨリ其惣代一人ヲ撰ハシメ之ヲ賛事ニ充ツ。惣代ノ賛事ハ即会館職員ノ撰挙人ニ充テ幹事ヲ投票公撰セシム。幹事十人ノ内五人ハ必五等爵ノ内ヨリ一人宛ツ、任スルモノトシ、其五人ハ一般ヨリ任スルモノトス。故撰挙人ハ此旨ヲ以テ被撰人ヲ投票スヘシ。
館長副館長ハ幹事賛事ノ投票ヲ以テ各二名宛ヲ公撰シ宮内卿ニ具申シ仰上裁其認可セラル、者館長タルヘシ。書記ハ幹事ノ撰挙ヲ以テ館長之ヲ任ス。
第十二条　館長副館長ハ任期満二年、幹事同前、賛事書記ハ任期ヲ定メス。
第十三条　賛事以上俸金ヲ給与セス。但年末慰労トシテ金円ヲ給与スルコトアルヘシ。
第十四条　職員ニ任セラル、者ハ同族一般ヘ対スル義務トシテ之ヲ辞スルコトヲ得ス。

第十五条　職員改撰ノトキ再撰挙スルモ妨ナシ。但再撰挙セラレタル者ハ不得止事情ニ依リテハ之ヲ辞スルコトヲ得。

第十六条　職員賛事以上ニ撰挙セラル、者ハ必丁年以上ノ男子ニシテ戸主トナリ会員ニ列スルモノニ限ルヘシ。

第十七条　正副館長ハ会館ヲ代表シ館務ヲ惣提シ之ヲ執行ス。

第十八条　幹事ハ館務ヲ議決シ事務ヲ分任シ議案ヲ提出ス。

第十九条　賛事ハ緊要ノ場合ニ於テ館務ヲ議決シ又議案ヲ提出ス。

第二十条　会館ノ事務其要領ヲ分別スル左ノ如シ。

第一、幹事ノ決議ヲ以テ処スヘキモノ

第二、賛事ノ決議ヲ以テ処スヘキモノ

第三、館長ノ独裁ヲ以テ処スヘキモノ

第廿一条　幹事ノ決議ハ出席五人ヲ以テ其多数ニ決ス。賛事ノ決議ハ全員ノ過半数出席ノ多数ヲ以テ之ヲ決ス。

第廿二条　平常ノ事務ハ幹事之ヲ決議ス。然レトモ左ノ事項ニ於テハ更ニ賛事ノ決議ヲ要ス。

一、予算ヲ定ムルコト

一、予算外ノ費用ヲ出スコト

一、資本金ノ増殖方法ヲ変更スルコト

一、本館ノ財産ヲ処分スルコト

一、会館規則ヲ改正スルコト

一、新ニ事業ヲ起スコト

一、新タニ醵金ヲ賦課スルコト

第廿三条　館長独裁ノ事項左ノ如シ。

一、会館ノ名ヲ以テ文書ヲ往復スルコト

一、幹事会賛事会ヲ開クコト

一、議案ヲ議題トナスコト

一、常例ノ醵金ヲ微集スルコト

一、額内ノ金円ヲ支出スルコト

一、本館職員ヲ進退スルコト

一、事務ヲ分課シ職員ノ分任ヲ定ムルコト

第廿四条　宮内卿ハ会館ヲ監督ス。故ニ其事務ヲ禁示シ職員ヲ退ケ本館規則ヲ改定セシムルコトヲ命令スルコトアルヘシ。

第廿五条　大凡新タニ事業ヲ起シ又ハ新タニ金円ヲ醵集シ或ハ本館規則ヲ改定スル等必宮内卿ニ具申シ認可得テ後執行ス。

第廿六条　大凡此諸規則ニ違背セシ者ハ宮内卿之ヲ懲戒ス。

附則

第一　本館ハ同華族中ニ起リタル争訟ヲ仲裁ス。

第二　同族中不幸ニシテ破産ニ陥ルモノヘハ無利息ニテ金円ヲ貸与ス。

右両件ノ規則ハ本館改革ノ後其形況ノ実際ヲ観テ細則ヲ定ム。

7　宗族仮条約写

〔表紙〕

宗族仮条約写

宗族仮条約写

諭旨ニ曰ク、同姓相親ミ同類相助ケ祖先ノ余列ヲ墜ス匆レト。是ヲ以テ我宗族弥交誼ヲ懇篤ニシ協同連結以テ家慶ヲ保存センコトヲ図リ、相与ニ議定スル条約左ニ序列ス。

第一条

宗族協和皇室ヲ翼戴シ、華族会館ニ従事シテ勅諭ヲ永遠ニ服膺ス。

第二条

家道ヲ整ヘ履行ヲ正クシ学術ヲ研精シ、以テ永ク名声ヲ保ヘシ。

第三条

家督隠居結婚離縁養子廃嫡等一家ノ重事ハ、必ス宗族協議ヲ遂ケ挙行スヘシ。

第四条

大祖ノ祭祀及春秋二回宗族必ス集会シ順番ヲ以テ会主ヲ立テ事ヲ幹セシメ、各家政ノ得失ヲ相談シ、釐正スヘキ所アラハ協議改革スヘシ。

第五条

当分時々宗族集会シ時トシテ妻孥ヲ携ヘ懇会セシムヘシ。

第六条

家督継承ノ順序ハ、甲乙両統更立スルノ慣習アル者ハ自今強メテ其弊ヲ去ルニ着意シ、実子ナク養子セント欲スルモノハ之ヲ宗族又ハ血縁ニ求ムヘシ。

第七条

戸主未丁年ノモノ、為メニ後見人ヲ撰ヒ、痼疾不能力者等ニ相談人ヲ撰ムハ、宗族協議決定スヘシ。

第八条
名誉ヲ毀損シ、或ハ家事不整ヲ見聞スルトキハ、宗族協議匡救扶持スヘシ。
第九条
居常節倹ヲ守リ已ムヲ得サル事故アリテ歳入ノ半ニ踰ユル金額ヲ借用シ、或ハ大ニ商法ヲ起シ、或ハ他家負債ノ証人タラントスルトキハ必ス宗族ノ協議ヲ経テ挙行スヘシ。
第十条
宗族中長ヲ置キ条約ヲ執行シ、或ハ幹事ヲ選ミ事務ヲ賛理ス。
第十一条
一族ノ約結ノ事件ハ漫ニ他ニ漏泄スルヲ禁スヘシ。
第十二条
祖宗遺伝貴重ノ什器ハ之ヲ保存シ売却スルヲ得ス。
第十三条
此条約ヲ改定セントスルトキハ再議シテ之ヲ修正シ、若クハ附録ヲ作リ変通スヘシ。

明治九年十月十三日

宗族戸主

山内豊範　印
四條隆平
鷲尾隆聚　印
関　長克　印
内藤頼直　印
内藤正誠　印
鍋島直彬　印
内藤政挙　印
内藤信美　印
山内豊誠　印
内藤政憲　印
内藤政共　印
田沼忠千代　印

正三位　山科言縄
従三位　油小路隆晃
正四位　鍋島直大

正四位　四條隆謌
正四位　鷲尾隆聚
従四位　山内豊範
従四位　西大路隆脩
従五位　八條隆吉
従五位　関　長克
従五位　櫛笥隆義
従五位　内藤頼直
従五位　内藤正誠
従五位　鍋島直彬
従五位　内藤政挙
従五位　鍋島直虎
従五位　若王寺遠文
従五位　内藤信美
従五位　山内豊誠
従五位　内藤政憲
従五位　鍋島直柔
従五位　新庄直正
従五位　内藤政共
無位　河辺隆次
無位　杉渓言長
　　　田沼忠千代
従四位　伊達宗徳
従四位　加藤泰秋
正五位　加藤明実
従五位　堀　之美
従五位　堀　直明

〔註〕四條家罫紙。「田沼忠千代」は鉛筆書。

8　宗族会議題案

宗族会議題案

第一条

族長幹事ノ任アツテ其費ヲ償ハサル、固リ闔族ノ欠トスル処ナリ。然ニ其額ノ定メ難キ、族長幹事々務担当ノ厚薄ニ依リ少差アレハナリ。故ニ左ノ等差ヲ以テ月々出金シ、之ヲ族長幹事ノ入費ニ充ツル如何。

歳入五千円以上　弐円

同五千円未満三千円以上　壱円

同三千円未満千円以上　五拾銭

同千円未満　二拾五銭

第二条

族長幹事ノ担任期限ヲ定ムル、左ノ通定規ニ加録スル如何。

族長担任期限　十八ヶ月

幹事担任期限　十二ヶ月

第三条

族長幹事ノ期限ニ至リ其任ヲ解クトキハ、謝詞及其繁簡ト事故ノ難易ヲ酌量シ適宜ノ物品ヲ贈ルヘシトセハ如何。

但其時々族長ハ幹事会主トナリ、幹事ハ族長会主ト為リ、案ヲ作リ一族衆員ニ協議評定スヘキコトトス。

第四条

妻妾姉妹ノ交際ハ一族ノ親睦ヲ助クルモノニテ已ニ定規ニ掲載アリ。然ルニ未タ実際行ハレサルモノハ方法ヲ議シ弊害ナカラシムルノ良法無ク、荏苒今日ニ至レリト雖モ、已ニ過ル十八日会館懇会ノ際三條公ノ演説モアリ。実ニ忽セニスヘカラス。故ニ左ノ方法ヲ立テ、ハ如何。

第一款

妻妾姉妹ノ事故病症等ニテ他出シ難キ者ヲ除クノ

外、月中一回必ス会同スヘシ。

第二款

妻妾姉妹中合議ノ上会集ノ事ヲ担当シ、幹事ノ許諾ヲ得テ会集場処及其入費醵集等ノ事ヲ弁ス。

第三款

会集ハ族長幹事ノ内、或ハ一族中ノ男子妻女ヲ提携セルモノ同席スヘシ。

但其人員ヲ限ラス多寡適宜タリト雖モ、男子ノ妻ヲ伴ハサルモノト婦女子ノミ他ニ会同スルヲ許サス。

第五条

当分一ヶ月間一回日曜日ノ中ヲト定シ懇話会ヲ開キ、宗族会同シ書画囲碁詩歌等ノ事其処得ノ技ヲ為スヘシ。此日午後一時ニ会シ日暮ニ散ス。会費壱人ニ付五拾銭ト定メ、家族男子ハ論ヲ竢タスト雖モ、妻妾姉妹等ノ家族女子等提携スルモ可ナリトス如何。

但此日ハ戸主ノ外ハ食前ニ散スル則トシ茶菓ニ止ルモノトス。

9　演述覚書・外債償却鉄道建築銀行創立順序書・諸家各自計算書

〔表紙〕

演述覚書

外債償却鉄道建築銀行創立順序書

諸家各自計算書

演述覚書

一、華族銀行創立順序ノ大意別紙記載ノ通ニ有之。右事件宗族長ヨリ族中へ御協議之上同意人体御取調、来廿五日迄ニ書取ヲ以テ宗族長ヨリ取纏メ部長へ御差出被下度。尤右事件ニ付改正修飾之意見或ハ全ク不同意之輩ハ其理趣ヲ詳記シ宗族長ニ於テ取纏メ、是亦部長へ御差出被下度事。

　但シ京都華族其他各府県在住華族ハ、岩倉氏京都ニ於テ分局長ト商議シ示談ニ及候筈。且一類一家且宗族長幹事共無之類ハ部長ヨリ示談候事。

一、銀行創立之最初諸事御相談着手候而者、時日遷延事機ヲ誤リ候儀ニ付、別紙大意御同意之上者、役員選挙及其俸給願書進達、事宜文章修飾等創業施為ノ事件都而岩倉氏へ御依托有之度事。

一、前件同意ノ人体ハ左ノ雛形ニ照準シ書面御差出被下度事。

金禄――――

　此何年分

金禄公債証書高………

右全額ヲ以テ追テ大蔵省ニ抵当トシテ預ケ、今般御談合ノ趣旨ニ同意シ銀行ヲ設立センコトヲ約ス。仍テ創業ノ事宜岩倉氏ニ推委スヘキヲ欲ス。

明治九年月日

氏名印

宗族長氏名殿

銀行事件ニ付宗族中ヨリ差出候書面何通取纏メ差出

候也。

明治九年月日　………後宗族長

氏名印

督部長氏名殿

（但宗族長ナキ者ハ直チニ督部長ヘ書面ヲ出シ、後見人アル者ハ連印シテ御差出被下度候事）

一、別紙順序書覧閲ノ後、猶文意若クハ計算上ニ付御了解ナサレ難キ儀有之節者、副督部長或ハ銀行創立事務取調掛ヘ当人若クハ各家令扶ヲ以テ御諮詢可被成事。

一、願書差出前ニ大旨意ニ付改正ヲ要スルトキハ宗族長ヲ会同シ再議可致事。

但シ一類一家且宗族長幹事共無之類ハ部長ヨリ示談候事。

外債償却鉄道建築銀行創立順序書

今般家禄賞典禄改正之儀被仰出候。就テハ追々厚キ勅諭之旨モ有之。仍テ同族協心戮力シ、以テ報国保家ノ道ニ尽シ叡旨ノ万一ニ奉答セントス。抑同族一般所領ノ禄券之ヲ合計スル金額三千万円余ナリ。巨多ト云ハサルヘケンヤ。今政府賜与ノ法ヲ定メ五ヶ年据置、六ヶ年目ヨリ之ヲ抽籤シ漸次同族ニ収領セシム。厚待ト云ハサルヘケンヤ。然トモ各家之ヲ領シ一タヒ其運用ヲ誤ルトキハ従前廩給ヲ仰ク時ノ比ニアラス。家計崩壊遂ニ救フヘカラサルニ至ル。上朝恩ヲ報スル能ハサルノミナラス、下各家祖先ノ祀ヲ絶ツ。然則何ヲ以テ報国保家ノ実効ヲ挙ケンヤ。因テ案スルニ上朝廷ノ用ヲ裨補シ、下人民ノ便ヲ図リ、随テ自家永続ノ策ヲ定ムヘシ。夫レ政府外国ノ負債ニ於ルヤ、素ヨリ償却ノ法確然タラン。然レトモ其額少シトセス、利子モ亦廉トセス。故ニ同族中更ニ所有ノ金ヲ以右償却ノ為メ幾分ノ利付ニテ政府ヘ御借リ上願立ヘシ。然ル時ハ一ツハ政府ヘ対シ聊カ義務ヲ尽スニ当リ、一ツハ元金ヲ消耗スルニ至ラス、且幾分ノ利子ヲ収得シ両全ノ策ニアラスヤ。且又国益ヲ謀ルハ鉄道ヨリ大ナルハナシ。既ニ明治六年中蜂須賀茂韶ノ発意ヲ以テ徳川慶勝以下数名ヨリ鉄道築造ノ義、別紙一号ノ通建言有之。思フニ方今我国富強之基、則運輸ノ便ヲ開クヨリ先ナルハナシ。而シテ同族保家之計亦鉄道ヲ以テ不動産トナスヨリ優レルハナシ。夫レ鉄道ノ用タルヤ独物産ノ繁殖ヲ増スノミナラス、千鈞ノ重モ一毛ノ軽キカ如ク、万里ノ遠モ比隣ノ近キカ如シ。政府ノ命令朝ニ発シテタニ辺陲ニ達ス。警戒東ニ起テ西ヨリ救応ス。未開ノ民以テ文明ノ域ニ進ミ、不毛ノ地以テ膏腴ノ域トナル。貨幣ノ流通物価ノ平均皆其効ニヨラサルハナシ。是欧米各国ノ富強ヲ致ス所以ナリ。仍而蜂須賀氏ノ前議ヲ拡メ是亦金禄証書的籤ノ金額ヲ資本トシ鉄道築造ニ従事セハ以テ全国ノ鉄路ヲ布クニ足ル。然トモ禄券抽籤ノ法ニヨレハ三十年ノ久キヲ経ルニ非レハ外国負債鉄路建築其全資ヲ得ルニ由シナシ。是レ時機ヲ失フノミナラス、終ニ保家資本ヲ有スル能ハサルニ至ラン。於是今般政府ニ請ヒ特別ヲ以テ来明治十年御下渡シ可相成禄券本年仮券ヲ以テ御下渡シヲ願ヒ、新ニ銀行ヲ設立シ則公債証書利子五朱、六朱、七朱三種ノ割合ニ応シ銀行紙幣ヲ交換スルハ大凡一千八百万円ニ至ルヘシ。内千五百万円ヲ大蔵省ニ納附シ外国負債鉄路建築等ノ用ニ充テ築造工事ハ工部省ニ依托シ、残リ三百万円ハ別紙第三号記載之通処分シ、来明治十年ヨリ着手センヲ欲ス。政府之ヲ特許セハ抽籤所得ノ金円年々之ヲ大蔵省ニ上納シ、廿五年ノ後ニ至レハ則紙幣交換全ク尽ク。而シテ所築ノ鉄道即チ同族ノ所有ニ帰ス。於是始テ外ハ外債ノ患ヲ除キ内ハ富強ノ基ヲ開キ、自家永遠ノ恒産ヲ得ルニ至ルヘシ。依テ別紙第弐号ノ通外債鉄道等之目的ヲ以テ銀行設立之儀政府へ内願致スヘク。右三件方法及諸家各自計算書ノ如キハ第三号、第四号、第五号之通候。此議御同意ニ候ハ、併テ政府へ可差出。因テ御協議ニ及候也。

第一号蜂須賀茂韶徳川慶勝以下十名建言

敬白　臣等無能徒ニ陛下ノ鴻恩ニ浴シ、家祖ノ余業ニ籍リ、以テ猥ニ封禄ノ富ヲ忝フシ、列テ四民ノ上ニ専ラニス。臣等豈其独リ能ク之ニ報効スル所ノ者ヲ思ハサルヘケンヤ。苟モ徒ニ是ノ恩ニ浴シ、是ノ富ヲ有シ、飽暖遊逸一モ報効スル所ナクンハ、則チ陛下ノ仁能ク恕シテ之ヲ問ハサルモ、其レ何ヲ以テ臣等家祖ニ応シ、其何ヲ以テ天下蒼生ニ対センヤ。是故ニ臣日夜焦心苦慮以テ、上陛下鴻恩万分ニ報シ、天下蒼生ノ衆ニ利シ家祖ノ余聲ヲ辱シメサルモノヲ謀ラントシ、頃日窃ニ見ル所アリ。以テ左ニ陳シ将ニ陛下ノ聖載ヲ仰カントス。夫レ宇宙文明ノ運ニ方テ陛下神聖英武天下ノ賢ヲ網羅シ、四海ノ才ヲ登庸シ、諸官悉ク理リ、百事倶ニ挙ル。臣等其レ何ヲ以テ敢テ能ク其ノ万分ヲ議センヤ。然リト雖トモ臣等華士族家禄ノ如キ封建積習ノ未タ除カサルモノニシテ、而モ財ヲ耗スルノ尤ナル者ナリ。是必ス将ニ政府諸官其措置ヲ議シ、以テ速ニ其消尽ノ験ヲ挙ケスンハアル可カラサル者トス。然ルニ今日ノ勢一旦之ヲ廃シテ給サレハ、則蒼生其産ヲ失シ、以テ窮途ニ狼狽セントスル者、各県各地ニ普ネカラントス。是亦慮ラスンハアル可カラサル者ナリ。然リト雖トモ是則政府百官ノ事耳。臣何ソ敢テ多言セン。唯臣等今日ノ務ハ自ラ理産ノ道ヲ弁シ、而シテ以テ政府一大冗費ヲ消尽シ得ルノ効ヲ助ルニ在ルノミ。臣是ニ於テ自ラ其理産ノ道ヲ弁スル所以ノ方法ヲ尽シ、以テ復タ天下蒼生ノ洪福ヲ致スノ一端ヲ裨補セントス。臣頃日欧洲ノ実況ヲ歴見シ以テ各国隆盛ノ由ヲ観スルニ、蓋シ鉄道ノ利以テ其富強ヲ致ス亦大ナリト謂フヘシ。今ヤ皇国商買行旅運輸消息ヲ便ニシ富強ノ礎ヲ建ントスル。鉄道蒸気車ノ設最其急タル、固ヨリ其費ヤス所巨万。而シテ其功始テ挙ル。臣窃ニ惟フニ今日政府ノ歳入猶未タ大ナラス。而シテ其費ス所百端多カラサルヲ得ス。是ノ如キノ巨万ノ費、徒ニ政府ノ力ヲ以テ鉄道蒸気車ノ設ケ従事セントス。豈其レ容易ナランヤ。是故ニ臣謂フ、願クハ臣等華族有志ノ者之ニ率先シ、以テ広ク士族等ノ有力者ニ募リ、其家禄家財等ノ余ス所ヲ合シ、以テ一団ノ会社ヲ結ヒ、而シテ其会社ノ力ヲ以テ、或ハ東京ヨリ奥州青森ニ至リ、或ハ東京ヨリ越州新潟ニ至ル等ノ地ニ鉄路蒸気車ノ設ケ、以テ上陛下文明ノ治政府巨万ノ功ヲ裨補シ、下天下蒼生洪福ノ基ヲ開キ、而シテ臣等亦自ラ其理産ノ道ヲ弁スルヲ得ントス。而シテ十数年成功ノ後果シテ其会社ノ利ヲ以テ臣等生産ノ財本ヲ生シ得ルニ至リ、華士族等ノ禄挙テ之ヲ政府ニ還納セハ、則政府亦一大冗費ヲ省キ、以テ有用ノ費ニ供スルヲ得ントス。誠ニ如此ンハ臣等亦遊逸暖飽ノ誅ヲ免カレ、労衣力食ノ道ヲ得、従テ家祖ニ報セントス。豈亦臣等ノ至幸ナラスヤ。臣幸ニ許可ヲ得ハ、即同志ヲ募リ以テ一社ヲ結立シ、即チ臣カ家禄家財等ヲ以テ此社ニ投セントス。臣海外ニ在リト雖トモ、其人ヲ得テ此挙ニ従事セシメン。仰キ願クハ聖明臣カ迂言ヲ棄テス速ニ允許アランコトヲ。

明治五年十月臣等叨リニ海岳ノ朝恩ヲ辱シ、而シテ空手徒食毫モ国家ニ報スル所無シ。実ニ恐悚ノ至ニ不堪。窃ニ惟ルニ欧米諸州今日文明強大ノ隆盛ヲ致ス所以者、皆人民合心協力結社自国ノ大業ヲ興セリ。臣等モ亦之ニ倣ヒ曩ニ英国龍動留学、蜂須賀茂韶及至願候鉄道気車ノ儀相談申越候通リ共同会議シ、会社ヲ結立シ鉄路汽車ヲ興スコトヲ希望ス。仰願クハ臣等ノ素志ヲ遂シメ前件興立ノ儀御允許ヲ蒙リ候ハヽ、臣等随テ広ク同志ヲ募リ共ニ此挙ニ従事セシメ皇国隆盛ヲ万分ノ裨補センコトヲ奉懇願候也。誠恐謹言。

明治六年三月廿三日

池田従四位
細川従四位
山内従四位
亀井従三位
池田従三位
毛利従三位
池田従二位
伊達従二位
松平正二位
徳川従一位

太政大臣殿

第二号願書

先般禄制御発表ニ付ハ追々厚キ勅諭モ有之。同族一般上ハ国家之公益ヲ図リ、下ハ自家々計ノ目途相立、叡旨之万一ニ奉答致シ度同族協議仕候処、政府外国ニ於テ新旧之負債有之、其償却方法ハ素リ御確立ト雖トモ、右償却之為御借リ上金相願廉利ヲ御下付被下候ハヽ聊御一助ニモ相成ヘキ乎ト奉存候。且又国ヲ富スハ運輸ヲ開キ国産ノ興スニアリテ、其元タルヤ鉄路ヲ開クヲ以第一トス。政府素リ全国ヘ鉄路築造ノ御目的ト恐察仕候。同族共ニ於テモ又便宜ニ従ヒ漸次之ヲ築造シ、国家興立事業之万一ヲ裨補シ度恐願ニ御座候。右二件之資金之ヲ要スルニ夥多ナルヲ以容易ニ見込方法モ不相立候処、今般御改制之際ニ臨ミ幸ヒニ右之目的相立度。就テハ此程御発行之国立銀行条例ニ準拠シ、各自所有之金禄公債証書ヲ以大蔵省ヘ相納メ新ニ銀行ヲ設立シ、右二件ノ事ニ尽力仕度。然ルニ金禄公債証書之儀ハ明年ヨリ御施行可相成筈ニ付、即今右証書御下渡ニモ相成間敷、乍去前件ノ目的確定可致折柄、此機ヲ誤候テハ諸般着手モ難相成候間、此際特別之御詮議ヲ以テ明年御下渡可相成公債証書之仮証書本年御下渡被下、別紙方法ヲ以銀行創立御許可被成下候得ハ、右二件目的相立テ、外ハ国債ノ患ヲ除却シ、内ハ富強ノ基ヲ興立シ、随テ自家無窮ノ恒産ヲ保持シ、初テ素志ヲ達スルニ至ラン。因テ外債償却、鉄道築造、銀行設立共併セテ御許允被下度。尤其方法条約等ハ追テ伺之上決定仕度心得ニ御坐候。

右至急何分之御指令被下度。此段奉願候也。

九年　月　日

発起人総代

督部長岩倉具視

大蔵卿大隈重信殿

第三号銀行創立ノ方法

国立銀行創立ノ手続ハ総テ条例ニ準拠スヘシト雖トモ、銀行紙幣ヲ不残大蔵省ニ預ルニ付、特別ヲ以テ左ノ箇条ノ許可ヲ仰ク。

一、銀行資本金ハ壱千八百九十万円トナシ、大蔵省ヨリ実額壱千八百万円ニ当ル金禄公債証書ノ仮証書ノ付与ヲ受ク（金禄公債証書発行以前ナレトモ急々銀行ノ創立ヲ要シ、殊ニ銀行紙幣ヲ大蔵省ニ預ルニ付、特別ヲ以テ仮証書ノ付与ヲ乞フ）〔付箋〕

一、右壱千八百万円ノ目途タルヤ、即チ華族ノ金禄公債証書ノ総高左ノ通。

一、凡金三千拾六万千九百弐円五拾五銭三厘

右華族ノ金禄公債証書総高ニシテ、此内利子ノ区別三種アリ、即チ一ヶ年五朱六朱及ヒ七朱也、但シ利子五朱ノ分ハ証書高百円ニ付六拾円、六朱ノ分ハ七拾円、七朱ノ分ハ八拾円ノ割合ヲ以テ銀行紙幣ト別換ノ積リ。

内

一、金三千二万四百六拾六円拾三銭三厘

右一ヶ年五朱ノ利子ヲ請取ヘキ証書ノ総高ニシテ、

此銀行紙幣総高左ノ如シ。

一、金千八百壱万弐千弐百七拾九円六拾七銭九厘八毛

一、合拾三万八千四百四拾壱円弐拾八銭二厘

右一ヶ年六朱ノ利子ヲ請取ヘキ証書ノ総高ニシテ、

此銀行紙幣ノ総高左ノ如シ。

一、金九万六千九百壱円八拾九銭七厘四毛

一、金三千五円拾三銭八厘

右壱ヶ年七朱ノ利子ヲ請取ヘキ証書ノ総高ニシテ、

此銀行紙幣ノ総高左ノ如シ。

一、金二千四百四円拾壱銭四厘

三口総計

銀行紙幣　千八百拾壱万千五百八拾五円六拾九銭壱厘弐毛

一、金禄仮証書ヲ悉皆出納寮ヘ差出シ、出納頭ノ請取証書ヲ受取リ、条例ノ手続ニ従ツテ壱千八百万円ノ銀行紙幣ヲ紙幣寮ヨリ受取ルヘシ。

但此仮公債証書ノ相場ハ、年五朱利ハ百円ニ付六拾円、六朱利ハ七拾円、七朱利ハ八拾円ノ割合ヲ以テ証書高ニ算出ス。

一、右銀行紙幣凡壱千八百万円ノ代償ハ条例ノ通銀行ヨリ紙幣寮ニ納ムヘシ、凡此代価拾四万五千円ハ株

主ヨリ銀行へ納ム筈ナレトモ繰合セ銀行初年益金ヨリ払出ヘシ。

一、右紙幣寮ヨリ受取タル銀行紙幣千八百万円ノ内、千五百万円ハ大蔵省ニ預ケ外国負債鉄道建築ノ費ニ充テ、残リ三百万円ハ内務大蔵両省ノ保証ヲ以テ諸省使府県ヘ貸附ル乎、既成鉄道ヲ買得ル乎、大蔵省ニ於テ公債証書ヲ買入ル、等ノ外、堅固ノ抵当至当ノ利益アルモ、偏ニ危険ヲ避ケ他ノ方法ヲ以テ運転スルコト社中巌〔厳〕約シテ之ヲ禁ス。

但シ大蔵省ヘ預ケタル金額ノ内、六朱利ト四朱利トアリ。残リ三百万円ハ其運転ニヨリ利子ノ差異アルヘシト雖トモ、銀行紙幣千八百万円ノ利子平均五朱ト見做サハ不足スルコトナカルヘシ。但大蔵省ヨリ利子ノ下渡期限ハ五月十一月ノ両度タルヘシ。

一、大蔵省ヘ預クヘキ銀行紙幣千五百万円ハ来明治十年ヨリ五ヶ年据置、六ヶ年目ニ至リ金禄公債証書抽籤ノ初ヨリ的籤ノ金禄証書丈ケツ、銀行ノ株減少スルヲ以テ、其減少ノ数ニ当ル銀行紙幣ハ紙幣寮ヘ返上セサルヲ得ス。故ニ其返上スル丈ツ々〔、〕銀行紙幣ヲ御返弁ニ成リテ直ニ同省ヘ御引揚ニ相成度。然ルトキハ廿五ヶ年目即来明治十年ヨリ都合三拾ヶ年目ニ至リ、金禄証書ハ不残的籤ニテ御下付相成、銀行紙幣ハ悉皆御引揚ト相成ヘシ。

一、国立銀行創立ノ手続等ハ条例ニ準拠スヘシト雖モ、資本ノ銀行紙幣多分大蔵省ニ御用立ルニ付、特別ヲ以テ準備金ハ資本ノ百分ノ五即九拾万円ヲ積立別換ヲ為スヘシ、若右高ニテ引換金不足スルトキハ銀行紙幣ヲ大蔵省ヘ収メ新紙幣ノ下ケ渡ヲ乞フ。

一、銀行規則ハ凡テ条例ニ準拠シ其方法等追テ確定スヘシ。

一、金千五百万円ハ都テ大蔵省御借入内約出来ノ上発表出願ニ及フヘシ。

一、銀行紙幣ノ代価及銀行役員月給其他諸入費トシテ毎年利子ノ凡五分一ヲ越ヘサル高ヲ以テ之ニ充ツト雖トモ、其精算ハ社中ヘ明細ニ示スヘシ、其余金ハ積金トス。残四分ハ即社中純益利金トナシ分配スルコト左ノ如シ。

一、金九拾万円

是ハ大蔵省ヘ預ケタル銀行紙幣凡千五百万円幷ニ残リ三百万円ノ利子ニシテ、壱ヶ年平均五朱ノ割合。

内

一、金拾八万円

是ハ紙幣寮ヘ上納スヘキ紙幣製造代価及銀行役員月給其他諸費ニ充テ、尚残金ハ毎年社中積金トナス。

一、金七拾弐万円

是ハ全ク純益ニ付各株主ヘ配当ノ分此配当。

銀行一株
百円ニ付　一ヶ年　金四円
同十株
千円ニ付　一ヶ年　金四拾円
同百株
壱万円ニ付　一ヶ年　金四百円
同千株
拾万円ニ付　一ヶ年　金四千円
同万株
百万円ニ付　一ヶ年　金四万円

一、銀行準借トシテ各株主ヨリ通貨ヲ出金スヘキ割合左ノ如シ。

一、金九拾万円

但此金額差出シ難キ者ハ銀行利益配当金ヲ引当ニシテ六朱利付ヲ以テ余金アル者ヨリ借入、其儀モ出来難キ者ハ右ノ利付ヲ以テ他借ノ方法ヲ督部長ニ於テ施スヘシ

此割合
銀行紙幣
百円ニ付　金五円
同
千円ニ付　金五拾円
同

壱万円ニ付　　　金五百円

同　拾万円ニ付　　　金五千円

第四号外国負債償却並鉄道建築方法

一、大蔵省へ御借上相成リタル銀行紙幣ヲ以テ外国負債償却ノ方法ヲ定メ其運転ヲナスハ、都テ同省ノ見込ニ従フヘキ事。

一、鉄道建築ノ方法ハ其建築スヘキ地方幷ニ広狭ヲ協議スルノ外、土功経営処置ノ事務等一切工部省ニ依托シ、同省ニ於テ来明治十年ヨリ起工着手ノ積リ、尤其資金ニ至テハ大蔵省へ預ケタル銀行紙幣ノ内ヲ以テ同省幷ニ工部省ニテ一切引受ノ積リ。

一、華族一般金録証書合算三千万円有余也。然レトモ此金円明治十五年ヨリ年々抽籤ノ法ヲ以テ廿五年間ニ全了スルニ付、右抽籤初年ヨリ終年ニ至ル迄請取ル所ノ金額年々一切大蔵省へ引受、年六朱ノ利子ニ運転有之積リ。

一、明治十年ヨリ同三十九年ニ至リ外国負債不残償却シ鉄道建築全ク成功、則満三十ヶ年後鉄道ハ華族一般所有ノ不動産トナルノ積リ。

一、三十ヶ年後華族一般所有トナリ其鉄道利益ハ費金三十万円有余ニ対シ六朱ノ利ニ当ルヲ以テ目的トス、若シ六朱以内ニ当ルトキハ政府ヨリ満六朱計算ニ至リ候様補ナハル々〔ヽ〕ノ積リ。

但六朱以上ノ利子ヲ得ルハ華族一般ノ幸福トスヘシ。

第五号諸家各自計算書

此計算書ハ録券五ヶ年置据中利益金ノ表也。

金禄公債証書百万円ノ家	
証書額面百万円	此利子五朱　一ヶ年　金五万円
右ハ年々大蔵省ヨリ五月十一月両度受領相成ル分	

金禄証券百万ノ六分
銀行紙幣六拾万円

此利子五朱
一ヶ年　金三万円
内一朱銀行創立諸費ニ充残
余ハ年々積金トス
同ク四朱
一ヶ年　金弐万四千円

右ハ銀行営業上大蔵省へ預金ノ利子別途受領相成ル分

合計金七万四千円　所得
内金五万円　官令禄券ノ利子
金弐万四千円　銀行創立ニ付別途所得
此内
準備金紙幣高百分ノ五即三万円トナル（但此準備金他借ニテ出ス向ハ年六朱ノ利ヲ付金千八百円ヲ別ニ出ス）

金禄公債証書五拾万円ノ家

証書額面五拾万円

此利子五朱
一ヶ年　金弐万五千円

右ハ年々大蔵省ヨリ五月十一月両度ニ受領相成ル分

金禄証券五拾万円ノ六分
銀行紙幣三拾万円

此利子五朱
一ヶ年　金壱万五千円
内一朱銀行創立諸費ニ充残
余ハ年々積金トス
同ク四朱
一ヶ年　金壱万弐千円

右ハ銀行営業上大蔵省へ預金ノ利子別途受領相成ル分

合計金三万七千円　所得
内金弐万五千円　官令禄券ノ利子
金壱万弐千円　銀行創立ニ付別途所得
此内

準備金紙幣高百分ノ五即壱万五千円トナル
（但此準備金他借ニテ出ス向年六朱ノ利ヲ付
金九百円ヲ別ニ出ス）

金禄公債証書拾万円ノ家

証書額面拾万円	此利子五朱　一ヶ年　金五千円
右ハ年々大蔵省ヨリ五月十一月両度ニ受領相成ル分	
金禄証券拾万円ノ六分	此利子五朱　一ヶ年　金三千円
銀行紙幣六万円	内一朱銀行創立諸費ニ充残余ハ年々積金トス　同ク四朱　一ヶ年　金二千四百円
右ハ銀行営業上大蔵省ヘ預金ノ利子別途受領相成ル分	

合計金七千四百円　所得
内金五千円　官令禄券ノ利子
金弐千四百円　銀行創立ニ付別途所得
此内
準備金紙幣高百分ノ五即三千円トナル（但此
準備金他借ニテ出ス向八年六朱ノ利ヲ付金百
八十円ヲ別ニ出ス）

金禄公債証書五万円ノ家

証書額面五万円	此利子五朱　一ヶ年　金弐千五百円
右ハ年々大蔵省ヨリ五月十一月両度ニ受領相成ル分	
金禄公債証券五万円ノ六分	此利子五朱　一ヶ年　金千五百円
銀行紙幣三万円	内一朱銀行創立諸費ニ充残余ハ年々積金トス

同ク四朱
一ヶ年　金千弐百円

右ハ銀行営業上大蔵省へ預金ノ利子別途受領相成ル分

合計金三千七百円　所得
内金弐千五百円　官令禄券ノ利子
金千弐二百円　銀行創立ニ付別途所得
此内
準備金紙幣高百分ノ五即千五百円トナル（但此準備金他借ニテ出ス向ハ年六朱ノ利ヲ付金九十円ヲ別ニ出ス）

金禄公債証書三万円ノ家

証書額面三万円
此利子五朱
一ヶ年　金千五百円

右ハ年々大蔵省ヨリ五月十一月両度ニ受領相成ル分

金禄証券三万円ノ六分
此利子五朱
一ヶ年　金九百円

銀行紙幣壱万八千円
内一朱銀行創立諸費ニ充残余ハ年々積金トス
同ク四朱
一ヶ年　金七百二十円

右ハ銀行営業上大蔵省へ預金ノ利子別途受領相成ル分

合計金弐千弐百弐拾円　所得
内金千五百円　官令禄券ノ利子
金七百弐拾円　銀行創立ニ付別途所得
此内
準備金紙幣高百分ノ五即九百円トナル（但此準備金他借ニテ出ス向ハ年六朱ノ利ヲ付金五拾四円ヲ別ニ出ス）

金禄公債証書壱万円ノ家

証書額面壱万円

此利子五朱
一ヶ年　金五百円

右ハ年々大蔵省ヨリ五月十一月両度ニ受領相成ル分

金禄証券壱万円ノ六分
銀行紙幣六千円

此利子五朱
一ヶ年　金三百円
内一朱銀行創立諸費ニ充残
余ハ年々積金トス
同ク四朱
一ヶ年　金二百四拾円

右ハ銀行営業上大蔵省へ預金ノ利子別途受領相成ル分

合計金七百四拾円　所得
内金五百円　官令禄券ノ利子
金二百四拾円　銀行創立ニ付別途所得

此内
準備金紙幣高百分ノ五即三百円トナル（但此
準備金他借ニテ出ス向ハ年六朱ノ利ヲ付金拾
八円ヲ別ニ出ス）

金禄公債証書五千円ノ家

証書額面五千円

此利子六朱
一ヶ年　金三百円

右ハ年々大蔵省ヨリ五月十一月両度ニ受領相成ル分

金禄証券五千円ノ七分
銀行紙幣三千五百円

此利子五朱
一ヶ年　金百七十五円
内一朱銀行創立諸費ニ充残
余ハ年々積金トス
同ク四朱
一ヶ年　金百四十円

右ハ銀行営業上大蔵省へ預金ノ利子別途受領相成ル

分

合計金四百四十円　所得
内金三百円　官令禄券ノ利子
金百四十円　銀行創立ニ付別途所得
此内
準備金紙幣高百分ノ五即百七十五円トナル
（但此準備金他借ニテ出ス向ハ年六朱ノ利ヲ
付金拾円五十銭ヲ別ニ出ス）

金禄公債証書千円ノ家
証書額面千円　此利子六朱
一ヶ年　金六拾円
右ハ年々大蔵省ヨリ五月十一月両度ニ受領相成ル分
金禄証券千円ノ七分　此利子五朱
一ヶ年　金三十五円
銀行紙幣七百円　内一朱銀行創立諸費ニ充残
余ハ年々積金トス
同ク四朱
一ヶ年　金弐拾八円
右ハ銀行営業上大蔵省へ預金ノ利子別途受領相成ル
分

合計金八十八円　所得
内金六十円　官令禄券ノ利子
金二十八円　銀行創立ニ付別途所得
此内
準備金紙幣高百分ノ五即チ三拾五円トナル
（但此準備金他借ニテ出ス向ハ年六朱ノ利ヲ
付金弐円十銭ヲ別ニ出ス）

〔付箋〕「資本金千八百九拾万円ノ内九拾万円ハ為準借積置モノナレハ千八百万円ヲ以利子ノ計算ヲ立ル」。

〔註〕四條家罫紙。

10　第十五国立銀行定款同創立証書〔草案〕

〔表紙〕

第十五国立銀行定款同創立証書

第十五国立銀行定款

大日本政府ヨリ発行スル所ノ公債証書ヲ抵当トシテ銀行紙幣ヲ発行シ、之ヲ通用シ之ヲ引換フル義ニ付、明治　年　月　日大日本政府ニ於テ制定施行シタル国立銀行条例ヲ遵奉シ当銀行ヲ創立スル為、其株主等協議ノ上決定スル所ノ条々左ノ如シ。

銀行名号ノ事

第一条　当銀行ノ名号ハ第十五国立銀行ト称スヘシ。

本店設置事

第二条　当銀行ノ本店ハ東京府管下第一大区十小区木挽町七丁目六七八番地ニ於テ設置スヘシ。

資本金ノ事

第三条　当銀行ノ資本金ハ千七百八拾二万六千百円ニシテ、百円ヲ以テ一株トナシ総計十七万八千二百六十一株ト定ムヘシ。

但シ国立銀行条例ノ規定ニ従ヒ株主等ハ其所持ノ株数ヲ増減スルコトヲ得ヘシ。〔註1〕

第四条　当銀行ノ規則ヲ奉シテ其株式ヲ譲受タルモノハ、都而当銀行ノ株主タルヘシ。〔註2〕

株式券状ノ事

第五条　当銀行ノ株主タルモノハ其所持ノ株数総高ニ付株式券状一通宛ヲ領受スヘシ。其雛形則チ左ノ如シ。

但シ此券状ヲ分割セントスル時ハ、当銀行申合規則ニ準シテ之ヲ分割スヘシ。

自第何番至何千何百何十何番
[割印]　大日本―地名―国立銀行株式券状
府県管下第―大区―小区―町村―番地何某殿儀大日本帝

国政府ニ於テ制定施行シタル国立銀行条例ヲ遵奉シ、
且当銀行ノ定款ヲ確守シ年号―年―月―日ヨリ我―
国立銀行株式ノ内何万円即チ何百株ノ株主タルコト
相違無キ証拠トシテ、此株式券状ニ当銀行ノ印章ヲ
押捺シ之ヲ付与スルモノ也。
此株式券状ノ譲与セント欲セハ当銀行ヘ持参スヘシ。
銀行ニ於テ至当ノ検査ヲ遂ケ此券状裏面ノ枠内ヘ頭
取、支配人記名調印ノ上之ヲ差戻スヘシ。

年号―年何月―日　――国立銀行頭取　姓　名　印

同　支配人　姓　名　印

銀行之印

第六条　当銀行ノ株式ハ、国立銀行条例成規ノ規定〔ニ〕従ヒ頭取々締役ノ許可ヲ受ケ当銀行ノ簿冊ヲ引合セタル上ニテ之ヲ譲与スルコトヲ得ヘシ〔註3〕。尤其株式券状ノ書替ヲナサヽル時ハ当銀行ヨリ割渡スヘキ利益金ハ新古ヲ論セス其株式券状ノ名前人ヘ渡スヘシ。

頭取々締役撰挙ノ事

第七条　当銀行ノ取締役ハ三百株以上ヲ所持スル株主ノ内ヨリ五人以上ヲ撰挙スヘシ。而シテ其取締役ハ各株式券状ヲ当銀行ニ預ケ、其代リトシテ禁授受ノ三字ヲ附シタル保証預リ証書ヲ請取リ置キ〔註4〕、取締役奉職中ハ決シテ之ヲ引出スコトヲ得サルヘシ。

第八条　取締役ノ衆議ヲ以テ其中ヨリ一人ヲ撰ミ之ヲ頭取トナスヘシ。此頭取及ヒ取締役ノ在職年限ハ一ヶ年ヲ以テ限リトスヘシ。尤頭取々締役タル者其任ニ堪ヘサルカ、或ハ取締役等ノ三分一以上ノ協議ヲ以テ退任セシムルハ此例ニアラス。

但シ頭取々締役ノ在職年限ハ本条掲クル所ノ如シト雖トモ、其満期ニ至リ衆許ヲ以テ重年上任スルコトアルヘシ。又副頭取ヲ撰挙スルトキモ本条ニ準スヘシ。尤此副頭取ハ頭取欠席スル時其事務ヲ代理スルマテニシテ平日ハ取締役ト同様タルヘシ。

第九条　頭取々締役等ハ銀行ノ事務ヲ取扱フヘキ支配人幷ニ書記方出納方計算方簿記方等ノ諸役員ヲ撰任

シ、又右ノ諸役員ノ給料旅費等ヲ取定メ、銀行ノ得失ヲ考ヘ同僚ノ衆議ヲ経テ此役員等ヲ進退黜陟スルノ権アルヘシ。

但シ頭取々締役ハ又銀行ノ支配人其他諸役員等ノ職制章程ヲ製シ其職掌ヲ分課シ、且其身元引受人ヲ納レ過怠金ヲ予定スルノ権アルヘシ。而シテ其雇期ハ総テ一ヶ年ヲ以テ定限トス。然レトモ本人其職務ニ勉励ナルト銀行ノ都合トニ因テハ雇継ヲナスコトアルヘシ。尤本人其職務ニ堪ヘサルカ又ハ怠慢等ノコトアレハ期限中ト雖トモ直ニ其雇ヲ止ムヘシ。

第十条　頭取々締役等ハ又向後ノ取締役撰挙ノ法ヲ定メ、此撰挙ノ衆議ニ異論起ル時ハ之ヲ裁決スヘキ裁決役ヲ取定ムルノ権アルヘシ。

第十一条　頭取々締役等ハ銀行条例成規ノ旨趣ヲ遵奉シ適任ノ職務ヲ執行スルノ権アルヘシ。尤条例成規ノ要旨ヲ遵奉シテ厚ク当銀行ノ便益ヲ謀リ万般ノ事務ヲ注意処分スヘシ。

但シ頭取々締役等ノ失職ハ国立銀行条例中ノ罰令ニ従テ各其責ニ任スヘシ。

第十二条　頭取々締役等ハ当銀行ノ所務ニ緊用ナル社中申合規則ヲ議定スルノ権アルヘシ

総会ノ事

第十三条　第一次ノ総会ハ開業免状ヲ受ケシ日ヨリ後三ヶ月以内ニ取締役取極ムル所ノ時日場所ニ於テ之ヲ執行スヘシ。

第十四条　第二次以後ノ総会ハ毎年第一月七日第七月七日ニ頭取々締役取極ムル所ノ場所ニ於テ之ヲ執行スヘシ。

但シ取締役ノ撰挙ハ毎年第一月ノ総会ニ於テ之ヲ決定施行スヘシ。

第十五条　右総会ハ都テ定式総会ト称シ、其他ノ総会ハ都テ臨時総会ト称スヘシ。

第十六条　頭取々締役ハ何時ニテモ適当ナリト思考スルニ於テハ臨時総会ノ招集スルコトヲ得ヘシ。又人員十名ニ下ラス其所持ノ株数当銀行総株ノ五分の一ニ下ラサル株主等ヨリ書面ヲ以テ臨時総会ノ請求アルニ於テハ何時ニテモ之ヲ招集セサルコトヲ得サルヘシ。

但シ右請求書ニハ此総会ヲ要スル事件目的ヲ記載、之ヲ本店ニ差出スヘシ。

第十七条　取締役ハ右請求書ヲ受取レハ此総会ノ招集ニ取掛ルヘシ。

但シ取締役右請求書ヲ受取リシ日ヨリ七日以内ニ総会招集ノ手続ニ取掛ラサル時ハ、其請求人等自身ニ之ヲ招集スルカ又ハ他ノ株主等ト相謀テ之ヲ招集スルコトヲ得ヘシ

第十八条　凡総会ニ於テ其事務ヲ評議所分スルニ当テハ、必ス株主ノ総員（本人又ハ代人共）十分ノ五以上之レニ出席スルニ非レハ（利益金分配ノ報告一件ヲ除クノ外）何事ヲモ着手スヘカラス。

第十九条　若シ総会ノ刻限ヨリ一時間ヲ過キテ其定式ノ人員臨席セサリシトキハ、之ヲ此会日ヨリ七日目ニ延会シ此会ト同一ナル場所刻限ニ於テ之ヲ執行フヘシ。

第二十条　定式臨時ノ別ナク総会ノ議長ハ頭取（又ハ副頭取）之ニ任スヘシ。

第廿一条　若シ右ノ議長タルモノ事故アリ議席ニ臨マサル時ハ、出席取締役ノ衆議ヲ以テ同僚中ヨリ一名ヲ撰挙シテ議長トナスヘシ。〔註5〕

第廿二条　凡総会ニ於テ事ヲ決定スルニハ、可否又ハ同意不同意ナル発言投票ノ数多キモノヲ以テスヘシ。而シテ決議済ミノ次第ヲ銀行簿冊ニ登録シ、議長之ニ記名調印シ以テ後日ノ参観証拠ニ備ヘ置クヘシ。

第廿三条　凡総会ニ当リ発言投票ノ数相半スルトキハ、議長ノ助説決票ヲ以テ之ヲ裁決スヘシ。

第廿四条　凡株主ノ総会又ハ取締役ノ衆議ニ於テ決議ノ件々ハ後日彼是ト之ヲ誹議セサルハ勿論、其決議ヲ以テ己レノ説ト心得信切ニ之ヲ処置スヘシ。〔註6〕

株主ノ発言投票ノ事

第廿五条　各株主ハ其所持ノ株数十箇迄ハ一株毎ニ一箇宛ノ発言投票ヲ為スヘシ。又十一株以上百株迄ハ

五株毎ニ一箇宛ヲ増加シ、百一株以上ハ十株毎ニ一箇宛ヲ増加スヘシ。

第廿六条　発言投票ハ本人又ハ（本人幼弱又ハ狂癲其他ノ事故アレハ）代人ニテモ苦シカラス。尤モ代人ハ左ノ委任状ヲ以テ其代人タラシムヘシ。

委任状ノ雛形

委任状ノ事 明治　年　月　日第十五国立銀行ノ定式（又ハ臨時）総会及ヒ其延会ニ於テ何某ヲ拙者代人トシテ発言投票為致候。仍テ委任状如件。 明治　年　月　日　　第十五国立銀行注〔株〕主 姓　名　印 第十五国立銀行 御中

第廿七条　第廿六条之趣旨ヲ以テ代人ヲ出ストキハ其代人ハ必ス当銀行株主中ノモノニ限ルヘシ。若其代人ヲ差出サスシテ決議ノ後如何ナル異論アルトモ一切之ヲ申立ルコトヲ得サルヘシ。〔註7〕

第廿八条　当銀行ノ役員タル者ハ他人ノ代人トナリテ発言投票スルノ権利ヲ有スルコトヲ得ス。又株式券状ヲ当銀行ヘ借財ノ為メ質入シタル株主ハ、自身又ハ他人ヲ代人ニテモ一切発言投票ノ権利勿カルヘシ。

諸役員ノ事

第廿九条　当銀行ノ役員ト称スルモノハ左ノ如シ。

取締役　五人

内

頭取　壱人

支配人　人

書記方　人

出納方　人

計算方　人

簿記方

但シ事務ノ繁閑ニ応シ便宜之ヲ増減スヘシ。

第三十条　頭取々締役タル者ハ当銀行事業ノ全体ニ注

意シ一切ノ事務ヲ処分シ総ノ其責ニ任スヘシ。然レトモ新ニ一事ヲ興シ及ヒ社中中合規則外ノ出納等ヲ処スルカ如キハ、株主総会ノ決議ヲ経ルニ非レハ之ヲ施行スヲ得ス。

第卅一条　取締役ハ毎一週ニ其集会ヲ為シ銀行ノ要件ヲ議定スヘシ。

　但シ其議定セシ要件ハ都テ要件録其他ノ書冊ニ登録シ各小印シテ後証ニ供スヘシ〔註8〕。

第卅二条　支配人ハ頭取々締役ノ差図ヲ受ケ各掛リ事務ヲ引請ケ、其担当ノ制限ニ依リ頭取々締役ニ対シテ之ヲ調理スルノ責任スヘシ。

第卅三条　取締役ハ三ヶ月毎ニ其内ヨリ一人ヲ撰挙シテ検査役タラシムヘシ。此検査役ハ当銀行ノ有高ヲ計算シ勘定ノ差引ヲ改メ諸帳簿ノ締高等ノ正直ナルヤ否ヤヲ検査シ、又当銀行事業ノ実際慥ニ立行クヘキヤ否ヤヲ検査シ、其顚末ヲ集会ノ節取締役一同ヘ報告スヘシ〔註9〕。

　銀行ノ一般事務ノ事

第卅四条　当銀行ノ事務取扱時間ハ定式（又ハ臨時）休暇日ヲ除クノ外、毎日午前第九時ヨリ午後第三時迄タルヘシ。

　但シ事務ノ都合ニヨリテハ大蔵卿ノ承認ヲ乞フテ之ヲ伸縮スルコトアルヘシ〔註10〕。

第卅五条　休業ハ日曜日及定式ノ祝日祭日ニ限ルヘシ。

第卅六条　頭取々締役ノ衆議ヲ以テ決定シ当銀行ニ於テ用フル所ノ印章ハ即チ左ノ如シ。

方一寸八分

華族
東京
第十五国立
銀行印
共同

五分

押切印

壱寸

華族
第十五国立銀行
共同

華族
第十五国立銀行緘
共同

　利益金分配ノ事

第卅七条　当銀行ノ総勘定ハ毎年両度（六月十二月）其正算ヲ為シ、全体ノ殖益金ヨリ一切ノ諸経費ヲ引去リ純益金ヲ現ハシ、其純益金ノ内ヨリ別段積金ヲ取除ケ残リ金高ヲ以テ総株主へ割賦シ、一株ニ付一円未満ノ端数ハ之ヲ除去シテ後チ半季ノ繰込金トス。尤其精算ハ一月七月ノ総会ニ於テ明瞭ニ之ヲ報告スヘシ。其法方則左ノ如シ。

一、金何百何十何万円

　内

一、金　万円

　是ハ銀行創業入費幷地所家作代年賦戻シ入ノ分。

一、金

　是ハ銀行一切ノ諸経費幷役員ノ俸給其他慰労臨時賞典〔与〕手当等ノ分。

一、金　別段積金

　是ハ株高ノ三割ニ抵ル迄ヲ目的トシテ積立ヲ為スヘシ。

一、金　総株高へ配当

　右計算ハ壱株ニ対シ何割何分ト定ムルヲ以テ、其以下ノ端数則チ壱円未満ノ分ハ後ノ半季へ繰込、後半季益金中へ加へ算スヘシ。

一、金

　是ハ壱株ニ付壱円未満ノ端数合高ニシテ、後半季ノ殖益金へ加へ算スヘシ。

第卅八条　非常ノ変災等ニテ臨時ノ費用アレハ別段積立金ノ内ヲ以テ之ニ充ルコトアルヘシト雖トモ、通常家屋ヲ営繕又ハ一切器具ノ買入費ハ都テ銀行年々ノ諸経費トシテ之ヲ仕払ヒ此ノ積立金ヲ消費スヘカラス。

第卅九条　銀行諸費中ニ記スル慰労臨時賞与及手当ハ平素精励能ク其事ヲ担員シ頗ル勉励スル者アルニ際シ、頭取々締役協議ノ上斟酌附与スルモノトス。

諸計算ノ事

第四十条　当銀行ノ計算簿記方法ハ都テ大蔵省ニ於テ制定セラレタル洋式ニ従ヒテ詳明正確ニ之ヲ取扱フヘシ。

株主へ報告ノ事

第四十一条　株主定式ノ総会臨時総会ヲ各株主へ報告

スルハ其会日七日前ニ郵便其他ノ方法ヲ以テ通達スヘシ。
但シ西京及ヒ散在ノ株主ハ兼テ東京在住ノ株主中ヘ委任状ヲ附致シ総会ノ代人タラシムヘシ。
第四十二条　定式集会ニ於テ議長ヨリ報告シタル其毎季取扱ノ考課状勘定報告並当日決議ノ件ニハ、上木ノ上便宜ノ方法ヲ以テ各株主ヘ送附スヘシ。
平穏鎖店ノ事
第四十三条　当銀行三分二以上株主等ノ協議ヲ経テ大蔵省ノ承認ヲ得ルニ於テハ、平穏ニ鎖店スルコトヲ得ヘシ。尤其鎖店ノ手続ハ総テ国立銀行条例ヲ遵奉シテ之ヲ施行スヘシ。
銀行定款更正ノ事
第四十四条　此定款ノ箇条ハ当銀行株主等ノ格段決議ヲ経テ大蔵郷〔卿〕ノ承認ヲ得ルニ於テハ、何時ニテモ之ヲ更正加除スルヲ得ヘシ。
右之条々株主等ノ衆議ヲ以テ相定候。其証拠トシテ私共一同姓名ヲ記シ調印致シ候也。
明治　年　月　日
各株主連名印
第十五国立銀行創立証書
大日本政府ヨリ発行スル所ノ公債証書ヲ抵当トシテ銀行紙幣ヲ発行シ、之ヲ通用シ之ヲ引換フル儀ニ付、明治　年　月　日大日本政府ニ於テ制定施行シタル国立銀行条例ヲ遵奉シテ国立銀行ヲ創立シ其業ヲ経営セント謀リ、私共即チ此創立証書第五条連署シタルモノ、一致協力シテ当銀行ヲ創立シ、左ノ創立証書ヲ取極メ候也。
第一条　当銀行ノ名号ハ第十五国立銀行ト称スヘシ。
第二条　当銀行ノ本店ハ東京府管下第一大区十小区木挽町七丁目六七八番地ニ於テ設置スヘシ。
第三条　当銀行ノ資本金ハ壱千七百八拾弐万六千百円ニシテ、百円ヲ以テ一株トナシ総計拾七万八千弐百六拾壱株ト定ムヘシ。
第四条　当銀行ノ永続期限ハ開業免状ヲ受ケシ日ヨリ

二十箇年間タルヘシ。

第五条　当銀行株主ノ姓名住所其他幷ニ各株〔主〕立ノ引請ケタル株式ハ左ノ如シ。

金額	引請株数	住所	株主ノ姓名属族
――円	―番（又ハ―番ヨリ―番ニ至ル ――株 又或ハ何番―番	府県《》管下第　大区　小区町村番地	府県華士族　平民　何某
総計――円	総計――株		総計――人

第六条　此創立証書ハ国立銀行条例ヲ遵奉シテ取極メタルモノニシテ、其証拠トシテ私共一同姓名ヲ記シ調印致シ候也。

明治十年五月

各株主連名印

〔註1〕「本書ノ但書ヲ削ル」〔朱書〕との頭註。

〔註2〕「本書何人タリトモ以下十六字削ル」〔朱書〕との頭註。

〔註3〕「売却ノ二字ヲ削ル」〔朱書〕との頭註。

〔註4〕「本書本条中其撰挙ノ初集云云ヲ但書ニ移シ本書ノ但書ヲ此条中ニ加フ」〔朱書〕との頭註。

〔註5〕「本書ハ総会ノ刻限ヨリ十五分時間ヲ過キ猶臨席云云」〔朱書〕との頭註。

〔註6〕「全章増加」〔朱書〕の頭註。

〔註7〕「全章増加、尤成規第四十六条ノ趣旨ニ拠ル」〔朱書〕との頭註。

〔註8〕「全章増加、尤成規第五十八条ノ趣旨ニ拠ル」〔朱書〕との頭註。

〔註9〕「全章増加」〔朱書〕の頭註。

〔註10〕「増加」〔朱書〕の頭註。

11　宮内省差出定款

〔表紙〕

宮内省差出定款

華族ハ庶民ノ上ニ位シ巨額ノ俸ヲ受ケ朝廷特殊ノ寵過ヲ辱フシ、加之追々厚キ勅諭ヲ蒙ルヲ以テ各家自立ノ道ヲ興シ、而シテ国家ニ対スルノ義務ヲ尽サント欲スルヤ已ニ久シ。千茲明治九年八月政府一般ノ禄制ヲ改正シ禄券発行ノ令アリ。故ニ同族協議シ各家領受ノ金禄公債証券ヲ悉皆合集シテ一ノ国立銀行ヲ設立センコトヲ上請シ既ニ允裁ヲ得タリ。是レ屢回ノ勅諭奉答シ以テ同族ノ義務ヲ尽シ、而シテ永ク家名ヲ随サ、ランコトヲ欲スレハナリ。故ニ此銀行ノ性質タルヤ尋常一般ノ銀行ト異ナルヲ以テ、政府公布ノ国立銀行条例及ヒ成規ノ細目ヲ悉ク履行シ得ヘカラサル者アリ。如斯者ハ既ニ特殊ノ許可ヲ得テ定款ヲ編成シタリ。其他亦各家契約固守スヘキノ条件アルカ為メ、特ニ此約束書ヲ作リ宮内省ヘ進呈シテ其承認ヲ受ク。他日若シ更正ヲ要スル件アラハ必ス宮内省ノ認許ヲ得テ而後施行スヘシ。茲ニ其条款ヲ開到スル如左。

第一条

当銀行設立ノ本旨ハ強テ自私ノ栄利ヲノミ謀ルカ為メニ非ス。各其先祀ヲ久遠ニ保存シ永ク帝室ニ竭スアランコトヲ冀望スルニ在リ。故ニ斯事業ノ昌盛鞏固ナランコトヲ欲シ宮内省ヨリ特則ノ訳ヲ以テ当銀行事務監督トシテ一両員ノ派出ヲ請フ者トス。

第二条

当銀行ハ華族一同協議設立ニ係ルヲ以テ同族ノ外ハ其株主タルヲ得サル者トス。

第三条

当銀行ノ株式券状ハ各株主所持ノ株数ヲ総合シテ之ヲ一枚ニ書シ頒与スルノ成規トス。是レ祖先以来領受ク家禄ニ代ルヘキモノナルヲ以テ之ヲ分割スルニ忍ヒサレハナリ。然レトモ若シ事故アリテ此株式券状ヲ分割ヲ要スル時ハ、宗族協議ヲ遂ケ其事由ヲ具シ族長ノ調印ヲ以テ部長局へ出シ其承認ノ証ヲ得テ分割ノ義ヲ銀行へ申出ツヘシ。

但シ各家蓄財ヲ以テ加入セル株式ニ限リ其株主ノ所望ニ任セ之ヲ分割スルコトヲ得ヘシ。而シテ株式券状ヲ分割スル時ハ総テ相当ノ手数料ヲ銀行へ受取ヘシ。

第四条

当銀行ノ株式券状ハ株主ヨリ其相続人へ譲与シ得ヘシト雖トモ、之ヲ質入トナシ又ハ売却シ又ハ抵当トナシテ他ヨリ金銭ヲ借用スルコトヲ禁スヘシ。

但シ不得止ノ事故アルカ或ハ非常ノ災厄ニ罹リ借財ヲ要スル時ハ第六条及ヒ第七条ニ照シテ当銀行ヨリ之ヲ貸付スルコトアルヘシ。

第五条

当銀行ニ於テハ一般ノ営業ヲ尋務トセサルノ件ヲ大蔵省ヨリ許可セラルル、ヲ以テ、大蔵省へ貸上スル所ノ一千五百万円ノ外残余ノ資金及ヒ積金其他収入金等ハ、諸官庁へ貸上シ又ハ既成鉄道買収ノ資ニ充ノ又ハ公債証書ヲ買収スルノ外、仮令堅固ノ抵当ニシテ充分ノ利益アルモ之ヲ他ニ運用流通スルヲ禁スヘシ。

第六条

当銀行ノ有金ヲ以テ他へ運用流通ヲ禁スルコト前条掲載スルカ如シト雖トモ、若シ各株主中事故アリテ家計上ノ差支ヲ生スルコトアル時ハ、其事由ヲ詳記シ宗族又ハ親類ノ連印保証ヲ以テ借用ノ義ヲ銀行へ請求スヘシ。銀行ハ該株主歳収ノ益金高ヲ計算シ一年八朱ヨリ少ナカラサル利付ヲ以テ相当ノ金額ヲ貸付スヘシ。

第七条

各株主非常ノ災厄ニ罹ルヲ以テ巨多ノ借財ヲ要スルコトアレハ、其事由ヲ詳記シ及ヒ株券ヲ部長ニ預托スヘキ旨ヲ明記シ、宗族親類ノ保証ヲ以テ其族長ヲ経テ部長局へ差出シ、其承認ヲ受ケ借用ノ義ヲ銀行へ請求スヘシ。銀行ハ部長ノ保証ヲ以テ該株主所持ノ株式金高ニ応シ一年八朱ヨリ少ナカラサル利付ヲ以テ相当ノ金額ヲ貸付スヘシ。
第八条
金銀及ヒ通貨等ノ出納ハ其額ノ多寡ヲ問ハス主務ノ課ニ於テ其事由ヲ明記シ、頭取及ヒ宮内省ヨリ派出セル監督ノ検印ヲ得ルニ非サレハ、決シテ其事ニ従フヲ得サルモノトス。
第九条
銀行紙幣ノ抵当トシテ大蔵省へ納メタル金禄公債証書ノ内、明治十五年以後抽籤支消法ニ因テ当籤ノ分ハ、其金額ヲ以テ他ノ公債証書ヲ買収シ条例第十九条ニ準シテ之ヲ大蔵省へ納メ以テ其当籤ヲ欠ヲ補充シ、而シテ残額ハ悉皆大蔵省へ貸進シ鉄道築造ノ費ニ充用センコトヲ請フヘシ。
第十条
外国債償却ハ既ニ千五百万円大蔵省ニ貸進ニ決シタルニ依リ、同省理財運融ノ都合ヲ斟酌シ自ラ此償却ニ充用シタルモノトスヘシ。
第十一条
取締役ノ撰挙ハ成規第五十五条ニ準拠シ株主一同ノ投票ヲ以テ之ヲ撰挙スヘシト雖トモ、銀行創立ノ事業ハ総テ督部長兼華族会館長ニ委托スルヲ以テ、頭取々締役ヲ始メ諸役員ノ任撰モ亦其意見ニ任スヘシ。
第十二条
定款第八条同第十四条但書ニ頭取々締役在職ノ年限及其撰挙ノ期月ヲ掲載スト雖トモ、第二次ノ撰挙ヲ来一月トナス時ハ在職ノ年限未タ満タス、若其年限ノ満ルヲ以テスレハ撰挙ノ期月ニ適セス。故ニ第二次ノ撰挙ハ明治十二年第一月ノ総会ニ之ヲ施行スヘシ。若シ前任ノ取締役再撰セラル、時ハ更ニ就任スルヲ得ヘシ。
第十三条
頭取々締役欠員アルトキハ臨時総会ヲ開キ公撰スヘシト雖トモ、当銀行ニ於テハ当分便宜ニ由リ取締役ノ協議ヲ以テ之ヲ撰挙スヘシ。
第十四条
銀行ノ職役ハ銀行条例ニ照準シ頭取々締役支配人書記方出納方計算方簿記方等ヲ設クルト雖トモ、当銀行ノ如キハ其資金極メテ巨額ナルヲ以テ殊更ニ其業務ヲ鄭重ニシ失誤ナカラシメンカ為、別ニ世話役ナルモノヲ置キ、当銀行ノ規定ニ準ヒ事務調理ノ方法ニ注意セシメ且取締役ノ集議ニ参座セシムヘシ。

但定費ナシト雖トモ七名ヲ超過スヘカラス

第十五条

定式及臨時総会ノ節株主一同集合スヘキハ当然ナリト雖トモ、或ハ散在或ハ未丁年等ヲ総集ノ事実際行ハレ難ク、且事ヲ議スルノ際其議員多キニ過ル時ハ、議論或ハ空論冗議ニ渉リ実際益ナキノミナラス、却テ障碍ノ生スルコトアリ。故ニ当銀行ノ総会ニハ各族長ヲ以テ其宗族ノ代議員ト定メ、各自之ニ委任状ヲ附スヘシ。尤モ各株主会議ヲ傍聴セント欲スル時ハ、其傍聴席ニ着クヲ得ヘシ。

但株主総会ノ規定ニ準シ族長総員十分ノ五以上出席スレハ其議事ヲ決スヘシ。若シ族長総員十分ノ五以上臨席セスシテ七日ノ延会再度ニ及フトキハ、其事項ハ頭取々締役ノ決議以テ之ヲ執行スヘシ。故ニ後日異議アルヲ得ヘカラス。

右ノ条々ハ株主一同協議約定シタル申合規則ニシテ、各自之ヲ確手〔守〕スヘキモノトス。仍テ其証トシテ爰ニ連印致候也。

明治十年五月

各株主連名印

右ノ申合規則ハ正書二通ヲ製シ、一通ハ宮内省ヘ進呈シ、一通ハ当銀行ニ蔵置シ株主一般之ヲ確守スル者ヲ表センカ為、爰ニ証印致候也。

明治十年五月

頭取々締役連名印

12　総会演説

〔表紙〕

総会演説

第一　当銀行定款ニ開業免状ヲ受ケシ日ヨリ三ヶ月間ニ於テ第一次ノ総会ヲ開クトアリ。而シテ此総会タルヤ成規第三十二条ニ準拠スル者ナリ。然ルニ該条中此総会ニ於テ議スヘキノ事件ヲ明書セス。蓋開業後ノ初会ニシテ単ニ株主一同ノ集合ニ止マル者ナラン。故ニ第一次ノ総会ヲ定式ノ今会ニ併セテ執行ス。則チ今回ノ総会ハ成規第三十四条ニ準拠スル者ナリ。依テ今会ヲ開クノ首メニ於テ其事由ヲ弁明ス。

第二　総会ノ議長トナルヘキ頭取若シ集会ノ刻限ヲ過ルコト十五分時間ニシテ猶臨席セサルトキハ、出席株主ノ中ヨリ壱人ヲ公撰シ議長トスルノ成規タリト雖モ、便宜ヲ以テ取締役ヲ議長ト為シ其闕ヲ補ラシム。

第三　斯総会ニハ議長時宜ニ応シ世話役ヲ以テ代人ト為シ事由ニ演説セシムルコトアルヘシ。

但此代人ハ議長ニ代リ事由ヲ明説スルノミニ止リ、議事ヲ可否スルノ権アルニ非サルナリ。

第四　銀行仮株券浄写捺印已ニ調整セシニヨリ之ヲ授与センコトヲ督部長岩倉氏ニ稟議ス。然ルニ同氏所見アルヲ以テ暫時猶予スヘキヲ命セリ。故ニ仮株券ハ猶当銀行ニ納蔵シ未タ授与ニ及ハサルナリ。

第五　始メ華族一同ノ資産ヲ保存センカ為メ協同シテ斯銀行ヲ設立スルヤ、該事件細大トナク之ヲ岩倉氏ニ委任セリ。同氏為メニ焦思苦慮シテ此申合規則ヲ編纂シ宮内省ノ承認ヲ得、又同省ヨリ監督ヲ派出シ銀行ノ事務ヲ監視セシメラル故ヲ以テ百事漸ク緒ニ就テ銀行ヲ開業シ、以テ今日ノ会議ヲ開クニ至レリ。抑此申合規則ハ株主一同ノ承認ヲ経タル者ナリト雖モ、開業以前ノ考按ニ係ルヲ以テ条款中或ハ瑣小ノ瑕瑾アリ。実際履行ニ渉リ障碍ナキヲ保シカタシ。然トモ開業日猶浅ク実地ノ経験未タ熟セサルヲ以テ遂ニ此申合規則ノ当否ヲ議シ之ヲ改正セントスルモ、恐ラクハ論理懸空ニ渉リ着実ノ裨益少キノミナラス却テ之カ為メニ事務ノ渋滞ヲ生シ遂ニ岩倉氏等カ積日ノ焦慮モ一朝ニ水泡ニ属センコトヲ。故ニ右申合規則ノ当否ヲ討議スルハ多少ノ実験ヲ経歴シテ後次ノ総会ニ於テセンコトヲ欲ス。且此申合規則ニ付実際ヲ視以テ意見ヲ具陳セントスルニ、若干ノ議員其席ニ於テ一々其議ヲ発論演舌スル時ハ、却テ恐ル、其旨意ノ徹底セサランコトヲ。故ニ之ヲ筆記シ第二次総会ヲ開クノ前月乃本年十二月中ニ議長ニ差出サレンコトヲ望ムナリ。

第六　申合規則中第十五条ニ株主集会ノ際一同集合スヘキハ当然ナリト雖モ、其議員多キニ過タルトキハ議論或ハ空冗ニ渉リ実際無益有害ナルカ故ニ各族長ヲ以テ其宗族ノ代議員ト定メ各株主之ニ委任状ヲ附スヘシトアリ。而シテ銀行成規第四十六条中株主代人ハ其銀行ノ株主中ノ者ニ限リ之ニ委任状ヲ与ヘ以テ之ヲ指出スヘシ云々ノ明文アリ。然ルニ各宗族中儘戸主ニ非スシテ族長タル者アルヲ以テ又銀行ノ株主タルヲ得ス。殊ニ成規ニ戻ルトス。故ニ今後申合規則中第十五条ヲ改正シ各宗族中ニ於テ総会毎トニ投票ヲ以テ族中ノ株主一名ヲ撰挙シ、十家ヲ過ル毎ニ一名ヲ増加シ及皇別別派十三家ヨリ二名、神別二十一家ヨリ三名、外別四家ヨリ一名ヲ同ク撰挙シ代議員トナスコトヲ得ヘシ。若シクハ議員事故アリ欠員ヲ虞スルカ為メ予メ一員ノ副議員ヲ撰定シ臨時ノ欠員ヲ補充スヘシ。然トモ又株主中〔代議員ニ撰挙〔括弧原文〕サレシ者ヲ除ク〕自ラ議場ニ出席センコトヲ請フモノアラハ之ヲ許可スヘシ。故ニ会議五日以前之ヲ議長ニ申請スヘシ。

第七　本年五月十六日ヲ以テ奥平昌邁氏ハ一書ヲ当銀行ヘ寄セ、申合規則第十五条ニ只族長ノミ総会ニ出席ストアレハ万一不安心ト思惟スル事件ヲ決議実施スルモ、株主ニ於テハ黙シテ之ニ従ハサルヲ得ストセハ聊カ安ンセサル所アリ。故ニ銀行定款中ニ於テ資金等ノ用法ハ決シテ変更スヘカラス。若シ変更スルコトアラハ之ニ同意セサル株主脱社ヲ望マハ其意ニ任スヘシトノ一条ヲ加ヘンコトヲ乞請セラレタリ。然トモ前ニ演説セシカ如ク今後ノ総会ヨリハ申合規則第十五条ヲ改正シテ株主ヘ自身ニ議場ニ臨ミ議事ニ関渉スルコトヲ許シタレハ、株主ニ於テハ不安心ト思惟スル事件モ黙シテ従フヘキノ理由ナシトス。又脱社ナルモノハ銀行条例及ヒ成規中未タ曾テ有ラサル所ニシテ又銀行ニ於テ実行スヘカラサルコトナレハ、不同意ノ株主脱社ヲ望マハ其意ニ任スヘシトノ議ニ従フコト能ハサルナリ。依テ今会ニ於テ此事理ヲ弁明スルナリ。

第八　今後総会ニ於テ告示スル所ノ総勘定並利益金ノ分配及ヒ平常処務ノ顚末〔キ〕ヲ記載シタル書類ニ就テ各議員ヨリ質問アルトモハ、主任ノ支配人ヲシテ之ヲ詳明ニ答弁セシヘシ。

第九　嚮ニ株主一同ヘ第一第二ノ報告ヲ為セシヨリ開業ニ至ルノ間ニ処置セシ事務ノ顚末ハ、第三報告ヲ以テ他日株主一同ヘ報告〔註〕スヘシ。

第十　第一季（即チ当銀行開業ヨリ当年十二月三十一日マテ）ノ純益金配当ヲ予算スルニ別紙計算書ノ如ク一株ニ付凡金五円也トス。明年一月総会ノ後之ヲ配当スルノ成規ナリト雖トモ終歳ノ計算ハ歳末ニ於テ之ヲ決スルハ一般ノ習慣ナレハ、歳暮ニ収入金ヲ要スル者ナシトス可ラス。因テ開業以来本年中収入シタル所ノ純益金配当ニ充ツヘキ金額ヲ内渡トスルコトヲ大蔵省ニ願請シ其許可ヲ得テ当年十二月中之ヲ各株主ニ配当セントス。且嗣後之ヲ以テ例則トセント欲スルナリ。

此外今演舌スル所ノ別紙及其他些少ノヶ条有之候ニ付尚支配人ヨリ演舌スヘシ。

〔註〕この前後で史料が別々のものとして整理されていたが、統合して記した。

13　国立銀行創立願関係書類

第壱号

先般禄制御発表ニ付テハ厚キ勅諭モ有之、同族一般、上ハ国家之公益ヲ図リ、下ハ自家々計之目途相立叡旨之万一ニ奉答致度、同族有志ノ者協議仕候処、政府外国ニ於テ新旧之負債有之、其償却方法ハ素リ御確立ト雖トモ右償却之為御借上金相願廉利ヲ御下付被下候ハ々《〔、〕》、聊御一助ニモ相成ヘキ乎ト奉存候。且又国ヲ富スハ運輸ヲ開キ国産ヲ興スニアリ。其元タルヤ鉄路ヲ開クヲ以第一トス。政府素リ全国エ鉄路築造ノ御目的ト恐察仕候。同族共ニ於テモ亦便宜ニ従ヒ漸次之ヲ築造シ、国家興立事業之万一ヲ裨補シ度志願ニ御座候。右二件之資金之ヲ要スル夥多ナルヲ以容易ニ見込方法モ不相立候処、今般御改制之際ニ臨ミ幸ヒニ右之目的相立度。就テハ各自所有之金禄公債証書ヲ以大蔵省へ相納メ新ニ銀行ヲ設立シ、右二件ノ事ニ尽力仕度。然ルニ金禄公債証書ノ儀ハ明年ヨリ御施行可相成筈ニテ至急右証書御下渡ニモ相成間敷、乍去前件之目的確定可致折柄、此機ヲ誤候テハ諸般着手モ難相成候間、此際特別之御詮議ヲ以テ御下渡可相成公債証書之仮証書速ニ御下渡被下、銀行創立御許可被成下候得ハ右二件目的相立チ、外ハ国債ノ患ヲ除却シ、内ハ富強ノ基ヲ興立シ随テ自家無窮ノ恒産ヲ保持シ、初テ素志ヲ達スルニ至ラン。因テ外債償却、鉄道築造、銀行設立併セテ御許允被下度。尤其方法条約等ハ追々発起人ヨリ伺之上決定仕度心得ニ御座候。

右至急何分之御指令被下度。此段奉願候也。

明治九年十二月三十一日

華族総代

督部長岩倉具視

大蔵卿大隈重信殿

願之趣金禄公債証書仮証之儀ハ特別ノ訳ヲ以可下渡ニ

付、銀行創立之儀ハ一般ノ手続ヲ以更ニ願出可受許可。
外債償却之方へ借上金之儀ハ右銀行創立経許可候節、何分之指令可及、鉄道建築之儀ハ工部大蔵両卿宛ヲ以可願立候事。

明治十年二月三日

大蔵卿大隈重信　印

第弐号

国立銀行創立願

国立銀行創立願

今般華族一同協議ノ上国立銀行創立致度、尤東京府下第一大区十小区木挽町七丁目六七八番地ニ於テ該店設置、大約千八百万円ノ資本金ヲ以テ開業仕度条、至急御許可被成下候様奉願候也。

発起人

東京府華族（第二大区十一小区高輪南町廿六番地）
毛利元徳

毛利元徳供奉留守中ニ付代印

同（第四大区一小区神田淡路町二丁目四番地）
吉川経健　印

同（第六大区六小区本所長岡町六十九番地）
徳川慶勝　印

同（第六大区六小区本所横網町一丁目十五番地）
藤堂高潔　印

同（第四大区三小区小石川水道町二十七番地）
松平茂昭　印

同（第四大区二小区西小川町二丁目九番地）
南部利恭　印

明治十年三月七日

大蔵卿大隈重信殿

第三十八号

願之趣聞届候条創立証書并銀行定款共可差出事。

但名号之儀ハ第十五国立銀行ト可相唱事。

大蔵卿大隈重信 印

明治十年三月廿一日

第三号

第拾五国立銀行発起人

東京府華族

毛利元徳

同

徳川慶勝

同

藤堂高潔

同

松平茂昭

同

南部利恭

華族協同其所給ノ金禄公債証書ヲ以テ国立銀行ヲ設立スルニ付、今茲ニ其特許ノ条款及銀行紙幣貸借ノ条款ヲ掲示シ其銀行ニ附与シテ之ヲ遵奉セシムル者ナリ。

第一条 今般国立銀行ヲ創立スルニ付、其銀行紙幣ヲ抵当トシテ大蔵省へ納ムヘキ金禄公債証書ハ未タ其発行前ニ属スト雖モ、特殊ノ詮議ニヨリ此際仮証書ヲ付与シテ、以テ国立銀行ヲ設立セシムヘキ事。

第二条 右国立銀行設立ノ上ハ其銀行発行紙幣内千五百万円ハ大蔵省国債局ニ於テ其銀行ヨリ借リ受クヘキ事。

第三条 右千五百万円金額ハ大蔵省国債局ノ所要次第、当年中ニ於テ悉皆之ヲ借受クヘキ事。

第四条 右借受クル銀行紙幣千五百万円ノ利子ハ年五分即チ百分ノ五（壱年満タサル元金ハ三百六十日ヲ壱年ノ日数トナシ日歩ヲ以テ其利子ヲ計算スヘシ）ノ割合ヲ以テ毎年（五月十一月）両度ニ大蔵省国債局ヨリ其銀行へ払渡スヘキ事。

第五条 右大蔵省国債局ニ借受クタル銀行紙幣千五百万円ノ金額ハ、其銀行営業中ハ依然借用可致置事。

第六条 右大蔵省国債局ニ於テ借受クタル千五百万円

ノ金額ニ限リ、其準備金ハ特別之詮議ヲ以テ其百分ノ五即チ七拾五万円ノ割合テ制定セシニヨリ、其金高ハ常通貨ヲ以テ其銀行ニ積置クヘキ事。

第七条　右大蔵省国債局ニ於テ借受クタル千五百万円ノ外、他発行スル銀行紙幣ノ金高アルニ於テハ、国立銀行条例第二十条ノ定規ニ随ヒ其流通高四分一ノ準備ヲ通貨ヲ以テ其銀行ニ積置クヘキ事。

凡七条

右条款之趣其銀行ニ於テ異議アルニ非レハ請書可差出、此旨相達候事。

明治十年三月廿一日

大蔵卿大隈重信

第四号

華族協同銀行創立ニ付初願差出候処、明治十年三月廿一日ニ至リ右願書ヘ附添御下ケ相成候命令書七ヶノ条款協議候ニ一同異議無之、依テ御請申上候也。

明治十年四月十三日

発起人総代

徳川慶勝印

大蔵卿大隈重信殿代理

大蔵大輔松方正義殿

第五号

第十五国立銀行創立ニ付願請条件

先般華族一同協議ノ上国立銀行ヲ創立シ其資本ヲ大蔵省ヘ貸シ上、右金額ヲ以テ鉄道建築及外債支消ノ両款ニ御費用相成度、就テハ追テ御下渡シ可相成公債証書ノ仮証書、速ニ御下渡被下度段懇願仕候処、仮証ノ儀ハ特別ノ訳ヲ以テ可下渡ニ付、銀行創立ノ儀ハ一般ノ手続ヲ以テ更ニ願出可受許可、其他外債償却鉄道建築云々ト御指令相成奉拝承候。右ニ付一般ノ手続ヲ以テ銀行創立初頼〔願〕差出候処、願ノ趣聞届候間、創立証書並銀行定款可差出旨被仰渡奉敬承候。然ル処初願指令書ニ付シ御下ヶ相成候御達書ニ掲載スル条款ノ趣、当銀行ニ於テ異議無之候ハ、請書可差出旨是亦敬承、右ハ至重ノ命令将来経営上尤関係ヲ有スル要件ト奉存候間、猶留心協議仕候処、一体当銀行設立ノ主旨ハ明治九年十二月三十一日付ヲ以テ督部長岩倉具視ヨリ致開申候通、今回華族一同ヘ下賜ノ公債証書ノ金員ヲ以テ之ヲ四百八拾有余人ニ分配シ各自適宜其家事ニ充テ専用セシムルトキハ、恐クハ雲散霧消ノ憂ナキヲ保タス。況ンヤ国家経済ノ一端ヲ裨補スルニ由ナシ。然ルトキハ則上王室奉護ノ実ヲ失ヒ、下一家保全ノ路ヲ絶ツニ至ル。故ニ下賜ノ公債証書ノ悉皆集合シテ資本トシ銀行ヲ創立シ、其通用紙幣ノ借上ヲ大蔵省ニ請ヒ、以テ聊皇恩ニ奉答シ、兼テ家産永久ノ策モ亦樹ツ所アラト〔之〕スルノ素志タル儀ハ、縷々御洞察被為在候事ト奉存候。右等ノ哀情御洞察被成下、今回御下付相成候御達書及銀行条例条款ノ内、左ニ記載致候条々特別ノ御詮議ヲ以テ御許可被成下度。此段奉懇願候也。

第一条

明治十年三月廿一日御達書第六条ニ大蔵省国債局ニ於テ借受タル千五百万円ノ金額ニ限リ其準備金ハ特別ノ詮議ヲ以テ其百分ノ五、即チ七拾五万円ノ割合ニ制定セシニヨリ云々御下命ノ趣難有敬承仕候。就テハ銀行紙幣引換ニ際シ右七拾五万円ノ金額ニテ自然不足相立候砌ハ銀行紙幣ヲ大蔵省ニ差出シ、同額ノ通貨御下渡相成候様仕度候事。

但本条御許可相成候上ハ大蔵省ヘ貸上ノ千五百万円ニ対シ候テハ、銀行条例第六十壱条中準備金不足ノ節各株主等別ニ出金シテ一時之ヲ弁償スルノ責任ハ、之レ無キコトト相心得申度候事。

第二条

同御達書第七条ニ大蔵省国債局ニ於テ借受タル千五百万円ノ外、他ニ発行スル銀行紙幣ノ金高アルニ於テハ、国立銀行条例第二十条ノ定規ニ従ヒ其流通高四分一ノ準備ナルモノ通貨ヲ以テ銀行ニ積置ヘキ旨、御下命ノ趣敬承仕候。然ルニ銀行紙幣引換ノ際ニ臨ミ大蔵省ヘ貸上候紙幣ノ引換タルヤ、或ハ他ニ発行シタル紙幣ノ引換タルヤ、其区別難相立候間、前条通貨御下ケ渡可相願割合ノ儀ハ、譬ハ銀行紙幣発行高千六百万円有之、若シ引換ニ際シ準備金不足致シ候節ハ其不足高十六分ノ壱ハ当銀行ニ於テ通貨ト引換、残リ十六分ノ十五ハ銀行紙幣ヲ大蔵省へ差出シ、同額ノ通貨御下渡相成候様仕度候事。

第三条

銀行条例第十八条但書ニ公債証書市中売買ノ相場低下スルトキハ、其不足ハ尚他ノ公債証書ヲ納ムル云々。此儀ハ当銀行ニ於テハ其資本金ノ内千五百万円大蔵省へ貸上候儀ニテ、他ノ銀行トハ自ラ趣意相異リ候儀モ有之候間、金禄公債証書価額ノ儀ハ五朱利付ハ百円ニ付五拾五円、六朱利付ハ百円ニ付六拾三円、七朱利付ハ百円ニ付七拾壱円トシ向後相場ノ高低有之候共、卒業迄此価格ヲ据置キ抜差不致様仕度候事。

第四条

銀行条例第五十二条内銀行営業本務ノ件々、此儀ハ当銀行ニ於テハ其起因明治九年十二月三十一日附ヲ以テ督部長岩倉具視ヨリ致開申候通ノ主趣ニテ、其資本金ノ内千五百万円ヲ大蔵省ニ貸上候儀ニ付、一般ノ銀行ト同ク普通営業専務ニハ不仕積ニ候間、此段御聞置相願候事。

第五条

銀行条例第五十六条ニ拠リ候ヘハ一口ニ付資本金総額十分ノ一ヨリ多数ハ貸出シ不相成ノ成規ニ候ヘ共、当銀行ニ於テハ其資本金ノ内千五百万円大蔵省へ御借上ノ御下命モ有之候儀ニ付、此箇条ハ履行セサルモノト相心得申度候事。

第六条

銀行条例第八十条ノ内純益金ノ内ヨリ少ナクトモ十分ノ一宛ヲ引分ケ之ヲ積金トナシ以テ非常ノ予備ニ供スヘシ云々。此儀ハ当銀行ニ於テハ其資本金ノ内千五百万円大蔵省へ貸上致置候ニ付、別段懸念等モ無之儀ト被存候間、右ハ毎年純益金ノ内二十分ノ一ヨリ少ナカラサル高ヲ以テ積金ト相定候様仕度候事。

以上

明治十年四月　日

第十五国立銀行発起人惣代
徳川慶勝　印

大蔵卿大隈重信殿代理
大蔵大輔松方正義殿

願之趣聞届候事。

明治十年四月廿七日

大蔵卿大隈重信代理
大蔵大輔松方正義　[大蔵大輔印]

国立銀行創立順序第二報告

華族協同銀行創立順序書条款変革ニ依リ再報

勅諭ヲ欽奉シ其旨趣ニ依導シテ客歳十二月三十一日別冊第一号則チ外債償却鉄道築造銀行設立ノ願書ヲ大蔵卿ニ呈稟セシニ、本年二月三日其紙尾ニ朱書ノ如指令セラル。因テ銀行設立ノ調査ニ従事シ一般ノ手続ヲ以テ三月七日第二号則銀行創立ノ願書ヲ大蔵卿ニ呈セリ。爾後三月廿一日ニ至リ其紙尾ニ朱批シテ之ヲ許可セラル。此日大蔵卿ヨリ併セテ第三号則特許ノ条款及銀行紙幣貸借ノ条款ヲ指示シ、而シテ右条款ノ趣異議アルニ非レハ其請書ヲ呈スヘキノ旨ヲ達セラル。因テ富〔腐〕心熟考スルニ、敢テ異議ナキヲ以テ四月廿五日第四号則右ノ請書ヲ差出セリ。然シテ銀行創立ノ許可ヲ得ルヤ、随テ創立証書並銀行定款ヲ呈セサルヲ得ス。之ヲ起草スルヤ必ス銀行条例ニ拠ラサルヲ得ス。是ニ於テ客歳諸君ニ呈示スル順序書中ニ就テ多少ノ更正釐革アリ。因テ其釐革及客歳ヨリ本月迄施行セシ順序等ヲ合セテ報知センカ為、今其概略ヲ掲載スルコト左ノ如シ。

一、華族一同受領スル所ノ金禄公債証書ヲ合集シ一個ノ銀行ヲ設立センカ為、客歳其創立ノ順序書ヲ編成シ之ヲ諸君ニ報告セシニ、具視諸君ノ推薦ニ膺リ銀行創立ノ方法凡百営為ノ事務一切之ヲ担当スヘキノ委托ヲ受ケタリ。仍テ華族総代ノ名義ヲ以テ第一号ノ願書ヲ大蔵卿ニ開申セ、已ニシテ其許可ノ命下ル。是ニ於テ一般ノ手続ヲ以テ銀行設立ノ出願ヲ為スニ至レリ。然リト雖トモ具視官ニアルヲ以テ銀行発起人トナリテ其願書等ニ調印スルヲ得ス。故ニ創立願書及大蔵省命令書ノ請書等ノ如キハ、固ヨリ之ヲ担当調理スト雖トモ、大蔵卿ニ開申等ノ事ハ、発起人ヲ置キ其氏名ヲ以テ之ヲ開申セシメタリ。

一、華族一同ニ賜ハル金禄公債証書ノ総額ヲ概算スルニ三千万円ニ下ラス。此ヲ以テ客歳粗々大蔵卿ニ稟議ノ上五朱付〔利〕ハ百円ニ付六拾円、六朱利付ハ百円ニ付七拾円、七朱利付ハ百円ニ付八拾円トシテ、其実価ヲ予算スルニ総額凡ソ千八百拾八円〔ママ〕余円ニ至レリ。然ルニ愈銀行開設ノ期ニ臨ミ其実価ノ確定セサルニ於テハ随テ確算シ得ヘカラサルヲ以テ、今年更ニ其価格ヲ大蔵省ニ稟議セリ。然処同省ノ省議ニ於テ公債証書ヲ預納スルハ素ヨリ銀行紙幣ノ抵当ナルヲ以テ、尋常至当ノ価格ヨリ尚幾分ヲ減少シテ之ヲ納ムヘキノ規矩ナリト。然ル〔レ〕トモ当銀行ノ如キハ特別ノ詮議ヲ以テ尋常至当ノ価格ヨリ格別ノ減少ヲ為サヽルカ故ニ、五朱利付ハ百円ニ付五拾五円、六朱利付ハ百円ニ付六拾三円〔付箋1〕、七朱利付ハ百円ニ付七拾壱円ノ割ニ預納セラルヽノ旨ナリ。之ヲ以テ計算スル時ハ実価総額ハ則千六百六拾六万余円ナルカ故ニ、再三懇願シテ客歳ノ議ニ復センコトヲ大蔵省ニ請フト雖トモ、同省ノ規矩已ニ前述ノ如クナリヲ以テ増価ノ義行ナハレス。此ヲ以テ止ヲ得ス本年ノ議ニ決シ一般ノ計算ヲ為ス。則左ノ如シ。

開計

一、金三千二拾七万九千五円　華族一同受領ノ禄券総高

内訳

金三千拾壱万千弐百九拾五円　五朱利付ノ分
金拾六万三千七百三拾円　六朱利付ノ分
金三千九百八拾円　七朱利付ノ分

外ニ

金千四拾八円二拾弐銭五厘

是ハ明治九年太政官第百八号布告中第五条ニ掲クル所ノ成規ニ拠リ、各家受領金禄高ノ内五円

未満ニシテ現金渡ノ総計ナリ。

右ノ禄券ヲ以テ銀行ニ加入スルニ方リ、先ツ其実価ヲ算出シ、該実価丈ノ銀行紙幣ヲ大蔵省ヨリ銀行ニ受取ル者トス。

客歳ノ稟議ヲ以テ予定ノ実価則銀行紙幣ノ総高

一、金千八百拾八万四千五百七拾弐円

但シ禄券百円ニ付五朱利付ハ六拾円、六朱利付ハ七拾円、七朱利付ハ八拾円ノ賦〔付箋2〕

本年再三稟議ノ上確定ノ実価則銀行紙幣ノ総高

一、金千六百六拾六万七千百八拾七円九拾五銭

但シ禄券百円ニ付五朱利付ハ五拾五円、六朱利付ハ六拾三円、七朱利付ハ七拾壱円ノ賦。

内

金千五百万円　　大蔵省へ貸上

金百六拾六万千百八拾七円九拾五銭　　余金

右余金ノ処分ハ客歳諸君へ協議ノ如ク諸省使府県へ貸上スルカ、又ハ京浜間鉄路ノ資金等ニ充ルノ見込ナリ。

一、銀行紙幣引換ノ準備金ハ大蔵省へ貸上ノ千五百万円ニ対スル分ハ其百分ノ五、即チ七拾五万円トナスノ許可ヲ得ルト雖モ、右千百万円外ノ紙幣ニ対スル分ハ第三号大蔵卿ノ命令ニ照シ銀行条例第廿条ノ定規ニ従ヒ其流通高四分一（譬ヘハ百円ニ付廿五円ナリ）ノ通貨ヲ以テ準備トセサルヘカラス。然ル時ハ客歳諸君ニ報知シタル所ノ準備金高（即銀行紙幣ノ高百分ノ五）ノ外、猶殆ント二拾六万円ノ金額ヲ聚合セサルヲ得スト雖モ、之ヲ各家株高ニ応シ猶出金ヲ求ムル時ハ計算ノ煩シキノミナラス、或ハ出金迷惑ノ向アランモ図リ難キニ由リ、具視別ニ工夫ヲ以テ之ヲ支出スルコトニ決シタリ。委細ハ他日面陳ニ譲ル。

一、客歳ノ協議ニハ各家準備金支出ノ金額ハ総テ銀行紙幣百円ニ付五円ノ計算ニテ、千八百拾八万余円ニ対シテハ九十万余円ノ割合ナリシ故ニ、銀行紙幣ノ数額減少スル時ハ随テ準備金支出ノ金額モ減少スヘキハ当然ノコトナリ。然ト雖モ已ニ前条記載スルカ

如ク千五百万円外ノ分ハ其銀行紙幣高四分一ノ通貨ヲ準備トセサルヲ得ス。是ヲ以テ客歳ノ協議ヨリ其高却テ増加リ、故ニ具視工夫ヲ以テ其不足ヲ補フ。因テ各家支出準備金額ハ銀行紙幣高ノ減少ニ拘ハラス従前ノ額数通リ支出セランコトヲ要スルナリ。

一、客歳ノ協議ニハ具視ノ胸算同族一般ノ為別ニ拠ル所アリテ、金禄公債証書ノ的籤ニ由テ除却スル所ノ証書額面ニ対スル丈ケノ銀行紙幣ヲ漸次減少スルモノトナスヲ以テ、銀行存在ノ期限ヲ三十年ト仮定スト雖モ、猶熟考スルニ的籤ノ金額ヲ悉皆大蔵省ニ貸上シ六朱ノ利子ヲ収得センヨリ寧ロ七朱利付ノ公債証書ヲ買収シ、条例第十九条ニ照準シテ其的籤ニ由リ生スル所ノ欠額ヲ補足、其都度斯ノ如クシ、満期ニ至ルマテ資本金額ノ欠減スル無ラシムル時ハ、公私共ニ其益少ナカラサルヲ以テ銀行存在ノ期限ヲ条例ニ準拠シテ二十年減縮セリ。然レトモ銀行営業ノ期ハ弐拾年ノ満期ニ至リ猶営業継続ヲ欲スル時ハ逐次何期タリ共之ヲ許可スルノ成規ナレハ、前議ノ減縮ハ有益無害ノモノナリトス。

一、前条公債証書的籤ノ金額ヲ以テ他ノ七朱利ノ公債証書ヲ買収シ其減欠ヲ補ヒ、其残額ハ（譬ヘハ金禄公債証書百万円ノ的籤ト看做シ、其内六十万円ヲ以テ他公債証書ヲ買収シ、之ヲ大蔵省ニ納預シテ銀行紙幣抵当ノ欠額ヲ補ヒ、残額四十万円ヲ以テ之ヲ大蔵省ニ貸進スルノ類ヲ云フナリ）客歳ノ協議ノ如ク六朱ノ利子ヲ以テ悉皆之ヲ大蔵省ニ貸進シ、鉄道築造ノ費ニ充用セシムルヲ請フノ胸算ナリ。

一、客歳ノ協議ニハ諸省使府県ニ貸付セントスル金ハ内務、大蔵両省ノ保証ニ依ラサレハ之ヲ為サヽルノ方法ナリト雖モ、各省使府県モ亦皆同一ノ官庁タルヲ以テ右両省ノ保証ヲ須タス、直ニ之ヲ貸進スル事ニ改議セリ。

一、客歳協議書ニハ大蔵卿ニ請願スル書ニ国立銀行条例ニ準拠シ云々ノ文ハ、特別ノ命ヲ稟請スル為之ヲ削除シ其他改竄スル所アリ。又発起人総代ノ名義ハ革〔確〕実適当ナラサルヲ以テ華族総代ト改正セリ。第一号ヲ見テ了知セラルヘシ。

一、取締役ハ金禄多寡ノ次第ニ拠リ、其首額ヨリ順次五名ヲ挙ルニ決シタリ。然ルニ其間事故アリテ固辞スル者、或ハ未下〔丁〕年ニシテ其任ニ適セサル者、故ニ之ヲ除キ漸次ニ順及シテ以テ毛利元徳、徳川慶勝、山内豊範、黒田長知、池田章政ノ五名ヲ撰定セリ。此五名中更ニ首額ノ一名ヲ挙ケ以テ頭取ト為シタリ。然レトモ銀行創立ノ初ニ当テハ発起人ノ称呼ニ非サレハ条例成規ニ適当セサルヲ以テ、此五名ヲ発起人ト為シタリ。

一、銀行創立ノ緩急ニ由リ大ニ利害損失ニ関係アリ。故ニ其開業ヲ大蔵卿ニ稟請スルハ務テ迅速ナルヲ要スト雖トモ、予定スル所ノ発起人中、或ハ他行不在ノモノアルヲ以テ藤堂高潔、松平茂昭、南部利恭ノ三氏ニ協議シ、一時発起人中ニ列セシメ其欠員ヲ充リ。然レトモ此挙方タルモ亦金禄順次ノ例ニ依レリ。

一、銀行ノ職役ハ銀行条例ニ照準シ頭取々締役、支配人、書記方、出納方、計算方、簿記方等ヲ設クルト雖モ、当銀行ノ如キハ其資金極メテ巨大ナルヲ以テ故サラニ其業務ヲ鄭重ニシ失誤ナカラシメンカ為、別ニ世話役数名ヲ置キテ事務調理ノ方法ニ注意セシム。而シテ其任撰及人員ノ如キハ他日之ヲ報知スヘシ。

一、客歳ヨリ銀行創立ノ事務所ヲ暫ク会館中ニ設クト雖モ、其諸業漸次ニ増加シ、調理逐次ニ繁劇ニ至リ会館中ニ於テ取扱ヒ難キヲ以テ、本年二月仮ニ署局ヲ具視邸内ニ移シ諸員ヲ撰定シテ事務ヲ調理弁治セシメタリ。

一、銀行署局ヲ建築セント要スルニ夥多ノ金額ヲ費シ、若干ノ日月ヲ曠フシ之カ為開業延緩シ其損失スル所僅少ナラサル、以テ府下第一大区十小区木挽町七丁目六七八番地元蓬莱社ノ石室及宅地ヲ併セテ代価金弐万八千円ニ買収セント約シ、已ニ開手金トシテ内金千円ヲ交付シタリ。一株金ノ内（禄券実価ニ準備金ヲ加ヘタル者）百円未満ノ者ハ株券ノ都合ヲ量リ一種便方法ヲ設ケ、乃チ四拾九円以下ノ者ハ悉皆之ヲ切捨五拾円以上ノ者ハ之レニ増加シ百円トナシテ一株ノ高ヘ（譬ヘハ其資本金五株ト五十壱円トナル者ハ四拾九円ヲ増加、六株トナスト雖モ、若シ五朱ト四十九円トニシテ五拾円ニ至ラサル者ハ之ヲ其株主ヘ還付シテ五株トナスノ類ナリ）満タシム。

一、明治九年太政官第百八号布告中第五条ニ掲クル所ノ成規ニ拠リ、各家受領スル金禄高ノ内五円未満ノ端数ニシテ現金ヲ以テ下附セラルヘキ分ハ、各家銀行ヘ支出スヘキ準備金額ニ差継計算シテ各家ニ附与セサル者トスヘシ。

一、今客歳以来銀行創立順序書ヲ摘載シテ諸君ニ報告セントスルニ当リ、銀行ヨリ請願シタル特殊ノ条款ヲ四月廿七日ニ大蔵卿許可セラル故ニ第五号ヲ見テ其趣意ヲ詳知セラルヘシ。

一、第一号、第二号、第三号、第四号、第五号ノ書類ヲ併送シテ客冬以来ノ沿革等ヲ告知ス。猶詳細ノ計算ヲ知ラント要セハ、各家従前金禄一歳ノ収入ヨリ公債証書金額及利子実価高準備金支出高其他今後収入スヘキ利益高等一切ノ計算ヲ纂集シ、以テ簿冊トナシテ具在セリ。故ニ何時ヲ問ハス親ク仮局ニ就キ展閲スルヲ可トス。

明治十年四月

督部長岩倉具視

〔付箋1〕「至当ノ価格トハ一割利引ノ算法ニシテ大蔵省ノ規矩ナリ。譬ハ秩禄公債証書ヲ一割利引ノ算法ニテ此実価ヲ算出スル時ハ百円ニ付九十二円余ニ当ルヲ得ル。然レトモ銀行抵当ニ之ヲ預納スル時ハ百円ニ付八十四円ヨリ以上ノ抵当ニ預納セサルノ類ナリ」

〔付箋2〕「客歳予定ノ実価ト本年確定ノ実価ト差引比較ノ差、金百五拾壱万七千三百八拾四円五銭」

〔註〕史料表題は編者による。

14　第十五国立銀行開業関係書類写

抑銀行創立ノ旨趣タル同族協和済世ノ法ヲ求メ各家保存之道ヲ充全ナラシムル為ニシテ、其基ヲ起スヤ、実ニ閣下之カ首唱トナリ親シク提棚スル所アリ。故ニ創業以来僅ニ半歳ヲ閲セスシテ、速ニ開業ノ栄ヲ挙ルニ至レリ。是属僚其器ヲ得タルモノト雖モ、一ニ閣下変理ノ効ニ非ルハナシ。今ヤ開業ノ日ニ際シ頭取ヲ置キ取締役ヲ定ム。支配人以下尽ク備ルト雖モ、事ハ小成ニ易ク大成ニ難シ。幸ニ閣下創業ノ基ヲ立ラレ予等之ヲ継クモ、私カニ恐ル、将来保存ノ道ヲ誤ランコトヲ。如是キハ尚閣下ノ余力ヲ仮リ、以テ大成ノ効ヲ期スルヨリ他ナシ。故ニ銀行ノ事大小トナク平素注意ヲ垂レ、決シ難キト〔モ〕モノハ一々閣下ノ裁決ヲ仰カントス。俯シテ請フ、閣下此意ヲ承諾アランコトヲ。茲ニ衆ニ代テ依頼ス。謹言。

明治十年五月

池田章政　印
黒田長知　印
山内豊範　印
徳川慶勝　印
毛利元徳　印

岩倉具視殿

右御依頼之趣致承諾候事。
但御検印本紙ハ申請置候事。

岩倉具視

毛利元徳殿
徳川慶勝殿
山内豊範殿
黒田長知殿
池田章政殿

目録

一、銀行創立順序書
一、同上第二報告書
右ハ御一同御一覧済ニ候得共、若尚御覧被成度方ハ何時ニテモ銀行ニ於テ可供覧候事。
一、創立証書
一、銀行定款
一、申合規則
右御一覧済ニ候得共、不日活版ヲ以テ各家へ御回シ可申候事。

但シ申合規則之義ニ付督部長ヨリ宮内省へ願書此分御一覧被成度方ハ、何時ニテモ銀行ニ於テ可供覧候事。
一、総会演舌書（去七月七日ノ分）
右ハ過日来族長及総会代人方へ銀行ヨリ及御廻達候事。
一、衆華族ヨリ銀行創業之事ニ付督部長へ委任状
右ハ各位ヨリ被差出候事ニ付、御承知之筈。
一、頭取取締等ヨリ督部長へ依頼状並請書
右ハ今日供御一覧、尚旨趣可申入候事。
一、仮禄券下附願書
一、紙幣製造条約書
一、銀行紙幣大蔵省へ貸進条約書
一、月給表並仮則書
一、役員姓名並月給書
一、各家計算書
右書類御一覧被成度方ハ何時ニテモ銀行ニ於テ可供覧候事。
合拾五通
〔註〕史料表題は編者による。

15　第十五国立銀行世話役増加の儀

別紙之通岩倉具視殿ヨリ世話役増加之儀照会ニ相成候処、私共ニ於テ異議無之ニ付御相談ニ及候間、否当月中御申出有之度。尤何等御申出無之向ハ本議ニ御同意ト見据可申候也。

明治十二年一月十八日

第十五国立銀行頭取

池田章政

株主

御中

〔別紙〕

十五銀行創立ノ事漸ク結了セルヲ以テ諸君ノ嘱托ヲ解クニ際シ、尚依旧関与センコトヲ依頼セラル。具視カ不肖、加フルニ官事鞅掌暇ヲ得スト雖、当初該銀行創始ノ素志ヲ回顧スレハ、偏ニ特恩ノ我同族ニ篤キヲ体シ各家永遠ノ保存ヲ謀ル、一朝軽易ノ事ニ非ス。業務稍緒ニ就クカ如キモ未タ其全キヲ得タリト云ヘカラス。是ヲ以敢テ不肖ヲ不顧強テ官事ノ余暇ヲ求メ尚一年干渉センコトヲ承諾セリ。雖然倩将来ヲ深按スルニ銀行ノ性質タル、協心ヲ以テ起リ衆議ヲ以テ成ル。豈唯一人ノ左右シ得ヘキ者ナランヤ。豈唯一力ニ倚テ以テ保存シ得ヘキ者ナランヤ。故ニ頭取々締役ヲ公撰シ衆望ノ嘱スル所ヲ以テ事ヲ行フ。誠ニ其宜キヲ得タリ。然レトモ我銀行資本ノ巨額ナル、公撰役員ノ其人ヲ得タルモ亦足レリトスヘカラス。是ヲ以テ一種殊様ナル世話役ナル者ヲ置テ其枢機ニ参シ理事ニ輔タラシメ、之ヲ試ル殆ニ季ニシテ稍其効アルヲ確知セリ。宜シク之ヲ拡充シ保安ノ機軸ヲ定ムヘシ。建策スル、左ノ如シ。

一、株高ノ多数ニ権力ヲ有スルハ素ヨリ銀行ノ性質ナレハ、官既ニ三十株以上ノ株主ヨリ頭取々締役ヲ挙ルヲ以テ例規トス。我十五銀行ノ如キ至大ノ資額ナルカ故ニ、其意ヲ体認シテ曩キニ定款ヲ三百株以上ト換用セリ。今此世話役ヲ置クモ猶夫ニ倣テ三百株以上ノ株主中ヨリ出サシムヘキカ如シト雖、其多数ナル（百二十一名也）周クスルニ難シ。因テ今前述取締役撰挙ノ官制三十株ヲ十倍シテ三百株ニ活用シタルニ倣ヒ、更ニ三百株ヲ十倍シ三千株以上十二名ノ株主ヲシテ各其信任スヘキ者一名ヲ出サシメ、以テ世話役タラシム。

一、十二名中ヨリ当任頭取ノ特撰ヲ以テ五名ヲ挙ケ、以テ常務ニ参セシム。

一、常務五名ハ毎期改撰交代セシムト雖、已ムヲ得サルノ事故アルニ非サレハ五分ノ二ハ重任セシムヘシ。

一、前条五名ヲ除ク之外七名ハ毎月曜日ニ出店シテ常務ヲ調査シ枢機ニ参セシム。

但急ヲ要スルノ事アルニ当リテハ臨時出頭ヲ命スヘシ。

一、常務外ノ七名モ相当ノ給料ヲ与フヘシ。

前条々於御同意ハ衆株主意見御聞取有之度、尤可否多数ヲ以テ御決定可然存候事。

明治十二年一月十六日　　　　具視

池田章政殿
毛利元徳殿
細川護久殿
徳川慶勝殿
山内豊範殿

〔註〕史料表題は編者による。

16　第四十四類各家銀行計算表

〔表紙〕

第四十四類各家銀行計算表

株金三拾八万七千六百円
株数三千八百七十六株
　但一株資本金百円

山内豊範

禄券額面金六拾六万八千百九拾五円
　但現金渡ヲ引タルモノ

禄券実価金三拾六万七千五百七円廿五銭
　但五朱利百円ニ付五十五円ノ賦

開計
株金三拾八万七千五百五拾三円拾銭
　内訳
金三拾六万七千五百七円弐拾五銭　禄券実価定

金弐万四拾五円八拾五銭　引換準備金
　小計如高
　外
金四拾六円九拾銭　満百円詰ニ付増高
改株金三拾八万七千六百円
　内
金四円五拾四銭五厘　現金渡準備ニ差継
差引
金弐万八拾八円弐拾銭五厘　準備金全ク出高

株金三拾五万百円 株数三千五百壱株 但一株資本金百円	鍋島直大
禄券額面金六拾万三千五百九拾五円 但現金渡ヲ引キタルモノ	禄券実価金三拾三万千九百七拾七円廿五銭 但五朱利百円ニ付五拾五円ノ賦
株金三拾五万八拾五円拾銭 開計	

内訳
金三拾三万千九百七拾七円弐拾五銭　禄券実価定
金壱万八千百七円八拾五銭　引換準備金
小計如高
内
金拾四円九拾銭　満百円詰ニ付増高
改株金三拾五万百円
内
金弐円五拾三銭　現金渡準備ニ差継
差引
金壱万八千百弐拾円弐拾弐銭　準備金全ク出高

株金四万七千弐百円
株数四百七拾弐株
但一株資本金百円
鍋島直虎

禄券額面金八万千四百三拾円
但現金渡ヲ引キタルモノ
禄券実価金四万四千七百八拾六円五拾銭
但五朱利百円ニ付五拾五円ノ賦

開計

株金四万七千弐百弐拾九円四拾銭

内訳

金四万四千七百八拾六円五拾銭　禄券実価定

金弐千四百四拾弐円九拾銭　引換準備金

小計如高

内

金弐拾九円四拾銭　満百円詰ニ付減高

改株金四万七千弐百円

内

金四円五銭四厘　現金渡準備ニ差継

差引

金弐千四百九円四拾四銭六厘　準備金全ク出高

株金四万四千円

株数四百四拾株

但一株資本金百円

内藤政挙

禄券額面金七万五千八百九拾円
　但現金渡ヲ引キタルモノ

禄券実価金四万千七百三拾六円五拾銭〔ママ〕
　但五朱利百円ニ付五拾五円ノ賦

開計
株金四万四千拾六円弐拾銭
内訳
金四万千七百三拾九円五拾銭　禄券実価定
金弐千弐百七拾六円七拾銭　引換準備金
小計如高
内
金拾六円弐拾銭　満百円詰ニ付減高
改株金四万四千円
内
金三円六拾壱銭　現金渡準備ニ差継
差引
金弐千弐百五拾六円八拾九銭　準備金全ク出高

株金三万六千六百円

株数三百六拾六株 但一株資本金百円	鍋島直柔
禄券額面金六万三千百弐拾円 但現金渡ヲ引キタルモノ	禄券実価金三円四千七百拾六円 但五朱〔利〕百円ニ付五拾五円ノ賦

開計

株金三万六千六百九円六拾銭

内訳

金三万四千七百拾六円　禄券実価高〔ママ〕

金千八百九拾三円六拾銭　引換準備金

小計如高

内

金九円六拾銭　満百円詰ニ付減高

改株金三万六千六百円

内

金三円三拾五銭四厘　現金渡準備ニ差継

差引

金千八百八拾円六拾四銭六厘　準備金全ク出高

株金三万六千円 株数三百六十株 但一株資本金百円	内藤信美
禄券額面金六万弐千弐拾円 但現金渡ヲ引キタルモノ	禄券実価金三万四千百拾壱円 但五朱利百円ニ付五拾五円ノ賦

開計

株金三万五千九百七拾壱円六拾銭

内訳

金三万四千百拾壱円　禄券実価定

金千八百六拾円六拾銭　引換準備金

小計如高

外

金弐拾八円四拾銭　満百円詰ニ付増高

改株金三万六千円

内

金八拾銭弐厘　現金渡準備ニ差継
差引
金千八百八拾八円拾九銭八厘　準備金全ク出高

株金弐万五千七百円 株数弐百五拾七株 但一株資本金百円	禄券額面金四万四千弐百四拾円 但現金渡ヲ引キタルモノ	開計 株金弐万五千六百五拾九円廿銭 内訳 金弐万四千三百三拾弐円　禄券実価定 金千三百廿七円廿銭　引換準備金 小計如高 外 金四拾円八拾銭　満百円詰ニ付増高
内藤頼直	禄券実価金弐万四千三百三拾弐円 但五朱利百円ニ付五拾五円ノ賦	

改株金弐万五千七百円

内

金弐円七拾三銭　現金渡準備ニ差継

差引

金千三百六拾五円弐拾七銭　準備金全ク出高

株金壱万九千百円

株数百九拾壱株

但一株資本金百円

鍋島直彬

禄券額面金三万弐千八百五拾円

但現金渡ヲ引キタルモノ

禄券実価金壱万八千六拾七円五拾銭

但五朱利百円ニ付五拾五銭〔円〕ノ賦

開計

株金壱万九千五拾三円

内訳

金壱万八千六拾七円五拾銭　禄券実価定

金九百八拾五円五拾銭　引換準備金

小計如高

外
金四拾七円　満百円結〔詰〕ニ付増高
改株金壱万九千百円
内
金四円弐拾壱銭六厘　現金渡準備ニ差継
差引
金千弐拾八円廿八銭四厘　準備金全ク出高

株金壱万五千五百円
株数百五拾五株　増山正同
但一株資本金百円
禄券額面金弐万六千七百五円　禄券実価金壱万四千六百八十四円七拾五銭
但現金渡ヲ引キタルモノ　但五朱利百円ニ付五拾五円ノ賦
開計
株金壱万五千四百八拾八円九拾銭
内訳
金壱万四千六百八拾七円〔ママ〕七拾五銭　禄券実価定

金八百壱円拾銭　引換準備金
小計如高
外
金拾壱円拾銭　満百円詰ニ付増高
改株金壱万五千五百円
内
金三拾八銭弐厘　現金渡準備ニ差継
差引
金八百拾壱円八拾六銭八厘　準備金全ク出高

株金壱万五千円 株数百五拾株 但一株資本金百円	緑券額面金弐万五千八百五拾五円 但現金渡ヲ引キタルモノ	株金壱万四千九百九十五円九十銭 開計
内藤政共	緑券実価金壱万四千弐百二十円廿五銭 但五朱利百円ニ付五拾五円ノ賦	

内訳
金壱万四千弐百弐拾円廿五銭　禄券実価定
金七百七十五円六拾五銭　引換準備金
小計如高
外
金四円拾銭　満百円結〔詰〕ニ付増高
改株金壱万五千円
内
金三円八拾銭七厘　現金渡準備ニ差継
差引
金七百七十五円九十四銭三厘　準備金全ク出高

株金壱万三千円 株数百三拾株 但一株資本金百円	禄券額面金弐万弐千五百四拾円 但現金渡ヲ引キタル
関錠	禄券実価金壱万弐千二百八拾七円 但五朱利百円ニ付五拾五円ノ賦

開計

株金壱万二千九百五拾七円廿銭

内訳

金壱万二千二百八十七円　禄券実価定

金六百七拾円二拾銭　引換準備金

小計如高

外

金四拾二円八拾銭　満百円詰〔詰〕ニ付増高

改株金壱万三千円

内

金壱円六拾四銭四厘　現金渡準備ニ差継

差引

金七百拾壱円三拾八銭六厘　準備金全ク出高

株金壱万弐千円

株数百弐拾株

但一株資本金百円

山内豊誠

緑券額面金弐万六百六拾五円
但現金渡ヲ引キタルモノ

緑券実価金壱万千三百六拾五円七拾五銭
但五朱利百円ニ付五拾五円ノ賦

開計
株金壱万千九百八拾五円七拾銭
内訳
金壱万千三百六拾五円七拾五銭　緑券実価定
金六百拾九円九十五銭　引換準備金
小計如高
外
金拾四円三拾銭　満百円結〔詰〕ニ付増高
改株金壱万弐千円
内
金四円弐拾九銭三厘　現金渡準備ニ差継
差引
金六百廿九円九十五銭七厘　準備金全ク出高

株金壱万四百円

株数百四株 但一株資本金百円	新庄美雄
禄券額面金壱万七千九百七拾五円 但現金渡ヲ引キタルモノ	禄券実価金九千八百八拾六円廿五銭 但五朱利百円ニ付五十五円ノ賦

開計

株金壱万四百弐拾五円五拾銭

内訳

金九千八百八拾六円廿五銭　禄券実価定

金五百三拾九円廿五銭　引換準備金

小計如高

内

金二十五円五十銭　満百円詰ニ付減高

改株金壱万四百円

内

金三円十五銭　現金渡準備ニ差継

差引

金五百拾円六拾二銭　準備金全ク出高

株金九千四百円 株数九十四株 但一株資本金百円	田沼忠千代
緑券額面金壱万六千二百四拾円 但現金渡ヲ引キタルモノ	緑券実価金八千九百三拾弐円 但五朱利百円ニ付五拾五円ノ賦

開計

株金九千四百十九円弐拾銭

内訳

金八千九百三拾二円　緑券実価定

金四百八十七円廿銭　引換準備金

小計如高

内

金拾九円弐拾銭　満百円結〔詰〕ニ付減高

改株金九千四百円

内

金壱円四十壱銭五厘　現金渡準備ニ差継
差引
金四百六拾六円五拾八銭五厘　準備金全ク出高

株金九千三百円
株数九十三株
但一株資本金百円

四條隆謌

禄券額面金壱万六千九拾円
但現金渡ヲ引キタルモノ

禄券実価金八千八百弐拾七円五拾銭
但五朱利百円ニ付五拾五銭〔円〕ノ賦

開計
株金九千三百九円
内訳
金八千八百弐拾七円五拾銭　禄券実価定
金四百八拾壱円五拾銭　引換準備金
小計如高
内
金九円　満百円詰ニ付減高

改株金九千三百円
内
金拾壱銭三厘　現金渡準備ニ差継
差引
金四百七拾弐円三拾八銭七厘　準備金全ク出高

株金八千七百円
株数八拾七株
但一株資本金百円

内藤正誠

禄券額面金壱万四千九百六拾五円
但現金渡ヲ引キタルモノ

禄券実価金八千弐百三拾円七拾五銭
但五朱利百円ニ付五拾五円ノ賦

開計
株金八千六百七拾九円七拾銭
内訳
金八千弐百三拾円七拾五銭　禄券実価定
金四百四拾八円九拾五銭　引換準備金
小計如高

外
金弐拾円三拾銭　満百円詰ニ付増高
改株金八千七百円
内
金弐円六銭八厘　現金渡準備ニ差継
差引
金四百六拾七円拾八銭弐厘　準備金全ク出高

株金四千八百円
株数四拾八株
但一株資本金百円

内藤政憲

禄券額面金八千二百四拾五円
但現金渡ヲ引キタルモノ

禄券実価金四千五百三拾四円七拾五銭
但シ五朱利百円ニ付五拾五円ノ賦

開計
株金四千七百八拾弐円拾銭
内訳
金四千五百三拾四円七拾五銭　禄券実価定

金弐百四拾七円三拾五銭　　引換準備金

小計如高

外

金拾七円九拾銭　　満百円詰ニ付増高

改株金四千八百円

内

金弐円四拾七銭五厘　　現金渡準備ニ差継

差引

金弐百六拾弐円七拾七銭七厘　　準備金全出高

17　内田政風・海江田信義意見書

夫レ国ニ君アリテ政府ヲ設ルハ闔国幾多ノ生霊ヲ天ニ代テ保護スル所以ナリ。故ニ人民モ亦政府ニ尽ス義務アリ。此義務ハ政府ノ保護ヲ愛テ恩労ニ酬ルモノナリ。則税租其他雑税等政府規制ヲ設ケ人民之ヲ遵奉ス。各国大同小異アリト雖モ其理ハ則一ナリ。夫レ各国トモニ建国ノ約束アリテ政体ノ立様各種アリト雖モ畢竟圧制束縛シ君主意ノ如ク擅ニ行フハ稀ナリ。若君主亦者政府意ノ如ク行フ国アレハ之ヲ野蛮ト称シ甚之レヲ卑ム。故ニ君主専制ノ国ト雖モ逐次之レヲ改正シ其弊ヲ除キ或ハ自主自由ノ権ヲ許シ上下ノ権利ヲ区域シ政治其宜ヲ得、人民各其業ニ安着シ一家ノ営ヲナシ君臣父母妻子兄弟朋友孝悌忠信ノ道墜ヒ世人交際ノ義随テ興ルモノニシテ、只政府ノ注意スル数千万口ヲシテ有道ノ域ニ教導シ廉恥ヲ知ラシメ其方向ヲ一ツニナシ上下安寧浮沈ヲ倶ニシ、内ヲ実シ国威ヲ振興シ敵国外寇ノ憂患ナカラシムルニアルノミ。若シ夫レ国威張ラサレハ敵国其弊ニ乗シ終ニ国土人民蹂躪セラルノミナラス、之レヲ挽回スルノ道甚難ク勢尽レハ敵国ノ奴隷トナル。先蹤挙テ数エカタシ。茲ヲ以テ古今君主タラン人ハ専ラ政治ニ心志ヲ労シ賢相良吏ヲ抜擢シ公論ヲ以テ善道ヲ行ヒ聊カ愛憎ノ念ヲ除キ民ヲ率ユルニ仁心信義ヲ以テシ不偏不党公明正大ナラサレハ民服従セス。民予テノ政令ニ服従セサレハ外寇内憂アリト雖モ必ス鋒ヲ逆ニス。抑政府ノ制タルヤ君主特命ノ詔ニ成ルアリ。或ハ政府議定シ是ヲ聖断ニ出ルモノアリト雖モ君主ノ命ヲ奉スルハ大臣体認ニアラサル者ナシ。大臣之レヲ奉シ是レヲ施行シタル後仮令不体裁ヲ生ストモ聖徳ノ煩トナサヽラシム。是宇内万国大臣ノ大規責ニシテ動クヘカラサルノ則ナリ。然ルニ吾帝国近事ノ如キハ太政大臣三条実美公屢職掌ヲ誤リ不体裁アルモ悉ク之ヲ天皇陛下ニ負セ奉リ再ヒ叡慮ヲ伺ヒ是レヲ裁ス。吾耳度外ニ在ルモノ、如シ。之レ大臣タルノ則ニ触ルモノニテ天威地ニ堕チ不信ヲ海内ニ示ス原目ナリ。不臣ノ極メト云ヘシ。実ニ恐多クモ聖明ノ至尊ヲ眩惑シ奉ルモノニ似タリ。臣トシテ孰レカ之レヲ傍観坐視スルヲ得ヘケンヤ。伏テ惟ルニ慶応四年閏四月五ヶ条ノ目ヲ挙ケラレタル御誓文ニ条件事行ハレ不悖ヲ以テ旨趣トセラル、ノ布達海内遵奉セサルナシ。然ルヲ太政大臣トシテ御誓文ニ不恥依然職ヲ奉ス。何等ノ謂タル哉。夫レ如期〔斯〕自己ノ責任ヲ顧念セス、何ヲ以テ数千万口ノ生霊ヲ統轄スルヲ得ヘケンヤ。人民政府信義ノアル所ヲ疑フハ要スルニ積年是等ノ曖昧アルニ萠スモノニシテ政府ハ闔国人民ノ恨府トナル。其弊挙ルニ遑アラス。仮令天皇陛下優渥ノ勅諭アラセ玉フトモ少シク恥ヲ知ルノ人ナラハ争カ職ヲ奉スルノ顔アランヤ。況ヤ大臣タルモノニ於テヲヤ。畢竟器ニ乏シキカ致ス所ナラン。臣等苟モ皇国三千万口余ノ一人ニシテ皇基不立、政府信義ナク大臣ノ責任ヲ顧ミサル等ノ重弊粲然タルヲ覚知シナカラ臣等其政令ニ屈伏シ唯命之レ従フノ人タルヲ得ス。且又国家燃眉ノ大憂トナルモノハ金貨ノ濫出ニシテ大弊害ノ来ル瞬息ノ間ニアランカ、之ヲ維持スルノ難キ三尺ノ童ト雖モ能ク之レヲ弁知ス。若シ之レニ加フルニ変ヲ以テセハ終ニ国ヲ裂クニ止マラサルモ亦知ルヘカラス。実ニ目今内外危急存亡切迫ノ秋ナリ。故ニ忌諱ヲ不憚、御為筋ノ議アラハ建白スヘキ旨予テノ布達ヲ遵奉シ天地ノ公道ニ基キ大臣ノ非ヲ挙ケ元老院議員中ニ陳述ス。仰願ハ若シ臣等不遜ノ事ニ帰セハ罪ニ伏シ聊ノ無恨処。誠惶誠態頓首拝

明治八年十月三十日

従五位　内田政風

従五位　海江田信義

元老院議員御中

〔註〕史料表題は編者による。

18　島津久光上奏書

左大臣従二位島津久光誠恐誠惶頓首頓首。謹テ上書ス。臣不省ノ身ナリト雖モ文久壬戌ノ春ヨリ元治甲子ノ春ニ至リ公武ノ間ニ周旋セシ処、先帝臣カ菲才ヲ棄玉ハス再三宸翰ヲ垂レ密勅ヲ蒙リ且ツ御太刀御短刀ヲ玉ヒ官ニ叙任セラレ、臣犬馬ノ労ヲ尽シ聖恩ニ奉令セントト欲ス。豈料ランヤ、浮説百端事遂ニ成ラス空シク藩ニ帰ル。既ニシテ陛下祚ヲ践ミ玉ヒ亦臣ヲ召故ニ慶応丁卯ノ夏更ニ上京ス。料ラス脚気ノ病ニ罹リ永ク滞京スル能ハス。請テ浪華ニ下リ保養スト雖モ季秋ニ至リ病労愈加リ終ニ腰脚痿痺寸歩スル能ハス。時勢日ニ紛擾ニ赴クト雖モ勉強尽力スルニ由ナシ。己ヲ得ス請フテ藩ニ帰リ再来荏苒病蓐ニ在テ戊辰ノ乱ト雖モ病脚猶依然タリ。故ニ耳砲声ヲ聞カス目旌旗ヲ見ス遺憾極リナシ。幸ニシテ黄泉ノ客トナラサル已。己巳ノ春右少弁柳原前光ヲ勅使トシテ大ニ褒賞ノ宸翰ヲ玉ヒ病夫汗馬ノ労ナク此恵典ニ逢フ。恐縮シテ手足ヲ措クニ所ナシ。故ニ病ヲ扶テ上京シ天恩ノ隆渥ヲ謝ス。亦官位昇進ノ命ヲ蒙リ再三ノ厚恩報スルニ道ナシ。然リト雖トモ病脚未タ恢復ニ至ラス朝ニ立チ従事スルヲ得ス。辞シテ藩ニ皈ル。庚午ノ冬復タ大納言岩倉具視ヲ勅使トシテ藩ニ遣ハサレ懇篤ノ宸翰ヲ賜ヒ上京ヲ命セラレ、病愈サルヲ以辛未ノ春藩知事忠義ヲシテ代テ上京シ是ヲ拝謝セシム。是年ノ秋廃藩ノ命アリ。初メテ賊乱ヲ平ク長士薩士ノ力許多ナル故ニ、薩ノ兵士等休暇ヲ賜ヒテ帰藩スルヤ戦捷ノ余威ニ募リ衆人ヲ蔑視シ或ハ人家ニ闌入シ或ハ分捕ト称シテ席上ノ器財ヲ掠奪毀傷シ或ハ白日酒樽ヲ携ヘ街頭ニ放歌シ或ハ恣マヽニ髪ヲ断チ洋服ヲ着ケ公然徘徊シ或ハ門地ヲ無用ノ贅物トシテ是ヲ廃スルノ議ヲ主張シ暴行跋扈至ラサル所ナシ。主宰タル者目見サルカ如ク耳聴カサルカ如シ。其為ス所ニ任セ自在然セシムルカ如シ。臣病蓐ニ在テ如何トモスル能ハス唯切歯嘆息スルノミ。終ニ其ノ形勢ヲ朝廷ニ及ホシ衣冠ヲ廃シ礼節ヲ壊リ政教法令宮殿器服悉ク洋風ニ模擬拘泥シ風土人情異同ヲ弁セス孟浪無離ノ極ニ至ル長大息スヘシ。是皆諸藩士ノ其藩主ヲ軽侮スルモノト臣カ旧家臣五六輩ノ主張スル所、其本ヲ推セハ臣カ不肖ニシテ制圧スル能ハサルノ罪ナリ。是故ニ壬申ノ夏西国御巡幸鹿児島県御滞輦ノ時宮内卿徳大事実則ニ委曲演舌シ旧家臣等ノ黜免ヲ乞ヒ且十四条ノ愚考ヲ奉ル。還幸後御下問ノ故ヲ以テ上京ノ命ヲ承リ病ニ依テ是ヲ辞ス。癸酉ノ春更ニ海軍大輔勝安房侍従西四辻公業ノ両勅使ヲ下サシ懇篤ノ命ヲ蒙リ御品ヲ賜ハル。故ニ已ムヲ得ス病ヲ忍テ上京シ是ヲ謝シ御下問ノ条件ヲ逐一ニ上陳セシカトモ三十余日ヲ経テ猶可否ノ勅諭ナシ。故ニ太政大臣三条ニ一箇ヲ呈シ是問フ。尋テ皇居ニ召シ太政大臣ヨリ十四条ノ中服制学制兵制ノ三件御採用ナリ難キノ旨ヲ拝承ス。眼目ノ三条行ハレス尽力スルニ道ナキヲ以テ病体保養ノ為メニ帰県ノ内願ヲ太政大臣ニ申ス。岩倉大臣西洋ヨリ帰朝マテ滞京スヘキノ答アリ。九月ニ至リ右大臣帰朝ス。十月朝鮮処置ノ廟議紛乱西郷板垣等辞職帰県ス。十二月ニ至リ内閣顧問ニ任セラル。愚意御採用ノ有無ヲ拝承セス。故ニ辞表ヲ上ル。昨年一月佐賀ノ乱起リ西郷等応与スルノ巷説生ス。依テ下向シテ説諭シ共ニ上京センコトヲ請フ。許可ヲ得テ下向セント雖モ彼レ等亦辞スルニ条理アルヲ以テ強テ促スニ道ナシ。御内勅ノ行ノハレサル、臣カ罪ナルヲ以テ復命スル能ハス其由ヲ上陳ス。更ニ宮内大輔万里小路博房小丞山岡鉄太郎ノ両勅使ヲ下サシ上京スヘキノ命アリ。故ニ上京セシ処料ラスモ懇勅ヲ拝聴シ且ツ御短刀ヲ賜フ。皇恩愈優渥感泣ノ外ナシ。尋テ左大臣ノ重職ニ任セラレ愚魯ノ病夫固ヨリ負担スル能ハスト雖モ命ノ重ヲ辞スルニ由ナク駑才ヲ竭シ以テ鴻恩ノ万一ニ報セント欲シ三条岩倉ノ両大臣ト共ニ姦臣ノ免職ヲ議スト雖モ事速ニ成ラス。職ヲ辞セント欲スルノ処侍従長東久世通信ヲ勅使トシテ邸ニ遣ハサレ懇命ヲ蒙リ已ムヲ得ス参内シ是ヲ拝謝ス。料ラスモ玉座近ク召シ台湾ノ事件切迫ノ形勢ニヨリ病ヲ忍テ参朝シ尽力スヘキノ命ヲ奉ス。再三ノ懇命辞スル能ハス夫レヨリ参朝シテ今日ニ至レリ。然ト雖モ愚意未タ一毫モ御採用ノ形勢ナク皇道日ヲ遂テ陵夷シ士ハ廉節ヲ失ヒ農商ハ苛法ニ若〔苦〕ミ邪教ハ頻リニ蔓延シ人心洶々タリ。此儘ニシテ歳月ヲ重ネハ将ニ言フヘカラサルノ御国難ニ至ラント日夜焦思慮苦スト雖モ、在官ノ旧家臣等過半姦臣ニ同意シ洋風ニ漫淫シ冗費放逸侈太詐術ヲ以テ文明開化自主自由ト称揚シ、臣ヲ以テ固陋因循トシ譏口嗷々事行ハレス言容ラレス烏虖奈何セン。旧主ヲ軽蔑愚視スルノ諸藩士何ソ皇上ニ真忠ヲ尽サンヤ。皆富貴ヲ貪ルノ私心ヲ以テ終ニ国家ヲ不測ノ禍ニ陥ラシメントス。是ヲ洞察憂悶スト雖トモ朝ニ孤立シテ是ヲ制スルニ力ナク且宿痾頻リニ発リ昏耄愈加ル尸位素餐ノ罪万死遁ル、所ナシ。故ニ左大臣従二位ノ官位トモ奉還ス。冀クハ陛下痾力衷情ヲ憐ミ之レヲ許可シ玉ヒ、然ト雖モ若シ臣カ愚意採用シ玉フトセハ臣ニ委任シテ其成功ヲ責メ玉ハンコトヲ。両条孰レニモ聖亮ノ勅裁ヲ仰キ奉ルノミ。臣久光誠恐誠惶頓首頓首

明治八年乙亥　月

左大臣従二位　島津久光拝

〔註〕史料表題は編者による。

19　商人手形流通ノ儀ニ付関係書類

控　甲　天　第一二四号　十四年十月十二日受付課　銀　銀　十ノ二七一号

商人手形流通ノ儀ハ其業務ノ進歩ヲ資ケ所謂商運隆盛ノ根軸トモ可相成ノ処、当府下諸商賈ノ取引ハ従来此方法ナキヲ以テ動モスレハ金融梗塞売買渋滞ノ患有之候ニ付、今般左ノ各行等協議ノ上別紙手続書ノ如ク各其取引先ノ商賈ニ告示シ、漸ク手形取引ノ拡伸ヲ企図仕候得共、尚再案スルニ、従前我邦ニハ此手形取引ニ係ル法律完備セサル様奉存候ニ付、右取引ノ間或ハ疑問ヲ生シ常ニ危懼ヲ免レサルノ想有之候。依テ左ニ其理由ヲ略記シテ以テ此法律ノ御施設ヲ奉願候。

第一、手形取引ニ付テ生スル取立ノ権利仕払ノ義務ハ通常ノ貸借ト其性質ヲ異ニスルノ義ヲ明示セラルヘキ事

明治九年七月第九十九号御布告ヲ以テ貸借証文譲替ノ事ヲ制限セラレ、貸者モシ其貸金ヲ他人ニ譲替ヘント欲スルトモ借者ノ承諾ヲ得、其証文ヲ書替ヘサレハ譲替ノ効ナキモノトナレリ。而シテ其御布告ニ手形ノ事ハ掲示ナキヲ以テ或ハ共ニ此範囲内ニ在ルノ疑団ヲ生セサルヲ得ス。然ルニ此手形ハ全ク其性質ヲ異ニシテ甲乙互ニ其義務ヲ連帯スルヨリシテ其取引ノ便利ヲ生スルモノナレハ、若シ試ニ為替手形ノ如キ約束手形ノ如キ必ス仕払ノ義務ヲ有スル者ノ承諾ヲ待テ之レヲ発付スルヲ得ルモノトセハ、寧ロ其流通ヲ禁スルノ簡ナルニ如カス。故ニ従来商賈取引ノ慣習ニ於テモ為替手形ヲ振出スニ当リテ先ツ其名宛人ノ承諾ヲ取ルノ例ナシ。然リト雖トモ既ニ貸借上ニ此成文律アリテ而シテ手形ニ付テハ法律ナキニ於テハ裁判上万一彼レヲ以テ此ニ類推スルノ虞ナキト云フヘカラス。是故ニ自今以後為替手形約束手形ノ類ハ其交替ノ自由ヲ明許セラルヽ旨ノ御布告有之度候。

第二、為替手形又ハ約束手形ノ不渡トナリタルトキ其弁償ノ義務ハ先ツ手形ノ割引ヲ依頼セシ者（手形ヲ持参シテ通貨ヲ受授セシモノ）ニ在リテ而後其譲替ノ順ヲ追テ此義務ヲ有スル旨ヲ明示セラル可キ事

為替手形又ハ約束手形ハ商賈間互ニ其取引ノ際ニ交替シ得ヘキモノナレトモ之ヲ割引シテ通貨ヲ得ルハ多ク銀行ニ依頼スルモノニテ、而シテ其銀行ハ手形ノ日限ニ至リテ其金額ヲ名宛人ヨリ要求スルニ当リ、モシ不渡リトナリタルトキ先キニ其手形ヲ銀行ヨリ名宛人ニ照会シ仕払ヲ承諾セシムルニ於テハ、現行ノ法律ニ拠レハ金銀貸借ノ借用本人ト引受証人ニ比準シテ其銀行之レカ弁償ヲ要求スルモ先ツ其名宛人ニ係ルヘキモノト思惟ス。果シテ然ラハ此法律ハ手形取引ニ付テハ最モ不便ノモノトス。何トナレハ銀行者カ為替手形約束手形ヲ割引スルハ其割引ヲ乞フ者多クハ得意先ノ人タルニ付、先ツ之レヲ信用シテ後ニ其名宛人ノ誰タルヲ知リ以テ此割引ノコトヲ完結スルモノナリ。然ルヲ若シ銀行ハ先ツ其手形ノ名宛人ノ身柄ヲ察知スヘキモノトセハ極メテ難事トス。是レ其名宛人ハ未タ必ス其銀行ノ得意先タリトスヘカラサレハナリ。然リ而シテ此手形不渡リトナリタルトキ普通貸借ノ例ニ因依シテ之レカ裁判ヲ受クルトセハ銀行ハ其手形面ノ金額回収ヲ稽延セラル、ノ虞アルニ付、常ニ手形割引ノ注意ニ迷フノ恐アリ。故ニ此手形不渡トナリタルトキハ西洋各国普通ノ制ノ如ク銀行ハ其割引ヲ依頼セシ者ニ係リ順次追及シテ名宛人ニ至ルノ制ヲ御布告有之度候。

手形取引ニ付テ完全ノ法律ヲ求ムレハ尚数多可有之儀トハ奉存候得共、目下其慣習ニ乏シキ折柄詳密ノ御制度御施設相成候ハ却テ之レヲ厭フノ虞モ有之候ニ付、差向前陳ノ両項御制定有之候様仕度、此段奉願候也。

明治十四年十月十二日

三井銀行
第百国立銀行
第四十四国立銀行

第三十三国立銀行
第二十七国立銀行
第二十国立銀行
第五国立銀行
第三国立銀行
第一国立銀行

大蔵卿佐野常民殿

稟告

我東京府下ノ商業ハ近来益々開ケ駸々トシテ旺盛ノ境ニ進ムノ勢アリト雖トモ其取引ノ方法ニ至リテハ未タ整備セサルモノ多シ。諸君ノ詳知セルカ如ク従来取引ノ方法ハ全ク現金商ヒト貸売商ヒノ二種ニ止マリテ絶テ手形取引ノ行ハル、ナシ。会々各国立銀行ノ振出手形当座小切手ノ流通スルアリト雖トモ其区域極テ狭隘ニシテ大ニ商業ヲ便益スルニ足ルアリト云フヘカラス。而シテ商家ノ信用ニ基キテ振出スヘキ府内ノ為替手形及ヒ約束手形ノ如キニ至テハ嘗テ一片ノ流通スルアルナシ。是レ固ニ商業上ノ一大欠典ニアラスヤ。大阪ノ如キハ従来手形ノ取引盛ニ行ハレ商家各其信用ニ因リテ手形ヲ振出スカ為メニ能ク小量ノ資本ヲ以テ巨万ノ売買ヲ行フヲ得タリ。大阪商業ノ活潑ニシテ金融ノ暢通スル所以ハ全ク之レニ基カサルヘカラス。夫レ東京ハ輦轂ノ下ニシテ人口ノ多キ貨財ノ富メル海内比ナシ。其商家ノ信用豈独リ大阪ノ下ニアランヤ。然ルニ手形ノ取引彼ニ行レテ而シテ此ニ行ハレサルハ抑モ何ソヤ。敝行等窃ニ以為ラク是レ全ク現金商ヒト貸売商ヒトノ習慣然ラシムルモノナリト。何トナレハ従来現金商ヲ常トスルカ為メニ手形ヲ使用セント欲スルモノアレハ忽チ之ヲ誹リテ曰ク、彼レ果シテ貨幣ニ欠乏シタルナラント。貸売商ヒヲ常トスルカ為メニ手形取引ニ改メント欲スルモノアレハ忽チ之ヲ拒ミテ曰ク、仕払期日ノ厳確ナルハ甚タ営業ニ便ナラスト。是ヲ以テ宜シク信用スヘキ商家ヲシテ終ニ手形ヲ使用スル能ハサラシメタリ。然レトモ貨幣ニ欠乏スルハ手広ク商業ヲ営ムモノ、常ナリ。何ソ之ヲ以テ誹ルヘケンヤ。仕払期日ノ厳確ナルハ商業上最モ欠クヘカラサルモノナリ。何ソ之ヲ不便トスヘケンヤ。今ヤ之ヲ以テ手形取引ノ良法ヲ妨クルニ至ル。真ニ惜ムヘキナリ。敝行等ノ見ル処ヲ以テスルニ手形取引ヲ行フトキハ左ノ便益アリ。

第一　手形ヲ使用スルトキハ資本ノ増加セルト同一ノ結果アル事。

例ヘハ一問屋アリテ製造人ヨリ品物ヲ買入ル、ニ当リ現金取引ニテハ現ニ手許ニ貨幣ヲ所持セサレハ取引スル能ハスト雖トモ、手形取引ニ於テハ凡ソ何日ノ後他ヨリ貨幣ノ手ニ入ルヘキモノアリト見レハ則チ其日以テ仕払期日ト為シ手形（後ニ記スル所ノ約束手形ナリ）ヲ振出シ以テ其品物ヲ買入ル、ヲ得ヘシ。故ニ厚ク便〔ママ〕用セラル、モノハ其資本ニ数倍セル取引ヲ為スコト難カラス。貸売商ニ於テモ此便益アリト雖トモ此ハ唯タ従来取引ノ主顧トノミ約定スルヲ得ヘクシテ、不時ニ入来ル貨物若シクハ市場競売ノ貨物ヲ買フニ至リテ此法ニ及ハサルコト遠シ。是レ手形取引ノ利益アル一ナリ。

第二　貸売商ニ於テハ其仕払期限内急需アリト雖トモ空シク其期限ヲ俟タサル可ラス。然ルニ手形取引ニ於テハ之ヲ利用スルヲ得ルヲ以テ機ニ臨ミ変応シテ随意ニ資本ヲ運用スヘキ事。

例ヘハ製造人甲ノ問屋ヨリ手形ヲ受取ルモノアレハ此手形ヲ以テ乙ニ係ル負債ヲ償フヲ得ヘシ。或ハ又銀行ニ至リテ割引シ其金額ヲ以テ当座預ケト為シ更ニ他ノ買入レニ使用スルヲ得ヘシ。又問屋ニ於テハ其買入タル品物ヲ小売店ニ売捌キ之レニ宛テ、為替手形ヲ振出シ銀行ニ至リテ割引シ其金額ヲ当座預ケトナシ、以テ最初買入レノ為メニ振出セル約束手形ノ仕払ニ充ツルヲ得ヘシ。未タ仕払期限ニ至ラサレハ此金額ヲ銀行ニ預ケ別ニ他ノ目途ニ使用スルヲ得ヘシ。是レ手形取引ノ利益アル二ナリ。

第三　現金商ヒハ勿論貸売商ヒト雖トモ其仕払ハ自店ニテ弁スヘキニ付、常ニ貨幣ヲ備ヘ置カサルヲ得ス。然レトモ手形取引ニ於テハ貨幣ヲ銀行ニ預ケ置キテ不便ナキ事。

手形取引ニ於テハ聊カモ現金ヲ備ヘ置クヲ要セサルコトナリ。若シ品物ヲ買入レント欲セハ則チ約束手形ヲ以テシ、売懸ケ代金ヲ取立ント欲セハ為替手形ヲ以テスルコト前ニ述ルカ如クシテ、而シテ其手形ハ皆銀行ニ集ルヲ以テ凡テ貸金モ負債モ銀行帳簿ノ中ニテ決済スルヲ得ヘシ。是レ手形取引ノ利益アル三ナリ。

第四　都テ現金ヲ取扱フコトナク悉ク手形ヲ以テ取引スルトキハ、通貨ヲ鑑定シ且ツ計算スルノ労ヲ省キ火災盗難ノ懼ナク従テ費用ヲ減スルヲ得ヘキ事。

現時東京商家ノ景況ヲ看ルニ此入費極メテ巨額ナルヲ知ル。洋商等巨大ナル取引ヲ為スモ至テ小人数ヲ以テスルヲ見レハ親カラ現金ヲ取扱フコトナク都テ手形取引キル〔ママ〕コトヲ知ルヘシ。是手形取引ノ利益アル四ナリ。

第五　手形ノ流通盛ニ行ハル、トキハ商家ノ名声ヲ伝播シ信用ヲ厚クシ其取引ヲ手広クスルヲ得ル事。

現金商ヒ若シクハ貸売商ヒニ於テハ其取引ハ得意ニノミ止リテ甚タ狭隘ナルモノナリ。然レトモ手形取引ヲ行ヒ商家ノ手形洽ネク諸方ニ流通スルトキハ自カラ名声ヲ伝播シ何某ノ手形ナレハ安全ナリト賞誉スルニ至ルヘシ。故ニ大ニ営業ヲ奨励シ且ツ広張セシムルモノナリ。是レ手形取引ノ利益アル五ナリ。

以上ノ便益アルヲ以テ若シ諸君ニシテ之レヲ実行セラル、トキハ必ス東京府下商業ノ面目ヲ一新スヘシト思惟ス。因テ茲ニ之レヲ施行スルノ順序ヲ述ヘ諸君ノ参考ニ供ス。

一、十日目払或ハ廿日目払其他適宜ノ約定ヲ以テ品物ヲ買入ル、時ハ左ノ書式ノ如キ手形ヲ造リ其売主ニ交付スヘシ。是レヲ府内ノ約束手形ト云フ。

印紙　約束手形

一、金何円　　何品若干ノ代価

右物品受取候ニ付書面ノ金額何月何日限リ貴殿
或ハ貴殿ノ差図人へ此手形引替ニ無相違仕払可
申候也

明治何年何月何日

蛭子屋鯛助㊞

大黒屋福兵衛殿

此手形ヲ以テ期限前ニ貨幣ヲ要スルトキハ左ノ如キ裏書ヲ為シ銀行ニ至リテ割引ヲ請求スヘシ。

表書ノ金額何々銀行ヨリ正ニ請取候間期日至リ同
行へ御払渡可被成候也

明治何年何月何日

大黒屋福兵衛㊞

一、十日目払或ハ廿日目払其他適宜ノ約束ヲ以テ品物ヲ売渡シ期限前ニ金額ヲ要スル時ハ左ノ如キ手形ヲ作リ銀行ニ至リテ割引ヲ請求スヘシ。是レヲ府内ノ為替手形ト云フ

三類印紙　為替手形

一、金何円　　何品若干ノ代価

右ノ金額何々ヨリ正ニ受取候ニ付何月何日限此
手形引替ニ右金額何々へ無相違御払渡可被成候
也

明治何年何月何日

大黒屋福兵衛㊞

蛭子屋鯛助殿

一、右ノ約束手形若シクハ為替手形ヲ割引セント欲ルモノハ敝行ニ来議セラルヘシ。敝行ハ相当ノ契約ヲ結フノ後之レヲ承諾スヘシ。

右ノ手続ヲ以テ手形ヲ使用スルトキハ絶〔ママ〕ヘテ現金商

ヒ若シクハ貸売商ヒヲ要スルコトナシ。依リテ茲ニ其手続ノ大要ヲ述ンニ例ヘハ一問屋アリ。三十日目渡リ千円ノ他人ノ手形ヲ所持スルニ当リ、現金ニテ貨物ヲ買入レント欲スルトキハ其融通ニ差支ユヘシ。此如キトキハ銀行ニ至リ拾円ノ割引ヲ以テ九百九十円ヲ得テ此金額ヲ銀行ニ当座預ケト為シ、翌日九百円ノ小切手ヲ振出シテ以テ貨物ヲ買入レ三十日代金払ノ約束ニテ小売店ヘ千円ニ売捌キ為替手形ヲ振出シ銀行ニ至リテ此手形ヲ割引シ再ヒ当座預ケトナスヘシ。手形ノ仕払期日ニ至レハ銀行ヨリ小売店ニ向ヒ取付ケヲ為スヲ以テ、万一不渡ノ事アルニアラサルヨリハ復タ手形ニ関係ナキナリ。豈亦至便ノ方法ナラスヤ。

現今我東京商業取引ニ於テ此ノ如キ至便ノ方法行ハレサルハ誠ニ之ヲ遺憾ト云フヘシ。敝行等私カニ之ヲ歎キ同業同志ノ数行ト謀リ菲力ヲ顧ミス諸君ト相待テ此良法ヲ誘導セント欲ス。冀クハ諸君弊ヲ捨テ利ヲ取リ以テ実施セラレンコトヲ切ニ望ム処ナリ。

何々銀行

甲手形添書文例　用紙証券界紙

為替手形割引添証書

何某氏何年何月何日附何号ノ手形仕払期日ニ至リ万一不渡ノ節ハ相当ノ利息並ニ諸入費トモ相添拙者ニ於テ速ニ償弁可仕候為念添証書如件

明治何年何月何日

何　某㊞

何々銀行御中

乙手形添書文例　用紙証券界紙

為替手形割引添証書

拙者何年何月何日第何号ノ手形仕払期日ニ至リ何氏ニ於テ万一仕払不申候節ハ相当ノ利息並ニ諸入費トモ相添ヘ拙者ニ於テ速ニ償弁可仕候為念添証

書如件

明治何年何月何日　　何　某㊞

何々銀行御中

明治十四年十月十日

御清暢奉賀候。陳者先頃縷々申上候手形取引ニ付、立法願請之儀ハ昨日書面モ取究メ連署上申之都合ニ仕候間、何卒別而御高配被下余リ曠日弥久ニ不相成様御措置被下度候。且此法律御願申上候モ畢竟重立候法官之見解ヲ懇親上聞合候ニ別紙之如ク回答モ有之候程ニ付、敢而右往復書状ハ表向進呈候ニハ無之只台下御一覧之為写サシ上候。右ニテ此要請之情実ハ御諒察可被下候。過日申上候栃木第四十一銀行抵当公債証書一条モ願書ニ認替昨日進達仕候。是又此度ハ貫徹候様御厚配可被下候。

約束手形印税之伺書今以御指令ニ不相成候。是ハ御局務外ニ候得共何卒御配意被下早々相済候様仕度奉存候。

約束手形印税之伺書今以御指令ニ不相成候是ハ御局務外ニ候得共何卒御配意被下早々相済候様仕度奉存候。此度進呈之書面ニ相添ヘ候手形面之文字先頃之分ト少々字句更正仕候。右ハ租税局ヘ印紙伺之分ト此度之書面ニ相添候分ニ相違有之候ニ付、為念申上候義ニ御座候。

右之段拝願迄匆々頓首

渋沢栄一

岩崎局長台下

明治十四年七月廿九日

過日ハ昇堂奉妨清閑候。拝顔之手形取引ニ付法律上之懸念ハ左ニ略記之通リ候間何分御審案御教示奉祈候。

第一　約束手形又ハ為替手形ハ明治九年第九十九号御布告ノ成文律ニヨリテ、仕払ノ義務ヲ有スル人ノ急迫ニ際シテ遁辞ヲ為スヲ得ルノ患ハコレナキヤ。

此件譬ハ約束手形ヲ振出シタル人又ハ為替手形ノ名宛

人タル者、モシ日限ニ至リテ其仕払ヲ為シカタキヨリシテ却テ此御布告ニ籍リ「己レ直ニ其義務ヲ負サル人ニ対シテ払方ヲ為スノ理ナシ。譲替ヲ承諾セス。故ニ其効ナシト」借用証書ト手形トヲ混同シテ拒辞ヲ設クルトキ手形ハ右御布告外タル明文ナキニ付、均シク貸借ノ証書ト看做ス抔ノ判断ヲ生スル恐レハコレナキヤト申意味ニ候。但為替手形ハ甲（振出シテ金ヲ受取ル人）乙（引受ケテ割引ヲ為シタル人）丙（手形期日ニ金ヲ仕払フヘキ人）ノ三人ニ限ル取引ナレハ、モシ一旦乙ニテ割引ヲ為シテ後丙ニ送リ其承諾ヲ乞フニ当リ丙モシ承諾セサレハ乙ハ其手形ヲ直ニ甲ニ戻シテ割引セシ金額ヲ返却セシムルニ付差支少シト云トモ、尚此手形数人ニ交渉セシトキ丙ノ金ヲ仕払フヘキ義務アル者其交渉中名前替リタルヲ以テ前ノ御布告ニ引付テ之ヲ拒ムノ辞柄ヲ生スルノ患アランカト存候。

第二　為替手形ノ仕払人其払方ヲ怠リタルトキ割引ヲ為シタル銀行ハ其手形振出人ヲ第一ノ義務者トスヘキヤ、又ハ名宛人（手形ニ仕払ノ承諾ヲ為シタル分）ヲ第一ノ義務者トシ不足アレハ振出人ニ及フノ順序ナルヘキヤ。

此件法律ノ明文ナキ様ニ存候ニ付銀行モシ振出人ヲ相手取リ其償却ヲ要求スルトモ、名宛人ヲ身代限リニ為シタル上ニテ其不足ハ引受クヘシ抔ノ辞ヲ以テ其遷延ヲ謀ルノ恐レアリ。是等ハ従来ノ裁判法ニテハ如何相成ルモノニ候ヤ。

モシ慣行ノ裁判法ハ承諾セシ名宛人ヲ銀行ヨリ原告シテ身代限リヲ為シテ後ナラテハ振出人ニ掛合フヲ得サルトセハ、銀行ハ大ニ懸念ヲ増スノ理アリ。何ントナレハ最初手形割引ヲ引受クハ多ク振出人ノ信用ヲ以テ取扱フモノナレハナリ。

之ニ反シテ直ニ其不渡リノ手形ヲ以テ振出人ヲ義務者ト為スヲ得ルトスルモ、銀行ヨリ名宛人ヘ掛合弥不渡リトナリタル時ニ振出人ニ通知スル訳ニ付其間多少時日ヲ要ス。故ニ此時日遷延ヲ苦情トシテ振出シ人ハ其義務ヲ免ル、ノ辞柄ヲ生セサルヲ得ス。「譬ハ八月十五日限リノ手形不渡リト為リテ振出シ人ヘ銀行ヨリ掛合フ日時ハ廿日トナリタルトキ日限後レノ苦情ヲ振出シ人ヨリ申出ルノ類」然リト云トモモシ不渡リノ即日ニ銀行ヨリ振出シ人ニ通知スルハ極メテ難事ニテ、且取引上得意先ヘノ慈愛ヲ失フノ恐アリ。故ニ其裁判法ノ帰スル所ヲ前知スルヲ要用トス。

過日呈電覧候書面中副証書ノ雛形相添候ハ此懸念ニ付テ相設候得共、此副証書ヲ展転交通スヘ〔キ〕手形ニ附スルハ余日不文明トノ説モ有之手数モ亦不少候故、或ハ手形表面ニ記入セハ如何ト再案セシ義ニ御座候。右之外尚連接之事ヨリ奉伺度義モ数多可相生ト奉存候得共、是迄手形取引相成候ハ隔地間ニハ（東京ト大坂トノ類）追々相進居、未タ一度モ面倒ハ不相生候得共、モシモ相生シ候ハヽ、如何ト目前之懸念モ有之。其上当府下ニ拡伸之望有之候ヨリ篤ト現在之裁判ニテモ此辺ニ可相成、或ハ法理ハ斯々ナレトモ尚法律之明文ヲ要スヘキ等高案御垂示之程偏ニ奉祈候。頓首謹言

渋沢栄一

玉乃老閣

渋沢君ノ問ニ対フ

第一　立法ノ原由

凡ソ法律ナルモノハ何ニ由テ之ヲ設立セシヤト問フモノアラハ、事柄アリテ其事柄ヲ保護スヘキ規程無ケレハ其事柄ノ安全ヲ鞏固ナラシムルヲ得サルニ因リ法律ヲ設立セリト答ヘサルヲ得サルヘシ。

第二　習慣ハ成文法ノ基礎

事柄ノ為メニ法律ヲ設クルコトハ多クハ其事柄ヲ取扱ヒシ経験ノ慣行ヨリシテ終ニ成文ノ法律トナルコトハ各国普通ニ行ハレシ成迹ニシテ人ノ疑ハサルコトナルヘシ。

第三　裁判ノ一定ニ帰シ難キ原由

此ニ一難問アリ。其訳ハ、甲乙等ノ各国〔括弧原文、以下本史料では同様〕〔欧米各国〕ニ於テハ、久シク慣行セシ事柄ニシテ、且ツ成文ノ法律モ全備シタルトモ、丙国〔日本ノ類〕ニテハ、其事柄ノ行ハレシコト、日猶ホ浅ク、人民モ其事柄ヲ熟知スルモノ少ナク、事理蒙昧ノ中ニ挙行スルノ場合ニ当リ、其事柄ヨリ生スル争訟

ニ付キ、裁判ノ結果ハ、如何ナル方向ニ帰着スヘキヤノ問是ナリ。
右ニ答フルニハ、裁判ノ結果ハ、一定ニ帰着スルコトヲ保シ難シトノ言ヲ以テセサルヲ得ス、如何トナレハ、左ノ如シ。

第一　丙国ニ於テ、曾テ成文律ナキ時代ナレハ、何事モ自然法ノミニ依拠シ、成文律ノ為メニ束縛セラル、コトナケレトモ、甲ノ条件ニハ成文律アリテ、乙ノ条件ニハ成文律ナク、却テ之カ為メニ、裁判上、許多ノ疑難ヲ生スルコト少ナカラサルコトアリ。

第二　成文律ナキ条件ハ、法官、頭脳ノ作用ニ依リ、審判ヲ為スヲ以テ、裁判セシ結果ノ一定ニ帰スルヲ保シ難シ。

第三　丙国ニ於テ経験慣行少ナキ事柄ハ、之ヲ取扱フ人民モ、其意思、多岐ニ迷ヒ易ク、其争訟ヲ裁判スル法官モ、亦タ其意思、多岐ニ迷ヒ易ク、而シテ右ノ如キ多岐ナル意思アルニ乗シ、奸詐モ亦其間ニ行ハレ易シ、故ニ明敏老練ナル法官ニ非サレハ裁判ノ失当ヲ来スヲ以テ、裁判ノ結果ハ、如何ナルヘキヤヲ保シ難シ。

右ノ如キ理由ナルヲ以テ、本案、質疑サレシ点ニ付キ、裁判一定ノ結果ヲ得ント欲セハ、為替法ノ成文律、即チ商法ノ一部分ヲ設立スルコトヲ除キテハ、恐クハ他ニ満足スヘキ企望ヲ達スルノ道ナカルヘシト信ス。
若シ又タ小生ニ於テ裁判セハ、其裁判ノ見込ハ如何ントノ問アラハ、小生ハ、約束手形ニモセヨ、又ハ為替手形ニモセヨ、各々手形ノ性質ト、双方授受ノ意思トニ従ヒ、事実ニ適当セシ裁判ヲ為サント欲スルノミ。
以上ヲ、貴問第一ノ答トス。

第四　原告人カ訴訟ノ被告ヲ定ムルコトハ、前後ノ順序アルノ場合

第二ノ貴問為替手形ノ被差人カ、承諾ヲ為セシ上ノ不渡リ金ナレハ、其承諾人ニ対シ、訴訟ヲ為シ、其裁判済ノ後ニ非サレハ差立人ニ掛ルコトハ、出来サルヘシト信ス。

右ハ不便利ナル裁判ノ手続ナレトモ、此ノ如キ習慣ナルユヘニ成文律ヲ用ヒ、之ヲ改正セサレハ、便利ナル方法ニ移ルコト能ハサルヘシ。
義務者〔本人〕ト受人証人トニ対シ、訴訟スルノ場合ニ於テハ、厳重ナル成文律アリテ、第一番ニ義務者ヲ相手取リ、其裁判済ノ後ニ至ラサレハ、受人証人ニ対シ、訴フルコトヲ得サル法ナリ、是亦不便ト云ハサルヲ得ス。

第五　相手方カ、連帯ノ義務者ナレハ、何人ヲ相手取ルモ、原告ノ撰ニ任スヘキコト

前文ニ掲ケシ如ク、不便利ナル習慣法ト成文法トヲ改正スルニハ、如何ナル改正ヲ用フヘキヤト問ハンニ、或ル事柄ニ付テハ権利者等ハ連帯ノ権利ヲ有シ、義務者等ハ、連帯ノ義務ヲ負フノ法律ヲ設定セサレハ、真理ニ適合セシ便益ハ、之ヲ得ルニ道ナカルヘシ、〔仏商法第百四十条見合〕。

第六　手形ノ書式

約束手形ノ雛形ニハ何品若干ノ代価トノミアリテ、何品ヲ受取リシコトノ明文ナシ。為替手形ノ雛形ニハ〔右ノ金額何々銀行ヨリ正ニ受取候ニ付〕トノ明文アリ。何故ニ、両箇トモ同一理ナル手形ニシテ、為替手形ニ於テハ、金ヲ払渡スヘキ原由、即チ金ヲ受取リシコトヲ記載シ、約束手形ニ於テハ、金ヲ仕払フヘキ原由、即チ物品ヲ受取リシコトヲ記載セサルヤ。若シ代価トアル上ハ、物品ヲ受取リシコトハ論ヲ待タストノ意ナレハ、法ニ適セサル意見ナリトス。如何トナレハ代価ノ引渡シハ、物品ヲ受取リシ後ニ為スコトモアリ、物品ヲ受取ラサル前ニ為スコトモアリテ、双方ノ便利ヨリ成リ立ツコトユヘニ、代価ノ二字カ記載シアリトテ、之ヲ以テ、物品ヲ受取リシ証ト為スコトヲ得ス。故ニ他日ノ異論ヲ予防スル為メニハ、約束手形ヘモ、物品ヲ受取リシコトヲ明記シタキコトナリ」、若シ然カセサリシトキハ約束手形ハ振出シタレトモ、物品ハ未タ受取ラサルニ付キ、相手方ニ在テ、物品引渡シノ約ニ背キシ上ハ、物品ノ引渡シヲ為スニ非サレハ、金ノ仕払ハ為シ難シト云フカ如キ、詐偽ヲ為スノ基トナ

ルヘク、又ハ事実ニ於テ、真ニ右ノ如キ行違ヒナシトモ断定シ難キニ似タリ、〔仏国商法第百十条ノ第七項及ヒ第百八十八条ノ第五項見合〕。

第七　手形ノ書式

手形ノ雛形ニハ、払方承諾ノコトヲ、裏書ニスルノ方法ナレトモ、承諾ノコトハ、表面ニ記載シテ、手形持主ノ移転スルコトヲ裏書ニスル方、便益ナルヘシト思考セリ、〔仏商法第百二十二条及ヒ第百三十六条見合〕。

第八　手形持主ノ移転スルコト

手形ヲ所持スル権利者〔手形持主〕即チ手形ニ記載シアル金額ヲ得ヘキ権利者カ、其所持スル手形ノ所有権ヲ、他人ニ移スノ手続ニ於テハ、尤モ布告ノ明文アルヲ必要トス。若シ然ラサレハ、右ニ付テノ争訟ヲ生スル毎ニ、太タ繁難ナル裁判ノ手続ヲ経サレハ事実ヲ証明シ難キコトナルヘシ〔仏商法第百三十六条見合〕。

明治十四年七月三十日

玉乃世履記

第九拾九号

金穀等借用証書ヲ其貸主ヨリ他人ニ譲渡ス時ハ其借主ニ証書ヲ書換ヘシムヘシ。若シ之ヲ書換ヘシメサルニ於テハ貸主ノ譲渡証書有之トモ仍ホ譲渡ノ効ナキモノトス。此旨布告候事。

但相続人ヘ譲渡候ハ此限ニアラス。

明治九年七月六日

太政大臣三条実美

〔註〕史料表題は編者による。

20　合本銀行貯蔵銀行条例御発行ノ義ニ付上申

〔表紙〕

合本銀行貯蔵銀行条例御発行ノ義ニ付上申

明治九年国立銀行条例改正以来七八年ノ久シキ国立銀行ノ数既ニ百五十有余ノ多キヲ致シ、其内三四ノ銀行覆滅ヲ取リシコトナキニ非スト雖モ其他ハ大率ネ今日ニ至リ基礎漸ク定リ、随テ一国ノ経済上裨益スル所亦鮮少ナラス。其然ル所以ハ畢竟条例成規ノ設アリテ之ヲ保護監督スル所以ノモノ周到詳密ナルノ致ス所ニ外ナラス。然ルニ私立銀行其他会社ノ名ヲ以テ銀行事業ヲ営ムモノニ至リテハ、従来今タ之ヲ律スルノ成法ナキニ依リ総テ人民相互ノ結約ニ任セ敢テ之ヲ規約検束スル所アラサリシカ、近来人民益々合資興利ノ念慮ヲ発シ私立銀行貯蔵銀行ノ類創立ヲ出願スル者陸続相接キ、現今ニ至テハ私立銀行ト称スルモノ百七十五行此資本金千八百四拾九万六千九百円、会社ト称スルモノ五百二十九社此資本金千百六拾七万四千五百七拾余円、貯蔵銀行幷ニ貯蓄会社ト称スルモノ三十三此資本金七拾弐万六千弐百五拾六円、総数七百三十七資本金総額三千〇八拾九万七千七百余円ノ多キニ及ヘリ。其盛洵トニ嘉スヘキカ如シト雖モ苟モ之カ運用ヲ誤ルトキハ其害亦測ル可カラサル者アリ。今各地方ノ情況ヲ通観スルニ大率ネ之カ主唱者ナルモノ未タ銀行ノ何物タルヲ知ラス又其地方ニ資本ヲ要スルノ程度ヲ量ラス。其甚シキハ銀行ヲ視テ以テ後手攫利ノ捷径ナリト妄断シ、之ヲ以テ地方ノ愚民ヲ誘導シ株主ヲ募集スルノ弊少シトセス。其レカ為メ一地方ニシテ数多ノ小銀行併興シ同業相競ヒ余有ルノ資本ヲ以テ限有ルノ需要ヲ待ツ。其弊ヤ花主ノ良否ト抵当ノ確否トヲ問ハス程度外ノ貸附ヲ為シ以テ奇利ヲ僥倖セント欲スルニ至ル。是レ現今私立銀行ノ通弊ニシテ其禍胎ヲ他日ニ遺ス。果シテ如何ソヤ。苟モ事無ケレハ乃チ止ム。一旦蹉跌ヲ致スコトアランニハ顚頓狼狽自ラ救フニ遑アラサルニ至ルヘキハ必然ニシテ其害豈独リ一銀行ニ止ランヤ。全国七百三十七社資本金三千〇八拾九万七千七百余円ノ多キ其一進一退ハ全国ノ経済上ニ影響ヲ及ホスコト実ニ尠少ナラス。若シ此際一定ノ条例ヲ発行シ以テ之ヲ規約監督スルニ非サレハ他日何等ノ患害ヲ惹起サンモ測ラレス。依テ此条例中其重要ナル事項ヲ考究スルニ、第一資本金寡少ナル銀行ハ大率ネ営業上得失相償ハスシテ却テ株主ノ損耗ヲ来スハ勿論、其商業上ニ裨益スル所蓋シ亦幾モ希シ。且ツ夫小資本ヲ以テ満足スヘキノ地方ハ一個人ヲ以テ営業スルモ可ナリ。又其地方ニシテ多少金融ノ需要アリテ小銀行ノ設立ヲ要スル程ナレハ自カラ他ノ銀行ヨリ支店ヲ置クコト必然ナリ。何ソ故ラニ株主ヲ募リ一小銀行ヲ創立スルヲ須ヒンヤ。依テ合本銀行ノ資本金ハ五万円以上ト定メ、若シ其地方ニヨリ万已ムヲ得サルノ事実アルモノハ地方官ノ意見ヲ聴キ其利害得失ヲ詳悉シタル上特別ニ之ヲ許可スルモノトセハ、一ハ以テ小銀行競争ノ弊ヲ防キ一ハ以テ彼是変通ノ道ヲ失ハサルニ庶幾カラン。第二銀行責任ノ義ハ有限無限ノ両法各々其理由アリテ従来仏国ハ有限ヲ用ヒ、英国ハ大率ネ無限ノ制ニ従ヒシカ先年「グラスコー」銀行ノ破産ニ当リ其責任ノ無限ナルカ為メ株主ノ破産流離スルモノ少カラス。巨商大賈ト雖モ之カ為メ危殆ノ地位ニ陥イリ其地方ノ商業上ニ激変ヲ来シ非常ノ惨状ヲ極メ附近諸国モ亦為メニ多少ノ影響ヲ被フルニ至レリ。爾後英国ニ在テモ無限責任ノ弊害終ニ此ニ至ルヲ察シ改良ノ説ヲ主張スルモノ多ク、政府ニ在テハ習慣ノ久キ未タ遽カニ改ムル能ハスト雖モ其説亦殆ント此ニ帰セリト聞ク。無限責任ノ弊其レ亦察セサル可ケンヤ。夫レ我邦私立銀行ノ若キハ未タ条例規則ノ設ナキカ為メ姑ク無限責任ヲ以テ営業セシメタリト雖モ、今ヤ条例制定ニ当リ之ヲ将来ニ慮リ之ヲ外国ノ実例ニ徴スルニ此際改メテ有限ノ制ニ従フヲ適当ナリトセンカ。然レトモ又顧ミテ一般ノ情勢ヲ察スルニ銀行会社ノ花主タル者概シテ未タ有限無限ノ何物タルヲ弁知セサルノミナラス、又其銀行ノ確否如何ヲ顧ミス徒ニ信任ヲ以テ取引ヲ為シ始ヨリ毫モ警戒スル所ヲ知ラス。而シテ銀行ノ将サニ傾覆セントスルニ及ンテ方ニ始メテ狼狽自失スルモノ比々是レナリ。夫レ花主ノ未タ事ヲ解セサル此ノ如シ。之ヲ如何ソ適宜ノ制ヲ設ケテ以テ之ヲ保護スル所ナクシテ可ナランヤ。去迚銀行ノ責任ヲシテ依然無限ナラシメンカ、株主ノ禍害ヲ被フル亦察セサル可カラス。何トナレハ現今ノ私立銀行ハ大率ネ資力薄弱ニシテ当業者猶ホ練達ヲ欠クモノ多ケレハ、一朝破産倒行ノ不幸ナキヲ保セス。若シ此ノ不幸ニ遭遇スルコトアレハ其禍害ヲ衆株主ニ及ホシ、延イテ商業社会ニ妨碍ヲ与フルコト勝テ言フヘケンヤ。故ニ万一其銀行ニシテ破産スルコトアルモ株主ノ禍害此ノ如キノ惨烈ニ至ラシメサルノ保護法ヲ設ケサル可カラス。之ヲ要スルニ花主固ヨリ保護スヘシ。株主モ亦之ヲ忽諸ス可カラス。依テ合本銀行ノ責任ハ姑ク被〔彼〕是折衷シテ倍額保証ノ有限トナシ、銀行若シ鎖店スルトキハ各株主ヲシテ其所有株金ノ外更ニ之ト同額ヲ限リ各々出金シテ以テ其負債ヲ弁償セシムルモノトスヘシ。夫レ此ノ如クナレハ則チ花主ニ倍額ノ保証アリ株主ニ有限ノ保護アリ、両ナカラ其利益ヲ全フシテ互ニ権衡ヲ失ハサルヘシ。而シテ発起人及ヒ株主等ニ在テモ初ヨリ警戒ヲ加ヘテ敢テ妄断軽挙ノ憂ナク、随テ銀行ノ確実ニ赴クヘキハ亦論ヲ俟タサルナリ。夫ノ国立銀行ノ若キハ素ト政府ヨリ特権ヲ付与シ花主株主両ナカラ直接ノ保護ヲ受クル者ナレハ、一般私立ノ銀行ト其責任ヲ異ニスルモ誰カ敢テ之ヲ怪マンヤ。

第三貯蔵銀行ノ義ハ細民日常ノ工銭ヨリ其幾分ヲ貯蓄セシメ厘ヲ積ミ毛ヲ累ネ之ヲシテ他日幾許ノ資本ヲ得セシムルヲ目的トスル者ニシテ、畢竟政府慈恵ノ主意ニ出ツヘク人民営利ノ目的ハ毫モ其間ニ存スルコトヲ得ス。是レ欧州諸国ニ於テ政府自ラ之ヲ管掌シ之ヲ人民ニ放任セサル所以ナリ。今我国貯蔵銀行ノ数三十三行資本金七拾弐万六千弐百五拾六円ノ多キニ登ル。我国一般ノ進度ヲ以テ之ヲ視ルニ亦盛ナラサルニ非スト雖モ、未タ条例ノ制定ナキヲ以テ資本ノ虚実営業ノ確否或ハ未タ其実ヲ得ス。管理上ニ於テ亦遺憾ナキコト能ハス。且其創立多クハ営利ノ目的ニ出テ慈恵ノ点ニ至テハ未タ顧ルニ遑アラサルモノアリ。是ヲ以テ事業或ハ慎重ヲ欠キ之カ為メ他日非常ノ災害ヲ醸シ、小民ヲシテ貯蔵銀行ヲ厭忌スルノ念ヲ起サシメンモ測ラレス。是レ早晩之ヲ政府ニ収メ以テ十分慈恵ノ本旨ヲ達スルニ非サレハ蓋シ一国ノ計ニ非サルナリ。然リト雖トモ全国七百三十七行ノ多キ遽カニ之ヲ処分スルハ亦得策ニ非サルヲ以テ、今合本銀行条例ノ制定ニ方リ其特ニ貯蔵銀行ニ関スルモノ数項ヲ掲ケテ余ハ尽ク合本銀行ト一律ニ之ヲ規約スルモノトセハ、其事業稍ヤ慎密ヲ加ヘ或ハ慈恵ノ実ヲ失ハサルニ庶幾カラン。而シテ其責任ノ若キモ各株主ヲシテ無限ノ責任ヲ負ハシメ以テ自ラ警戒スル所ヲ知ラシム。是レ亦尋常一般ノ銀行ト其資格ヲ異ニシ其業体ヲ同セサルヲ示ス所以ナリ。此外結社ノ方法役員ノ責任及ヒ罰則等ハ之ヲ従来ノ経験ニ徴シ、旁ハラ欧州諸国ノ律令ニ就キ彼是参酌シテ、此ニ別冊合本銀行貯蔵銀行条例草按ヲ草定シ以テ上呈ス。此条例御発行ノ上ハ全国銀行管理ノ方法始メテ備ハリ貨財流通ノ要機更ニ面目ヲ革新スヘク、実ニ目下ノ急務ト存候条至急御裁定御施行相成候様致度、此度相伺候也。

明治十六年十月

大蔵卿松方正義

太政大臣三条実美殿

〔註〕元老院罫紙。

21　合本銀行貯蔵銀行条例

〔表紙〕

合本銀行貯蔵銀行条例

第一章　合本銀行

第一節　性質及ヒ営業年限

第一条　合本銀行ハ株式ヲ以テ資本金ヲ募リ次条ニ記載スル事業ノ全部又ハ幾分ヲ営ム会社ヲ云フ。

第二条　合本銀行ノ営業ハ左ノ如シ。

第一　貸附金、預リ金、為換荷為換ノ取扱ヲ為ス事

第二　為換手形約束手形其他諸証書ノ割引又ハ其代金ノ取立ヲ為ス事

第三　公債証書外国貨幣及ヒ地金銀ノ売買又ハ両替ヲ為ス事

第四　金銀貨貴金属及ヒ諸証書ノ保護預リヲ為ス事

第三条　合本銀行ハ株主七人以上資本金五万円以上ニ非サレハ創立スルコトヲ許サス。但地方ノ事情ニヨリ大蔵卿之ヲ必要ナリトスルトキハ右制限以内ト雖モ特別ニ之ヲ許可スルコトアルヘシ。

第四条　合本銀行ノ営業年限ハ開業免状ノ日附ヨリ満十五年トス。但満期ノ後尚ホ其業ヲ継続セントスル者ハ株主総会ノ決議ニ依リ更ニ大蔵卿ノ許可ヲ受クヘシ。

第二節　創立

第五条　合本銀行ヲ創立スルニハ発起人三人以上ニテ株主ヲ結合シ創立願書ニ定款ヲ添ヘ地方庁ヲ経由シテ大蔵卿ニ差出スヘシ。

第六条　定款ニハ銀行ノ名称本支店設置ノ場所資本金額其他株主等契約ノ条款ヲ記載シ株主一同署名捺印シ地方官ノ奥書証印ヲ得ルモノトス。

第七条　大蔵卿ハ創立願書及ヒ定款ヲ審按シ適当ナリト認ムルトキハ之ヲ許可シ且定款ニ奥書捺印ヲ為シテ之ヲ下付スルモノトス。

第八条　銀行ヨリ開業前資本入金ノ届ヲナシタルトキハ、大蔵卿ハ特ニ官吏ヲ派遣シ又ハ地方官ニ命シテ之ヲ検査セシメ其入金確実ナルモノハ開業免状ヲ下付スヘシ。但其入金確実ナラサルモノハ前条ノ許可ヲ取消スモノトス。

第九条　発起人ハ総員ニテ資本金高十分ノ二以上ヲ負担シ且役員選定迄ハ其銀行ニ関スル一切ノ責ニ任スヘシ。

第十条　合本銀行ハ開業前ニ株主総会ヲ開キ頭取々締役ヲ選挙シ且支配人ヲ選任スヘシ。

第三節　社名及ヒ社印

第十一条　合本銀行ハ開業免状ヲ得タル上某銀行ト称シ開業前ニ其印鑑ヲ大蔵卿ニ届出ツヘシ。

第十二条　合本銀行ノ名称ハ人ノ氏名又ハ他ノ銀行ト同名若クハ類似ノ者ヲ用フルヲ得ス。但此条例布告以前ニシテ人ノ氏名ヲ用ヒシ者ハ此限ニ在ラス。

第十三条　合本銀行ハ諸願伺届ヲ始メ訴訟約定報告及ヒ手形証書其他緊要ノ文書ハ総テ社名ヲ用ヒ社印ヲ捺シ且頭取支配人等ノ役印ヲ加用スヘシ。

第十四条　合本銀行ハ営業時間中其名称ヲ記シタル掲牌ヲ店頭ニ掲ケ置クヘシ。

第四節　資本金及ヒ株式

第十五条　合本銀行ノ資本金ハ之ヲ同額ノ株式ニ分割シ一株弐拾円以上タルヘシ。

第十六条　合本銀行ノ株券ハ記名トナシ内国人ニ限リ之ヲ所有スルコトヲ得、但銀行ノ営業年限間株金ノ払戻ヲ請求スルコトヲ得ス。

第十七条　合本銀行ノ資本金ハ開業前ニ半額以上ヲ入金シ残高ハ定款ニ於テ適宜割合ヲ定メ、開業ノ翌月ヨリ十月以内ニ入金スヘシ。但入金毎トニ之ヲ大蔵卿ニ届出ツヘシ。

第十八条　合本銀行ノ株主規定ノ入金ヲ怠ルトキハ、銀行ニ於テ五十日以内ニ其株式ヲ公売シ売却ニ関スル費用ヲ引去リ、若シ残金アルトキハ之ヲ元株主ニ還付スヘシ。

第十九条　右売却ノ手続ヲナシ其株式ヲ買受ルモノナキトキハ、銀行ニ於テ既ニ入金シタル金高ヲ没収シテ其株式ヲ消却シ、其旨ヲ大蔵卿ニ届出ツヘシ。但第三条ニ定メタル資本制限高ヨリ減少スルヲ許サス。

第二十条　合本銀行ノ株主ハ定款ヲ以テ定メタル手続ニ依リ何時ニテモ其株式ヲ売買譲与スルコトヲ得ヘシ。但銀行ハ毎半季利益金配当ノ際三十日以内ハ株式ノ売買譲与ヲ停止スルコトヲ得。

第二十一条　合本銀行ハ株主総会ノ決議ニ依リ大蔵卿ノ許可ヲ受クルニ於テハ其資本金ヲ増加スルヲ得ヘシ。但入金済ノ上ハ株主姓名株数及ヒ金額等ヲ詳記シタル増加証書ヲ作リ地方官ノ奥書証印ヲ得テ、之ヲ大蔵卿ニ差出シ奥書鈐印ヲ受クルモノトス。

第二十二条　合本銀行其資本金ヲ減少セントスルトキハ株主総会ノ決議ニ依リ大蔵卿ノ許可ヲ受クヘシ。右許可ヲ受ケタル上減少実施ノ期日ヲ定メ少クモ六十日以前ニ其減少高及ヒ其期日ヲ各債主ヘ報知シ、且十五日以上新聞紙ヲ以テ之ヲ公告スヘシ。

第二十三条　前条資本金減少ノ際其銀行ニ貸金預ケ金其他銀行ヨリ受取ルヘキ勘定アル者ハ其支払期日ニ至ラスト雖モ、右減少実施ノ期日前三十日ノ間何時ニテモ左ノ二項ニ準シ之カ償却ニ購求スルノ権利アルヘシ。

第一　凡ソ定期ノ預ケ金又ハ貸金アル者ハ其元金及ヒ現ニ仕払ヲ受クル日迄ノ利息ヲ受取ル事

第二　凡ソ銀行ヨリ受取ルヘキ勘定アル者ハ現ニ仕払ヲ受クル日ヨリ其約定期日迄ノ利息ヲ引去リ其残金高ヲ受取ル事

第二十四条　前二条ノ手続ヲナシ資本金減少ヲ実施シタル上減少証書ヲ作リ地方官ノ奥書証印ヲ得テ之ヲ大蔵卿ニ差出シ奥書鈐印ヲ受クルモノトス。

第五節　株主総会

第二十五条　合本銀行ハ毎年一月七月ノ両度ニ定式株

主総会ヲ開テ、半季間処務ノ要領諸計算ノ実況
ヲ報告シ利益金配当等ノ事ヲ決議スルモノトス。
第二十六条　定式総会ハ株主総会〔員〕五分ノ一以上ニシテ
総株五分ノ一以上ヲ有スル株主出席スルニ於テ
ハ決議スルヲ得ルモノトス。
第二十七条　頭取々締役ニ於テ必要ナリト思考スルカ
又ハ株主総員五分ノ一以上ニシテ総株五分ノ一
以上ヲ有スル者ノ請求アルニ於テハ何時ニテモ
臨時株主総会ヲ開クヲ得ヘシ。但開会ノ期日ヨ
リ七日以前ニ議事ノ要旨ヲ各株主ニ通知スヘシ。
第二十八条　臨時総会ハ株主総員十分ノ五以上ニシテ
総株十分ノ五以上ヲ有スル株主出席スルニアラ
サレハ決議スルコトヲ得ス。
第二十九条　支店ノ廃置、資本金ノ増減、営業年限ノ
延期又ハ鎖店其他定款改正ニ係ル事件ハ臨時総
会ニ於テ決議スルモノトス。但此等ノ事件ハ大
蔵卿ノ許可ヲ受クルニ非ラサレハ施行スルコト
ヲ得ス。
第三十条　株主総会ニ於テハ頭取ヲ議長トナシ決議ハ
投票ノ多数ニ従フヘシ。可否同数アルトキハ議
長之ヲ決スヘシ。
第三十一条　株主総会ニ於テ株主投票ノ権利ハ其所有
ノ株数ニ拠ルヘシ。但十株以上ヲ有スル株主ノ
権利ハ定款ニ於テ適宜逓減ノ制ヲ設クヘシ。
第三十二条　株主総会ニ出席シ難キ株主ハ委任状ヲ与
ヘ他ノ株主ヲシテ代理セシムルコトヲ得。但自
身又ハ代理ヲ問ハス一人ノ株数其総数五分ノ一
又ハ出席員所有株五分ノ二ヲ超過スルトキハ其
超過ノ株数ニ対シテハ投票ノ権利ナキモノトス。
第三十三条　合本銀行ノ株主ハ総会前六十日以内ニ所
有シタル株式ニ対シテハ投票ノ権利ナキモノト
ス。
第三十四条　合本銀行ノ役員ハ総会ニ於テ自己所有ノ
株式ニ対シ投票ノ権利ヲ有スルハ勿論ト雖モ他
人ノ代理トナルコトヲ得ス。
第三十五条　株主総会議事ノ顛末ハ議事録ニ詳記シ議

長之ニ検印シ後日ノ証ニ供スヘシ。但決議ノ事件ハ直ニ大蔵卿ニ届出ツヘシ。

第六節　役員選挙

第三十六条　合本銀行ノ取締役ハ三名以上トシ株主総会ニ於テ株主中ヨリ選挙スルモノトス。但左ニ掲クル株主ハ取締役タルヲ得ス。

第一　千円以上ノ株式ヲ有セサル者

第二　丁年未満ノ者

第三　後見人ノ名義ヲ以テスル者及ヒ共有財産ヲ以テ加入シタル者

第四　曾テ身代限ノ処分ヲ受ケシ者及ヒ曾テ銀行会社ノ役員トシテ其銀行会社ニ損失ヲ来シ因テ之ヲ鎖店ニ致シタル者

第三十七条　合本銀行ノ頭取ハ取締役中ヨリ互選ヲ以テ推挙スルモノトス。

第三十八条　支配人以下ノ諸役員ハ頭取々締役ノ衆議ヲ以テ之ヲ選任スヘシ。

第三十九条　頭取々締役支配人ハ選任毎ニ其住所姓名印鑑ヲ大蔵卿ニ届出ツヘシ。

第四十条　頭取々締役ノ在職ハ一期三年以内トシ満期後幾回ニテモ選挙スルコトヲ得。但株主総会ニ於テ決議スルトキハ任期中ト雖モ之ヲ退職セシムルヲ得ヘシ。

第四十一条　合本銀行ノ頭取々締役ハ身元保証トシテ千円以上ニ当ル其銀行ノ株券ヲ任期中其銀行ニ預ケ置クヘシ。但本人退職スト雖モ其半期ノ決算ヲ完結シタル上ニ非サレハ之ヲ受戻スコトヲ得ス。

第七節　銀行及ヒ役員ノ責任

第四十二条　合本銀行ノ責任ハ倍額保証ノ有限トナシ銀行鎖店ニ際シ負債弁償ノ為メ各株主ノ負担スヘキ義務ハ其所有株金ノ外更ニ之ニ対スル同額ヲ限リ各々出金スルモノトス。

第四十三条　頭取々締役其他ノ役員本条例又ハ定款ニ背キ或ハ不正ノ意思ニヨリ約定シタルモノト雖モ、苟モ社名ヲ用ヒ其事銀行ノ事業内ニアルトキハ銀行ハ社外ノ人ニ対シテ其義務ヲ負担スヘシ。但社外ノ人其情ヲ知テ約定ヲナシ又ハ相謀ルノ証アルトキハ此限ニ在ラス。

第四十四条　頭取々締役其他ノ役員本条例又ハ定款ニ背キタル所為ニ由リ銀行ニ損失ヲ生セシメタルトキハ、本人及ヒ之ヲ為サシメタル者連帯シテ弁償ノ責ニ任スヘシ。

第八節　営業

第四十五条　合本銀行ハ左ニ掲クル場合ニ於テハ地所家屋其他ノ物件ヲ売買シ又ハ所有スルヲ得ヘシ。

第一　銀行営業ノ為メ必要アルトキ

第二　貸付金抵当ノ流込トナリタルトキ

第三　貸付金ノ抵当ニシテ裁判上売払トナリ又ハ貸付金返済ノ為メ公売ニ付シタルトキ

第四十六条　合本銀行ハ大蔵卿ノ許可ヲ受クルニ非サレハ他ノ銀行及ヒ諸会社ノ株主トナルコトヲ得ス。

第四十七条　合本銀行ハ自己ノ株券ヲ抵当ニ取リ又ハ之ヲ買戻スコトヲ得ス。

第四十八条　合本銀行ノ営業時間及ヒ休暇日ハ定款ニ於テ之ヲ定メ新聞紙ヲ以テ公告スヘシ。

第九節　検査

第四十九条　大蔵卿ハ臨時官吏ヲ派遣シ又ハ地方官ニ命シテ合本銀行ヲ検査セシムヘシ。但大蔵卿ハ営業時間中ト雖モ検査ノ為メ一時其営業ヲ停止セシムルコトアルヘシ。

第五十条　合本銀行ノ役員ハ検査官ノ要求ニ応シ現金薄冊及ヒ一切書類ノ検閲ヲ受ケ且其推問ニ対シテ誠実ノ答ヲ為スヘシ。但検査官ハ検査ノ為メ必要ナリトスルトキハ株主ヲ徴集推問スルコトヲ得。

第五十一条　合本銀行ノ株主ハ営業時間中何時ニテモ其銀行ノ現金薄冊及ヒ一切ノ書類ヲ点検スルコトヲ得。

第十節　計算薄冊及ヒ報告

第五十二条　合本銀行ハ毎年六月十二月ノ両度ニ其半

季間営業ノ総勘定ヲ為シ損益ヲ決算シ純益金ノ分配ヲ為スヘシ。但資本金ニ欠額ヲ生シタルトキハ純益金ノ分配ヲ止メ之ヲ以テ其欠額ヲ補フヘシ。

第五十三条　合本銀行ノ薄冊及ヒ報告書ハ大蔵卿ノ命スル様式ニ従ヒ実際ノ計算ヲ精確ニ記載スルモノトス。但報告書ハ毎年二月十五日八月十五日ヲ限リ大蔵卿ニ差出スヘシ。

第五十四条　合本銀行ハ毎半季決算後其資産負債及ヒ損益ノ計算ヲ簡明ニ記シ新聞紙ヲ以テ公告スヘシ。

第十一節　鎖店

第五十五条　合本銀行ニ於テ左ニ掲クル事実アルトキハ大蔵卿ハ其銀行ヲ鎖店セシムルコトアルヘシ。

第一　銀行ニ於テ負債弁償ノ義務ヲ尽ス能ハサル証拠アルトキ

第二　銀行ニ於テ資本入金高半額以上ノ損失ヲ生セシトキ

第三　銀行ニ於テ本条例ニ背戻シ大蔵卿之ヲ鎖店セシムルニ至当ナリト思考スルトキ

第四　株主又ハ資本金ノ員額第三条ノ制限以内ニ減少シ六ヶ月ヲ経過シテ尚ホ之ヲ補充セサルトキ

第五　株主総会ノ決議ニ依リ官命鎖店ヲ請願セシトキ

第五十六条　合本銀行ハ左ノ場合ニ於テハ自ラ鎖店ヲ為スヘキモノトス。但株主連署ヲ以テ事情ヲ具シ大蔵卿ノ許可ヲ受クヘシ。

第一　銀行ノ営業年限満期ニ及ヒタルトキ

第二　株主総会ニ於テ自鎖店ノ決議ヲ為シタルトキ

第五十七条　合本銀行官命鎖店ノ命ヲ受ケ又ハ自鎖店ノ許可ヲ得タルトキハ五日以内ニ其旨ヲ株主ニ通知シ且通知ノ日ヨリ十五日以上新聞紙ヲ以テ公告スヘシ。

第五十八条　合本銀行ハ官命鎖店ノ命ヲ受ケ又ハ自鎖店ノ許可ヲ得タル日ヨリ諸貸付割引ハ勿論其他

一切ノ営業ヲ為スヘカラス。但其銀行ニ収入スヘキ金員其他ノ物件ヲ受取リ又ハ保護預リノ金員又ハ物品ヲ渡スハ此限ニ在ラス。

第五十九条　合本銀行ハ官命鎖店ノ命ヲ受ケ又ハ自鎖店ノ決議ヲナシタル日ヨリ株券ノ売買譲与ヲ禁ス。但之ヲ犯シ売買譲与シタル者ハ其効ナキモノトス。

第六十条　合本銀行ノ鎖店ニ際シ大蔵卿ハ特ニ官吏ヲ派遣シ又ハ地方官ニ命シテ鎖店ノ処分ヲ監督セシムルコトアルヘシ。

第六十一条　合本銀行官命鎖店ノ場合ニ於テハ大蔵卿ハ二名以上ノ鎖店処分人ヲ選任シ且処務ノ権限給料等ヲ定メ其族籍氏名及ヒ事務取扱ノ場合ヲ告示スヘシ。

第六十二条　合本銀行自鎖店ノ許可ヲ得タルトキハ二十日以内ニ株主総会ヲ開キ鎖店処分人二名以上ヲ選定シ其権限及ヒ給料等ヲ定メ大蔵卿ノ許可ヲ受クヘシ。但其族籍氏名及ヒ事務取扱ノ場所ハ十五日以上新聞紙ヲ以テ公告スルモノトス。若シ大蔵卿其鎖店処分人ヲ不適当ナリト認ムルトキハ之ヲ罷メシメ更ニ特選スルコトアルヘシ。

第六十三条　合本銀行ノ役員ハ鎖店処分人命任ノ公告又ハ告示アルト同時ニ各々其職ヲ罷ムルモノトス。但営業諸般ノ事件ニ係ルモノハ鎖店処分人ノ質問ニ対シ答弁ノ責アルモノトス。

第六十四条　合本銀行ノ鎖店処分人ハ其銀行鎖店処分人ト称シ其名義ヲ以テ鎖店一切ノ事務ヲ担当シ詞訟事件ニ付テハ原被告タルノ責ニ任スヘシ。

第六十五条　鎖店処分人ハ鎖店事件ニ付キ必要ナリトスルトキハ何時ニテモ株主及ヒ債主ヲ招集シ総会ヲ開ク権アルヘシ。

第六十六条　鎖店処分人ハ各債主ヨリ其銀行ノ負債ニ属スル証書類ヲ持参セシムヘキ期日ヲ定メ少クモ六十日以前ニ之ヲ各債主ニ通知シ且十五日以上新聞紙ヲ以テ之ヲ公告スヘシ。

第六十七条　鎖店処分人ハ其銀行ノ資産負債ヲ調査シ

貸付金其他銀行ニ収入スヘキ一切ノ金員ヲ取立テ所有物件ヲ売払ヒ其集合金ヲ以テ負債ノ償却ニ充ルモノトス。

第六十八条　鎖店処分人ハ前二条ノ手続ヲ完結シタル上負債償却ノ方法及ヒ分配期日ヲ定メ株主及ヒ債主ノ総会ニ於テ之ヲ決議シ大蔵卿ノ許可ヲ受クヘシ。但其分配ノ期日及ヒ場所ハ十五日以上新聞紙ヲ以テ公告スルモノトス。

第六十九条　第六十六条及ヒ前条ニ拠リ公告シタル期限内ニ証書ヲ持参セサルカ、又ハ分配ノ要求ヲナササルモノハ分配ヲ受クルノ権利ナキモノトス。

第七十条　鎖店処分人ハ第六十七条ノ集合金ヲ以テ負債ノ償却ニ充テ過剰アルトキハ株高ニ応シテ之ヲ株主ニ割戻シ、又不足アルトキハ第四十二条ノ規定ニ従ヒ各株主ノ負担スヘキ金額ヨリ之ヲ徴収スルモノトス。

第七十一条　鎖店処分人ノ給料旅費其他鎖店ニ関スル一切ノ費用ハ他ノ負債ニ先チ之ヲ仕払フモノトス。

第七十二条　鎖店処分人本条例ニ背キ又ハ権限ヲ越ヘタル所為ニヨリ銀行ニ損失ヲ生セシメタルトキハ本人ヲシテ之ヲ弁償セシムルモノトス。

第七十三条　鎖店処分人鎖店ノ事務ヲ完結シタルトキハ其所務ノ顚末及ヒ計算報告ヲ作リ之ヲ大蔵卿ニ差出スヘシ大蔵卿之ヲ正当ナリト認ムルトキハ其銀行ヲ解散セシムルモノトス。

第七十四条　鎖店処分人前条解散ノ命ヲ受ケタルトキハ其銀行資産負債ノ実況負債償却ノ方法及ヒ鎖店事務完結ノ旨ヲ五日以上新聞紙ヲ以テ公告シ其銀行ヲ解散シタル上之ヲ大蔵卿ニ上申スヘシ。但銀行ノ薄冊及ヒ緊要書類ハ解散以前ニ其管轄地方庁ヘ納付シ地方庁ニ於テ五年間之ヲ保存スルモノトス。

第二章　貯蔵銀行

第七十五条　貯蔵銀行ハ資本金ヲ置キテ貯蔵金ヲ預リ

預ケ主ノ為メニ之ヲ利殖スル会社ヲ云フ。

第七十六条　貯蔵銀行ノ責任ハ無限トナシ銀行鎖店ニ際シ其負債ヲ弁償スル為メ資本金ノ外仍ホ各株主ノ資産ヲ以テ之ニ充ツルモノトス。

第七十七条　貯蔵銀行ハ某貯蔵銀行ト称シ開業前ニ貨幣又ハ公債証書其他政府ノ保証ニ係ル証券（時価ヲ以テ計算ス）ヲ大蔵省ニ納メ貯蔵預リノ保証金トナスヘシ。但保証金ハ必ス資本金ヲ以テ之ニ充ツルモノトス。

第七十八条　貯蔵銀行ニテ預ルヘキ貯金ノ総額ハ前条ノ保証金ニ対シ四倍マテヲ限リトス。其上猶ホ預リ込ヲ為サントスル者ハ、之ヲ大蔵卿ニ出願シ許可ヲ受ケタル上其保証金ヲ増納シ更ニ之ニ対シ四倍マテノ預リ金ヲ為スコトヲ得。但資本金ヲ以テ保証金ニ充テ猶ホ不足アルトキハ更ニ増株ヲ為シテ之ヲ補充スルモノトス。

第七十九条　貯蔵銀行ノ保証金ハ大蔵省ノ便宜ニヨリ其銀行管轄ノ地方庁ニ納メシメ該庁ニ於テ之ヲ管守セシムルコトヲ得。

第八十条　貯蔵銀行ハ各預ケ主ニ記名ノ通帳ヲ交付シ其記名者ニ係ル貯金ノ出納ハ総テ之ニ記載シ主務ノ役員之ニ捺印スヘシ。

第八十一条　貯蔵銀行ハ預ケ主一人ニ付キ五百円以上ヲ預ルコトヲ許サス。但利倍増殖ニヨリ右制限以上ニ上ルモノハ此限ニ在ラス。

第八十二条　貯蔵銀行ハ営業時間中何時ニテモ預ケ主ノ請求ニ応シ直チニ其預リ金ノ全額又ハ幾分ヲ払戻スヘシ。但一口五十円以上ノ払戻ハ其預ケ主ヨリ予メ通知セシムヘキ日数ヲ定款ニ於テ十五日ヲ限リ適宜規定スルコトヲ得。

第八十三条　貯蔵銀行ハ毎月其営業ノ報告表ヲ作リ大蔵卿ニ差出スヘシ。但其様式ハ大蔵卿ノ定ムル所ニ準拠スルモノトス。

第八十四条　貯蔵預リ金仕払準備ノ割合、利子ノ計算、貯蔵預リ金ノ最低額及ヒ積立金其他緊要ノ事項ハ定款ヲ以テ定ムヘシ。

第八十五条　貯蔵銀行ハ本章ニ規定スル諸件ノ外仍ホ第一章合本銀行ニ関スル規定ニ準拠スルモノトス。

第八十六条　貯蔵預リノ事業ハ国立銀行又ハ合本銀行ニ於テ兼営スルコトヲ禁ス。

第三章　罰則

第八十七条　本条例ニ準拠セスシテ第二条ニ記載スル事業又ハ貯蔵預リノ事業ヲ営ム合本会社ヲ設立スルコトヲ禁ス。之ヲ犯シタル者ハ十円以上二十円以下ノ罰金ニ処シ仍ホ其会社ヲ解散セシム。

第八十八条　株主募集ニ関シ虚偽ノ広告ヲ為シ又ハ社外ノ人ノ名義ヲ冒認シ其他詐偽ノ所為ニ由リ株主申込ヲ誘導セント図リタル者ハ詐偽取財ノ罪トナシ刑法ノ各本条ニ照シテ処断ス。

第八十九条　合本銀行又ハ貯蔵銀行ノ頭取々締役其他ノ役員左ノ諸件ヲ犯シタルトキハ本人及ヒ之ヲ命令シ又ハ聴容シタル者ヲ拾円以上弐千円以下ノ罰金ニ処ス。

第一　第二条規定外ノ事業ヲ営ミタル者

第二　第二十二条ノ規定ヲ犯シタル者

第三　第四十七条ノ規定ヲ犯シタル者

第四　第五十条ノ規定ヲ犯シ検査官ノ要求ヲ拒ミ又ハ其推問ニ対シ詐偽ノ答ヲ為シタル者

第五　第五十三条ノ規定ヲ犯シ薄冊報告ニ詐偽ノ記載ヲ為シ又ハ規定外ノ帳簿ヲ設ケテ計算ヲ隠欺シ又ハ帳簿ニ記セサル事業ヲ営ミタル者

第六　第五十八条ノ規定ヲ犯シ鎖店ノ命又ハ許可ヲ受ケタル後銀行ノ事業ヲ営ミタル者

第七　第六十三条ノ規定ヲ犯シ詐為〔偽〕ノ口実ニヨリ鎖店処分人ノ質問ニ答弁スルヲ肯セサル者

第八　方法ノ如何ヲ問ハス銀行ノ資金ヲ以テ其銀行株券ノ入金ヲナサシメ又ハ現入金ナキ株券ヲ振替勘定等ニヨリ詐ツテ入金シタリトスル者

第九　銀行ノ総勘定決算ヲ為サス又ハ其決算ニ依ラス又ハ詐偽ノ決算ヲ為シテ純益金外ノ配当ヲ為シタル者

第十　前数項ノ外ト雖モ本条例又ハ定款ノ規定ヲ犯シ因テ銀行ニ損失ヲ生セシメタル者

第九十条　国立銀行又ハ合本銀行ノ役員第八十六条ノ規定ヲ犯シタル者、貯蔵銀行ノ役員、第二章ノ規定ヲ犯シタル者及ヒ鎖店処分人鎖店ニ関スル規定ヲ犯シタル者ハ亦前条ニ同シ。

第九十一条　前二条ノ諸件ヲ犯シ因テ銀行ニ損失ヲ生セシメタル者ハ仍ホ連帯シテ之ヲ弁償セシムヘシ。

第四章　附則

第九十二条　本条例布告以前ノ創立ニ係リ銀行又ハ会社ノ名ヲ以テ銀行事業ヲ営ムモノハ大蔵卿ノ指定スル期日迄ニ本条例ニ準拠シ更ニ許可ヲ受クヘシ。若シ期日ヲ過キ其手続ヲ為サヽルモノハ其社ヲ解散セシムヘシ。但第三条第十五条ノ制限及ヒ第三十六条第一項ノ規定ニ適セサルモノト雖モ此三件ヲ除クノ外総テ本条例ニ準拠シ更ニ出願スルニ於テハ向五年ヲ限リ之ヲ許可スルコトアルヘシ。

第九十三条　本条例布告以前ニ係リ国立銀行又ハ合本銀行ニ於テ貯蔵預リノ事業ヲ兼営セシ者ハ第七十六条ヲ除クノ外総テ第二条ノ規定ニ準拠シ更ニ出願スルニ於テハ向三年ヲ限リ之ヲ許可スルコトアルヘシ。

第九十四条　政府ニ於テ必要ナリトスルトキハ何時ニテモ本条例ヲ改正増削スルコトヲ得。

〔註〕元老院罫紙。

Ⅲ　四條隆英と商工政策

四條隆英宛書簡

1　維新史料編纂事務局　大正9年3月5日

第二二九〇号

大正九年三月五日

維新史料編纂事務局（印）

男爵四條隆英殿

借用証書

左記史料借用致候也。

記

一、日記　慶応四辰五月永昌役所　五冊ノ内巻参　壱冊

一、同　同年六月ヨリ八月十五日迄　巻四　壱冊

一、民政録　慶応四戊辰年従五月新潟裁判公文所　壱冊

〔封筒表〕府下千駄ヶ谷四丁三一五、男爵四條隆英殿、執事御中。

〔封筒裏〕維新史料編纂事務局、東京市麹町区三年町、維新史料編纂会。

2　一木喜徳郎　（昭和2）年12月10日

拝啓　寒気相加者り候処、益々御清勝之段奉欣賀候。扨て甚た唐突に候へ共、別紙履歴之者今回貴省に就職

相願ひ居候趣に候処、同人在学中家庭教師等を務め苦学致候に拘らす相当之成績を収め、将来御役にも立つへき者と存候間、御銓衡の上御採用被下候者々幸甚に有之。何卒宜敷御高配を被むり度奉希望候。先ハ右得貴意度如斯御座候。敬呈

一二月十日

喜徳郎

四條老台侍史

〔封筒表〕市外中野本郷根河原一三六、四條隆英殿、親展。

〔封筒裏〕麴町区壱番町、一木喜徳郎。差出年は消印による。

3　一木喜徳郎　（昭和2）年12月21日

拝啓　陳者過般願上候高橋哲儀採用予定候補中に編入せらるへく御内定の趣、御内報被下難有拝承、偏に御高配之致す所と深く奉感銘候。本人の幸者勿論小生も共々相喜ひ候次第に御座候。不取敢書中御礼申陳度。如斯御座候。敬呈

十二月廿一日

喜徳郎

四條老台侍曹

〔封筒表〕市外中野本郷一三六、四條隆英殿、親展。

〔封筒裏〕麴町区一番町、一木喜徳郎。差出年は消印による。

4　太田正孝　昭和（　）年10月19日

謹啓　閣下益々御清祥奉賀候。茲ニ御紹介申上候米田吉盛君ハ小生の直接関係致候横浜専門学校理事にて卒業生就職の件にて持参致候。同校ハ真面目の学風にて一般実業界の気受けもよきやう被存候。御多用中乍恐縮寸時御引見御厚配仰度、此段乍略儀御手紙差遣申候。拝具

十月十九日

太田正孝

四條男爵閣下侍史

〔封筒表〕安田保善社、男爵四條隆英閣下、米田吉盛君持参。

〔封筒裏〕大森区山王一ノ二六一六、太田正孝、十月十九日。太田正孝、米田吉盛の名刺同封。

5　金子堅太郎　（大正15）年12月6日

拝啓　陳者先般来種々御尽力被下候河原田平助褒賞之件今回御決定相成、早速御通知被下忝奉存候。直ニ其旨本人ニ通報致置候間、何れ本人より御礼可申上候へとも不取敢小生よりも御礼申上候。匆々敬具

十二月六日

堅太郎

四條商工次官殿侍曹

〔封筒表〕東京市商工省、四條商工次官殿、親展。
〔封筒裏〕相州葉山町、金子堅太郎。差出年は消印による。

6　四條隆愛　昭和4年5月1日

拝啓　陳者此度拙家整理に関し金員御援助賜り候。昨日一条公爵より伝聞仕り御芳情奉深謝候。参上致し御礼申述べきの処乍勝手以書中御厚礼申上度、如斯御座候。敬具

昭和四年五月一日

四條隆愛

男爵四條隆英殿

〔封筒表〕市外中野町本郷一三六、男爵四條隆英殿、親展。
〔封筒裏〕市外代々幡町代々木、四條隆愛。

7　下岡忠治　（大正13）年11月17日

拝啓　爾来御無音ニ打過居候。扨過般上京之節御面晤之機会無之遺憾ニ存居候。貴下製鉄所長官ニ御栄転之事頻リニ新聞紙上に喧伝致居り当然の事ニ有之候所、多分事実として現はれ候義と存候。其以外の農商務部内の変動は長満君の辞職其他に伴ひ如何の模様ニ有之

候哉。近情御知被下候は丶、幸甚ニ奉存候。総督府も今回の整理にて一大改革を行ふ心積にて目下着々準備中有之候。何れ明春一月上京之砌御面晤之機可有之候得共、不取敢近況伺旁愚意申述度。草々敬具

十一月十七日夜

下岡忠治

四條男爵閣下

〔封筒表〕東京市丸ノ内農商務省工務局、男爵四條隆英殿、御直披。
〔封筒裏〕朝鮮京城、下岡忠治、十一月十七日夜。

差出年は消印による。

8　高橋是清　大正15年2月7日

十五年二月七日

拝啓　時下益々御芳健奉賀候。陳者御聞及も可有之候得共、静岡県之高柳信蔵と申人此程両三度面会致し段々話を承り候処、同人ハ数ヶ年前ヨリ輸出織物組合之件ニ付一方ナラズ尽力致し遠州織物工業ニハ少カラズ貢献致候事と被存候。例之工業組合法実行ニ付目下努力致居候特志家ニ御座候。就而者貴台ニ御面会願出候様申聞置候間、御多忙中御迷惑ニ候半ガ、罷出候節ハ御引見ノ上十分ニ同人ノ意見モ聴キ、且又政府之方針ト一致スル様充分ニ御指導被下度相願候。右御紹介迄如此御座候。敬具

高橋是清

四條次官殿

〔封筒表〕豊多摩郡中野本郷根河原一三六、男爵四條隆英殿、親展。
〔封筒裏〕赤坂区表三ノ十、高橋是清。

9　高橋是清　(昭和7)年10月12日

拝啓　来ル十五日帰京ノ予定ニ致置候処、大蔵省会議ノ都合ニテ廿日過迄当地ニ静養シ得ル様相成、又医者モ成丈ケ永ク滞在スル様勧メ候ニ付、来ル廿日ニ帰京致ス様変更致候。就テハ其前御話致度事有之候ニ付、

御都合出来候ハ、明十三日夕刻（五時ヨリ六時頃）ヨリ御来葉被下間敷哉。昼ノ中ハ兎角来客勝ニ付、夕食後御帰京ノ積ニテ御入来之程希望致候。匆々不一

十月十二日　是清

四條様

〔封筒表〕東京市麹町区大手町壱丁目六安田保善社、男爵四條隆英殿、親展。

〔封筒裏〕相州三浦郡葉山町一色、高橋是清、十月十二日。差出年は消印による。

10　中橋徳五郎　（昭和2）年6月6日

拝啓　御清適奉恭賀候。陳ハ審議模様御報告被下奉謝候。会員一統非常之勉強之由、悦ニ不堪候。不取敢御礼申上候。頓首

六月六日　中橋輩

四條次官閣下

〔封筒表〕東京築地商工省、商工次官四條隆英様、必親展。

〔封筒裏〕大阪市天王寺区悲田院町、中橋徳五郎。差出年は消印による。

四條隆英関係書類

1　国産振興の真意義（四條次官講演要旨）

国産振興の真意義（四條次官講演要旨）

国産振興ト言フコトハ近時朝野ノ声トシテ切リ〔ママ〕ニ唱ヘラレテ居ッテ、謂ハバ一ツノハヤリ言葉ト言ッテモ宜シイ位デアル。然シ乍ラ国産振興ノコトタルヤ、今ニ始ッタコトデハナイノデアッテ何レノ国ニ於テモ亦何レノ時代ニ於テモ一国ノ産業政策ノ基調ハ国産ノ振興ニ外ナラナイノデアル。明治維新以来今日迄年ヲ閲スルコト六十有余年、其ノ間我歴代ノ政府ノ産業政策ノ根本方針モ此原則ニ終始シテ来タノデアル。明治時代ノ初期ノ頃ニ一時富国強兵ト言フ言葉ガ盛ニ唱ヘラレタコトガアッタガ、其ノ言フ所ノ富国ト云フコトモ必竟国産ノ振興ニ因ッテノミ得ラルル結果ニ外ナラナイ。然ルニモ拘ハラズ、最近二三年来殊更ニ国産振興ト言フコトガ大ニ高調セラルルノハ何故デアルカ。思フニ之モ、所詮ハ、欧洲大戦乱ノ齎シタ一ツノ影響ニ過ギナイノデアル。欧洲戦争ハ何致セ前後五年ノ久シキニ亘リ、且ツ世界中ノ、文明国ト云フ文明国ハ、悉ク挙ゲテ其ノ渦中ニ捲込マレタノデアルカラ、其ノ各方面ニ及ボシタル影響ハ、甚タ、広ク且ツ深イモノガアル。就中経済上ニ及ボシタル影響ノ最モ顕著ナルモノトシテハ、各国ニ於ケル工業ノ目醒シイ発達ヲ見逃スコトガ出来ナイ。申ス迄モナク、戦時異常ノ場合ニ於テハ各種ノ物資ニ対スル需要ハ急激ニ増加スルカラ、供給ガ之ニ伴フコトハ出来ナイノデアル。而モ今回ノ戦争ノ如クニ世界ノ産業国ハ何レモ之ニ関係シナイモノガナイト云フ有様デハ、各国ハ其ノ必要トスル物ヲ他ノ国カラ供給シテ貰フト云フ訳ニハ行カナイ。工業ノ先進国ノ大多数ハ自分ノ国ノ工業力ノ全部ヲ挙ゲテ戦争ノ遂行ニ是レ日モ足ラナイ訳デアッテ、他ノ国ニ対シテ工業生産品ヲ供給スルト云フ様ナコトハ思ヒモヨラナイコトデアル。然ルニ欧洲戦前ノ世界経済ノ傾向趨勢ハ互ニ有無相通ズルコトヲ本旨トシテ居ッタ。何ヶ国デモ其ノ国デ必要トスルモノハ凡テ国内デ生産スルト云フコトハナイ。必ズヤ幾何ノ物ヲバ他国カラノ供給ヲ仰イデ居ル。ソレガ今ヤ突如トシテ外国ヨリノ供給ガ断タレタノデアル。之レ丈デモ可成リ物資ノ不足ニ苦シム訳デアルノニ更ニ軍国ノ必要上平時ニモ増シテ各種ノ物資ニ対スル需要ハ激増シタ。ソコデ各国ニ於テハ各其ノ自国デ必要トスル物ハ自国内デ生産スルト云フ所謂自給自足ノ経済思想ガ期セズシテ勃興スルコトニナッタ。又ソウスルヨリ外ニ施スベキ策ガナカッタノデアル。於是戦時中ハ各国ハ其ノ国内ノ工業ノ発達ヲ助成促進スル為ニ有ラユル方策ヲ講ジタ。今日カラ批評スレバ随分無理ト思ハレルヤウナコトデモ、戦争ノオ蔭デ相当ノ効果ヲ挙ゲタ。其ノ結果ハ何レノ国ニ於テモ其ノ国内ノ工業ハ大イニ発達シタコトハ殊更ニ論ズル迄モナイ。殊ニ中立国ヤ又ハ交戦国デアッテモ戦場ヨリ遠ク離レテ居ルガ為ニ比較的戦争ノ渦中カラ遠ザカッテ居ル国ノ如キニ於テハ各交戦国カラノ各種ノ物資ニ対スル注文ガ際限モナク殺到シタト云フ訳デ其ノ国ノ工業ガ前古未ダ見ザル殷賑ノ状況ヲ呈シタ。米国ヤ我国ニ於ケル戦時好況時代ノ事例ノ如キハ未ダ我々ノ記憶ニ新ナル所デアル。尤モ戦時経済ハ結局戦争ト云フ一時ノ変態ニ伴フ現象デアルカラ、戦雲全ク収マッタル以後ノ平和経済ニ於テモ、同様ノ事情ヲ維持スルコトノ不可能デアルコトハ言フ迄モナイ。論ヨリ証拠、大正九年以来ノ我財界ノ反動不況ノ事実ニ顧ミルモ蓋シ思半バニ過グルモノガアラウ。何レノ国ノ戦時中ニ於ケル工業発達ノ沿革ヲ見テモ今日カラ考ヘレバ如何ニモ無理ガ多イ。如何ニ自給自足ノ経済思想ニ基クトハ謂ヘ、原料ヤ、販路ヤ、気候風土ヤ、工業技術ノ一般的進歩ノ程度ヤ、サテハ国民ノ性情ヤ等、或ル種ノ工業ノ発達ニ必要欠クベカラザル各種ノ条件ヲ考ヘズニ、遮二無二ニ或種ノ工業ノ発達ヲ図ッテモ、戦争ノ継続スル間ハ格別、戦争ガ済メバ折角ノ努力モ水泡ニ帰スベキハ当然デアッテ又止ムヲ得ナイコトデアル。サレバ戦時中拡張シタリ新設シタリシタ各種ノ工業事業ハ何レノ国ニ於テモ平和経済ニナレバ相当整理セラレナケレバナラナイ運命ヲ持ッテ居ル。然シ乍ラ戦時工業ノ整理ト云フコトハ実際問題トシテ仲々容易ノコトデハナイ。工業ナド云フモノハ多額ノ資本ヲ機械設備ナリ工場建物ナリニ固定シテシマッテ居ルモノデアルカラ、之ヲ整理スルト云ッテモ全ク跡方モナクナクシテ仕舞フコトハ仲々出来憎イ。故ニ工業ノ整理ト云フノハ時トシテハ全然工場ヲ閉鎖スルコトモナイデハナイガ大体ニ於テ経営ノ主体ガ甲カラ乙ニ変更スルニ止マッテ事業其ノ物ハ依然トシテ存スルコトガ少クナイ。故ニ欧洲戦争後各国ニ於テ戦時ニ勃興セル工業ニ付テ之ヲ平和経済ノ時代ニ推移セシムルガ為ニ整理ハ行ハレタガ其ノ結果ハ大局カラ見テ全ク戦前ノ状態ニ帰ルモノデハナイ。否戦前ノ状態ニ比シテハ数段ノ進歩拡張ノ迹ヲ見ルノデアル。抑モ各国ノ近代工業ハ十八世紀ノ末カラ十九世紀ノ初メニカケテ——我国ハ之ヨリモ更ニ約一世紀後レテ明治維新以後日清戦争ヲ機会トシテ——所謂産業革命ナルモノニ因ッテ面目ヲ一新セルコトハ諸君ノ知ラルル通デアル。産業革命ハ其ノ名ノ示スガ如ク其ノ産業界ノ画時代的ノ一大革新デアルガ、今次ノ欧洲戦乱ハ第二ノ産業革命ト称シテモ宜シイ程ニ、世界ノ産業ニ重大且ツ深刻ナル影響ヲ及ボシタノデアル。英国独逸ハ暫ク措キ、仏、伊、匈等従来何レカト言ヘバ農業国ニ属スル中部欧羅巴ノ国々ガ著シク工業化シ一朝ニシテ近代工業国ト変化シタノデアル。二三年前英国デ埃及ガ機関車其ノ他ノ鉄道材料ヲ伊太利カラ買入レタト言ッテ英国人ヲ大ニ驚カシタコトガアル。英国人ノ頭デハ伊太利ト云フ国ハ美術ノ国乃至ハ物見遊山ニ行ク国デアッテ、工業国トシテ英国ト競争スルコトナドハ思ヒモ付カヌ事デアル。況ンヤ英国ノ殖民地ノ埃及ニ英国ヲ差措イテ機関車等ヲ供給スル等ハ夢ニモ考ヘナカッタ所デアラウ。又染料ハ戦前ニ於テハ独逸ノ独占品ト云ッテモ宜シイモノデアルガ、戦時中独逸染料ノ供給ガ杜絶シタルガ為、各国ハ随分困リ抜イテ自ラ其ノ製造ニ着手シテ此事業ノ発達助成ニ大ニ努メタ。独逸トシテハ染料工業ハ技術的ニ見テ極メテ難渋ナ事業デアルカラ、科学ノ国タル独逸ニシテ始メテ出来得ル事業デアルト自信シテ居ッタノモ無理カラヌ点ガアル。学問ニカケテハ天才タル独逸人デスラ此事業ニ成功スルニハ長年月ト多大ノ費用ヲ費サザルヲ得ナカッタノデアル。夫レ故独逸ハ各国ガ染料ノ製造工業ニ手ヲ付ケタト云フコトヲ聞イテモ戦争ノ当初ハサ迄驚カナカッタラウト思フ。一度戦争ガ済ムダナラバ鎧袖一触一挙ニシテ之ヲ覆シ市場ヲ回復スル位ノ意気込デアッタラウト思フ。現ニ戦争ノ末期ニ独逸ガ其ノ国境近クニ染料ノストックヲ集中シテ大ニ各国市場ニ殺到スル準備ヲシテ居ル等ト言フ風説モ伝ヘラレタ。所ガ独逸染料発達ノ経過ニ較ブレバ短日月デハアッタガ、各国ノ染料工業ノ基礎ハ政府ノ保護奨励ノ政策ト相待ッテ牢乎トシテ抜クベカラザルモノニナッタ。工業ノ智識、経験、技術ノ点デハ独逸トハ比較ニナラヌ程劣ッテ居ル日本ニ於テスラ戦時中ニ芽生ヒ〔ママ〕タ染料工業ノ結果独逸染料ハ最早戦前ノ如ク我国内市場ノ独占的支配権ヲ占ムルコトガ出来ナイ様ニナッタノデアル。独逸トシテハ恐ラク感概〔慨〕無量ナルモノガアラウト思フ。之等ハホンノ一二ノ例ニ過ギナイ。要スルニ、欧洲戦争ヲ転機トシテ其ノ影響ニ依リテ各国ノ工業ハ一大進展ヲ遂ゲタコトハ余リ詳シク申述ブルヲ要シナイコトデアル。夫レ既ニ斯クノ如ク各国ノ工業ガ戦時中大発達ヲ遂ゲタル以上ハ各国トシテハ出来ルダケ之ガ維持存続ヲ図ラナケレバナラナイ。一度興隆シタル工業ガ衰亡覆滅スルト云フコトハ独リ事業主其ノ物ノ損失ノミニ止マラズ、多数ノ失職者ヲ生ズルト云フ結果ニナッテ、社会的ニ見テモ重大ナル問題ヲ惹起シ易イノデアル。殊ニ戦争ノ痛手ヲ受ケタ国々ニ取ッテハ、国力ヲ恢復スル唯一ノ途ハ自国ノ産業ノ興隆ノ外ナイ。乗ズベキ機会ガ少シデモアレバ外国市場ニ進出シテ富ヲ贏チ得ナケレバナラナイ事情ニアル。之等ノ事情カラシテ一方、国産ノ振興ヲ唱ヘテ外国品ノ侵入ニ備フルト同時ニ進ンデ外国貿易ノ伸張ヲ力説スルノ声ガ期セスシテ世界ニ普ネキニ至ッタ次第デアル。

国産振興ノコトタル事理極メテ明白デアッテ多クノ議論ヲ要シナイ。何人ト雖国産ノ振興ニ異存アルベキ筈ガナイ。只其ノ実行ニ至テハ極テ至難ナルモノガアル。殊ニ我国ノ如ク工業ノ発達ガ諸外国ヨリモ遅レテ居ッテ未ダ諸外国ニ及バザル点ガアル所ニ於テ一層此感ヲ深ウスル。早イ話ガ如何ニ国産振興ガ国家重要ノ政策デアラウトモ、外国品ニ較ベテ殆ント使用ニ耐エナイ程劣等ノ国産品デアッテハ値段ガ少シ位安クトモ其ノ使用ヲ一般国民ニ強フルコトハ出来ナイ。況ンヤ其ノ代価ガ外国品ヨリモ高イニ於テヲヤデアル。夫レ故ニ一部識者ノ間ニハ国産振興モ結構ナコトデアルガ先ヅ我ニ優良ナル国産品ヲ与ヘヨ、粗製濫造今日ノ如キ我国工業ノ状態ヲ以テ国産品ノ愛用ヲ要求セラレルノハ甚ダ迷惑千万ノ話デアルト言フ意見モアルヤウデアル。此意見ハ寔ニ御尤モ千万デアッテ、我輩モ国産振興ノ根本義ハ優良ナル国産品ノ製造ニ存スルト云フ点ニ於テ全然同感ナリ。政府ノ工業政策ノ根本方針モ一ニ先ヅ以テ優良ナル国産品ノ生産ニ努ムルト云フコトカラ出発シテ居ル。工業振興ニ関スル従来ノ政府ノ諸施設モ皆トシテ然リデアリ、又将来ノ政策モ此点ニ深ク留意シテ努ムベキデアラウト思フ。然シ明治維新以来我国工業発達ノ経過沿革ニ鑑ミテ、我国産ナルモノハ外国品ト比較シテドレモコレモ劣等ノ品質デアルカト云フト必ズシモサウデハアリマセヌ。我国民ハ明治以来政治、財政、軍事、外交等有ラユル方面ニ於テ天才的ノ技倆手腕ヲ中外ニ示シタコトハ御承知ノ通デアル。外国人ハ何人ト雖短日月ニ於ケル新日本ノ進歩ノ迹ニ驚カザルモノハアルマイト思フ。独リ工業ニ於テノミ例外ヲ為スモノデハナイ。我国工業ノ技術ハ外国ニ及バヌ点アリト人モ我モ申スケレドモ、我々ノ先輩ノ努力ノ結果明治以来半世紀間ニ為シ遂ゲタル我国工業ノ偉大ナル進歩発達ノ迹ハ何人モ首肯スル所ニシテ我々共商工省ノ当局トシテハ我国工業ノ発達ノ実状ガ之ヲ外国ノ夫レニ比ベテソンナニ劣ッテ居ルモノデハナイト云フコトニ付テ寧ロ一般国民ノ注意ヲ喚起シタイト思フ。国産品ニシテモ価格ノ上カラモ又品質ノ点カラモ外国品ニ比シテ何等ノ遜色ナキモノモ決シテ少クナイノデアル。後進国ノ悲シサニハ舶来品ニ対シテハ過当ナル尊敬ヲ払ヒ、国産品ニ対シテハ反対ニ不当ニ卑下スル風ガアル。国産品ト舶来品ト比較シテ品質モ値段モ劣ル、劣ラヌト云フコトハ、実ハ事実ノ話デアッテ理窟〔ママ〕ノ争デハナイ。故ニ良キモノハ良イ、悪イモノハ悪イト云フコトハ一目瞭然デ、舶来品ト云フ為ニ之レガ判断ヲ誤ル道理ガナイ訳ダノニ実際ハ外国品崇拝ノ念ニ捉ハレ過ギルノデアル。工業ニ対スル一般ノ素人ノ間バカリデナク工業ノ専門家ノ間ニ於テスラ時トシテカクノ如キ錯覚ニ陥ルコトガナイデハナイ。何セ我国ノ工業ノ発達ハ未ダ長イ年月ヲ経テ居ラヌノミナラズ、万事ハ外国カラ輸入シ之ヲ模倣シタモノデアルカラ、外国品ナレバ大丈夫デアリ、間違ガナイト云フ観念ガ強ク我々ヲ支配スルト云フコトモ無理カラヌ点モアル。然シ乍ラ工業バカリデナク我国ノ近代ノ文物制度ハ何レモ外国ノ夫レニ則ッタト云ッテモ宜シイト思フ。然ルニ今日デハ云ハバ一本立トナッテ学問スラ独立ガ叫バレ外国人ノ糟粕ヲ嘗メルコトヲ厭フヤウニナッテ来テ居ルデハナイカ。然ルヲ工業品ニ限ッテ未ダ模倣時代ノ外国品崇拝ノ妄想ニ酔ッテ居ルコトハ不思議ト云ヘバ不思議ナ話デアル。優良ナル国産品ヲ製造スルト云ッテモ売レナイモノヲ造ル訳ニハユカヌ。工業モ一ノ事業デアル以上ハ、第一ニ其ノ製造シタルモノノ販路ガアルト云フコトガ肝心デアル。元来我国ハ国土狭少デ一般ニ工業生産品ノ国内ノ販路ガ狭イ。此点ガ我国ニ於ケル工業ノ発達ヲ妨ゲル一大障害トナッテ居ル。其ノ上一般国民ガ「上等舶来」ト云フ言葉ニ心酔シテ和製品ハ禄ナモノガナイト云フ謬想ニ捉ハレテ更ラデダニ狭イ我国工業ノ国内市場ヲ益々狭メテ居ル。カクテハ我工業ノ発達ヲ図ラントシテモ得ベカラザルコトデアル。故ニ此外国品ヲ矢鱈ニ尊重シ其ノ実質内容ヲ吟味シナイデ、舶来ト和製ト云フ言葉ノ差デ両者ノ間ニ非常ナ懸隔アル価値判断ヲ与ヘル悪習ヲ改ムルコトガ何ヨリノ急務デアル。我国産品ハドレモコレモ外国品ヨリ劣ッテ居ルト云フ訳デハナイ。現ニ需用者ガ舶来品ダト思ッテ使用シテ居ル物ノ中デモ、焉ゾ知ラン実ハ正真正銘ノ国産品タルモノモ決シテ少ナクハナイト思フ。需用者ガ舶来品ダト云ハヌト之ヲ顧ミナイ風ガアルノデ生産者モ商人モ優良ナル国産品ニ対シテハ業《ワザワザ》ニ舶来品ノ体裁ヲ整ヘテ之ヲ市場ニ提供シテ居ル状態デアル。国産品ヲ愛用セヨト云フコトハ何モ悪イ品質ノモノヲ高イ値段ヲ払ッテモ尚且ツ之ヲ使用セヨト云フ訳デハナイ。品質ガ略々同等デ且ツ値段モ大シテ甲乙ガナケレバ外国品ニ先立ッテ先ヅ国産品ヲ愛用セヨト云フニ過ギナイ。或ハ一歩進ンデ品質ノ点ガ少シ位劣ッテ居ッテモ値段ノ方ガ安イトカ品質カ同等ナラ値段カ少シハ高クトモ我慢シテ国産品ヲ使用スルト云フコトニナレバ尚更結構デアル。些細ノコトノ様デアルガ以上ノ点ニ付テ一般国民ガ自覚シテ成ルベク国産品ヲ愛用スル様ニナルト始メテ優良ナル国産品ガ次第次第ニ多ク生産セラレルコトニナルノデアル。斯クノ如ク国民一般ガ先ヅ国産品ヲ愛用スル様ニナリ其ノ結果其ノ工業ガ国内販路ヲ確保スルコトニナレバ更ニ進ンデハ海外市場ニ輸出スル機会ヲ作ルコトニナル。尤モ輸出貿易ハ必ズシモ国内販路ガナクトモ海外市場丈ケニ輸出セラルル場合モナイコトハナイ。所謂輸出物丈ケヲ生産スル工業デアル。然シ乍ラ此上更ニ相当ノ国内販路ヲ有スル方ガ貿易振興上有利デアルコトハ申ス迄モナイ。国内販路ヲ全ク有セザル場合ニハ其ノ事業ノ消長盛衰ハ一ニ外国市場ノ景気ノ良否如何ニヨッテ左右セラルル訳デアルガ、多少デモ国内販路ガアレバ外国市場ノ市況ノ変動ニヨル需給関係ヲ調節スルコトガ容易デアル。故ニ国内販路ヲ持ッテ居ル方ガ確実ニ外国市場ニ進出スルコトガ出来ル。果シテ然レバ国産品ヲ愛用スルト云フコトガ延イテハ海外貿易ノ伸展ヲ来スコトニナル。海外貿易ノ伸展ハ取リモ直サズ国際貸借関係ノバランスヲ改善スルコトニナルコトハ云フ迄モナイ。我国ノ貿易ハ明治初年以来輸入超過ノ年ガ多イ。殊ニ近年ニ於テハ欧洲大戦中ノ四ヶ年ヲ除イテハ連年入超ニ入超ヲ重ネテ居ル。其ノ結果ハ正貨ガ年々流出スルコトニナルノデ国民経済、国家財政ノ上ニ重大ナル影響ヲ来スノデアル。此点ノミカラ云ッテモ国産ノ振興ハ刻下緊喫ノ重要問題デアル。以上述べタルガ如ク国産振興ノ根本義ハ国産ヲ愛用スルト云フコトニ付テ一般国民ガ目醒メルト云フコトニ存スルノデアルガ、一方国産品ヲ製造スル所ノ生産者ノ側ニ於テモ多端ナル此経済的難局ニ臨ンデ大イニ努力発奮セネバナラヌコトハ勿論ノコトデアル。国産品ガ依然トシテ粗製濫造デハ仕方ガナイ。国産品ヲ飽ク迄使用シタイト云フ需用者カラモ努メテ国産品ヲ使用シテ見ルガ成績ガ思ハシクナイ、国産品ノ粗悪ナル為不本意ナカラ外国品ヲ使フト云フ非難ヲ屢々耳ニスル。国産愛用ノ美風ガ一般ニ普及シナイ責任ノ一半ハ慥カニ生産者モ負ハナケレバナラヌト思フ。サラバ生産方面ニ於テ如何ナル点ヲ改善スベキデアルカト云へバ之モ多方面ニ亘ッテ改善スベキモノガアル。然シ乍ラ一般ニ我国工業ノ経営ガ如何ニモ乱雑デアリ合理的デナイト云フ点ガ就中顕著ナル弊害デアルト思フ。諸外国デモ戦后ノ施設経営ノ中心問題トシテ産業ノ合理化、能率増進ト云フコトガ益々論議セラレ、之ガ方策モ著々実行セラレテ居ル。我国ノ如ク多数ノ小規模ノ独立企業ガ雑然トシテ存在シ、多クハ自己ノ利益ヲ図ルニ急ニシテ時トシテハ其ノ事業ノ全体ノ利益ノ為ニ自己ノ利益ヲ犠牲ニスルト云フ精神ニ乏シイ。往々ニシテ多数業者ノ間不当ナル競争ヲシテ結局其ノ業自体ノ信用其ノモノヲ失墜スル弊ガ多イ。又事業ノ経営ノ組織ナリ方法ナリガ合理的デナイガ為ニ能率ガ低ク為ニ生産費ガ比較的高イト云フ風モ所在ニ之ヲ見ルコトガ出来ル。斯クノ如キ状態デハ日ニ月ニ熾烈トナル世界経済競争ノ舞台ニ立ッテ優勝ノ地位ヲ占ムルコトガ覚束カナイ。カクノ如クンバイクラ国産愛用、国産振興ヲ叫ンデモ効果ガナイト思フ。

要スルニ生産者モ消費者タル一般国民モ此時局ノ重大ナルニ鑑ミテ自覚シナケレバナラナイ。世界経済競争ニ負クルト云フコトハ今日以后ノ世界ノ大勢カラ考へレバ総テヲ失フコトデアル。経済競争デ人後ニ陥チタ国ガ他ニ国威ヲ伸張スル途ガナイノデアル。希クバ其ノ朝ニアルト野ニアルトヲ問ハズ、又生産者タルト消費者タルトニ論ナク全国民ガ一致協力シテ真ノ意味ノ国産ヲ愛用スル民風ヲ作興シ真ノ意味ノ国産ノ振興ヲ図リ以テ之ノ経済的難局ヲ切抜クルコトニ協力セラレムコトヲ希フノテアリマス。

〔註〕商工省罫紙。

解　題

本史料集「四條男爵家関係文書」では、史料を時系列、人物ごとに分け、「Ⅰ　四條隆平と戊辰戦争」「Ⅱ　四條隆平と明治国家」「Ⅲ　四條隆英と商工政策」の三部構成とした。

Ⅰ　四條隆平と戊辰戦争

「Ⅰ　四條隆平と戊辰戦争」では、四條隆平（天保一二〈一八四一〉～明治四四〈一九一一〉）に関わる幕末維新期の史料を取り上げる。

■四條隆平の経歴

四條隆平は、天保一二年四月二一日、権大納言四條隆生の三男として京都に生まれた。嘉永六年（一八五三）一二月、兄隆謌の養子となり、安政元年（一八五四）一二月に元服、昇殿を許された。文久三年（一八六三）八月一八日の政変により、養父隆謌が三条実美らとともに、いわゆる七卿落ちの一人として長州へ逃れたことから、隆平も差控を仰せつけられたものの、九月には赦された。隆平自身も思想的には攘夷派に属し、元治元年（一八六四）六月、中山忠能らとともに横浜鎖港の実行を幕府に求める建言に名を連ね、慶応二年（一八六六）には中御門経之・大原重徳らとともに佐幕派の関白二条斉敬と中川宮朝彦親王を弾劾する建議に加わっている。このため同年一〇月には結党建議の故をもって再び差控を仰せつけられた。

慶応三年一二月の王政復古を受け、国事多端により執筆御用掛を命ぜられ、翌慶応四年正月には鳥羽・伏見の戦いに参加、同月五日には朝命を奉じて山崎の津藩（藤堂家）の陣営に向い、同藩を説得、新政府軍に応じさせた。この間の事情については『史談会速記録』中の「四條隆平君国事鞅掌事歴附十三節」（第八三輯）および「男爵四條隆平君戊辰の役山崎表藤堂陣に勅命を伝へられたる実歴附十一節」（第一六五輯）に詳しい。次いで北陸道鎮撫副総督となり、芸州、若州の兵を率いて出発、二月七日には参与職、同月九日には先鋒副総督兼鎮撫使となる。四月一九日には新潟裁判所（後の越後府）総督兼北陸道鎮撫副総督となり、さらに越後国柏崎県知事、越後府知事等を歴任した。明治二年（一八六九）五月、民部官副知事の心得をもって岩代国巡察使を仰せつけられ、六月には戊辰戦争の功績をもって賞典禄二〇〇石を永世下賜された。

その後、明治二年九月に若松県知事、四年八月に五条県知事、同年一一月より六年一一月まで奈良県令を歴任した。この間、奈良県令時代には明治天皇の写真下賜を申請し、六年六月に許されているが、これは地方庁への御真影下賜の嚆矢である。その後、一二年に宮内省より御用掛を仰せつけられ、一五年には太政官権少書記官兼元老院権少書記官に就任し、二一年に元老院議官に就任した。二三年には元老院廃止にともない、錦鶏間祗候を仰せつけられた。その間、二五年八月から二七年六月まで華族会館幹事を務めている。

隆平は明治二七年に四條家（侯爵）から分家し、三一年七月二〇日に勲功により男爵を授けられた。三七年には貴族院議員（男爵）に当選し、院内では木曜会に所属した。四三年一月には七〇歳に達したことにより御紋附御盃および酒肴料を賜わった。四四年七月一八日、死去に際し、勲二等に叙せられ、瑞宝章を授けられた。また葬儀に際しては天皇・皇后より祭粢料を賜り、かつ侍従河鰭公篤が勅使として同邸へ遣わされ幣帛を賜っている(1)。

■戊辰戦争時の四條隆平

さて、「I　四條隆平と戊辰戦争」で取り上げる史料は、四條隆平が戊辰戦争で北越方面に出征し、北陸道鎮撫副総督兼新潟裁判所総督、柏崎県知事、越後府知事を歴任した時期のものである。これらは幕末維新期における公家・華族の実態をうかがえる史料であることはいうまでもないが、明治初年の越後の軍事・民政に関する記録としてこれほどまとまったものはなく瞠目に値する。以下、隆平の活動を交えつつ、収録史料の概要を紹介する。

慶応四年（一八六八）正月三日にはじまった鳥羽・伏見の戦いに勝利した新政府は、有栖川宮熾仁親王を東征大総督に任じ、東海道・東山道・北陸道から江戸に向けて進軍した。隆平は慶応二年一〇月、中御門経之らとともに列参し上奏文を奉った件により差控を命じられていたが、慶応三年三月に赦され、鳥羽・伏見の戦いでは山崎の津藩陣営に赴き、幕府軍攻撃の御沙汰を伝える役割をはたし、正月九日には北陸道鎮撫副総督に任ぜられた(2)。

隆平は、正月二〇日、北陸道先鋒総督兼鎮撫使高倉永祐らとともに京都を出発し、三月一五日、越後高田に到着した。高田に入ると、新潟奉行・佐渡奉行に対して、水帳および郷帳の提出、租税の納入状況や金穀残高を報告することを命じている。しかし隆平らは一九日には江戸に進発したため、わずか五日間の高田滞在では越後の旧幕府領を掌握することはままならなかった。

四月一九日、新政府は江戸在陣中であった高倉を北陸道鎮撫総督兼会津征討総督に、北陸道先鋒副総督兼鎮撫使であった隆平を新潟裁判所総督兼北陸道鎮撫副総督へそれぞれ任命した。新潟裁判所は、隆平が総督に任命されたこの日をもって設置されたといわれているが、設置に関する布達などは見出されていない(3)。開港場の一つである新潟の掌握は新政府にとって重要な課題であり、隆平にとっては重責を担っての着任であった。その後、四月中に加賀藩出身の内国事務局権判事安井和介が越後在勤を命じられ、さらに隆平の求めに応じ長州藩士小笠原弥右衛門が権判事加勢を命ぜられるなど、次第に人員も整えられていった。

隆平ら一行は、閏四月二五日に江戸を出発、海路で越後入りし、五月八日に高田へ到着した。彼らが到着した当時の越後は、戦争下という緊張状態の最中であったため、隆平は当初、北陸道鎮撫副総督として各地に展開する新政府軍を補佐する役割を果たすこととなる。というのも、越後における新政府軍の実際の指揮権は、総督府ではなく、山県有朋や黒田清隆などの「戦地参謀」が詰める前線の「会議所」が握っていたため、隆平らは家令などを柏崎や関原などの前線に派遣し、参謀と協議を行いながら活動していたのである(4)。

隆平の新潟裁判所総督としての民政面における活動が本格化するのは、五月二〇日、前線に派遣した戦地斥候より新政府軍が長岡城を攻略したとの報に接してからである。翌日隆平は、大総督府および軍防局へ長岡城攻略を報じるとともに(5)、内国事務局へ判事以下の職員の増員を要請した。次いで五月二七日、権中納言・三等陸軍将西園寺公望と会談し、西園寺が高倉とともに軍事を担当し、隆平自身は民政に専任することを語っている(6)。

■史料の概要

「1　民政録」は、慶応四年閏四月から五月までに太政官から発せられた布告類を「新潟裁判公文所」がまとめたものである。本史料は、表紙に「従五月」や「御沙汰書江入可申事」とあることから、隆平が五月に再び海路で越後入りした後、新潟裁判所総督として活動するなかで作成されたものと考えられる。内容は「切支丹宗之儀」をはじめ「阿片煙草之儀」など、「元来御国禁」であった法度や金札製造・拝借に関する布告などが記されており、それぞれ『法令全書』などでも確認できる。

五月二九日、「政体書」の規定に基づく地方統治機関として新たに越後府が創設された。越後府は新潟裁判所に代わって、大幅に拡大した占領地や旧幕府領を管轄することとなった。にもかかわらず越後府知事の発令はなく、新潟裁判所総督であった隆平が代行することとなった。

「2　御用諸方書状往来留」は、慶応四年六月から八月までの間に越後府と太政官などとの間に往来した書類を越後府が書き写しまとめたものである。内容は、新政府に提出された書簡・報告のほか、越後府に届いた書簡・布告類なども収載されており、その内容は軍事・民政など多岐にわたる。新出史料も多く含まれるが、とりわけ隆平の辞職願からは北越戊辰戦争が進展する最中の越後統治の困難さをうかがうことができる。当時の隆平の民政観は、六月一六日付「越後進軍並民政国情等之事」に明確に示されている。隆平は、越後の広大な地理的条件や奥羽越列藩同盟軍との戦局をふまえながら、占領地における民政施行こそ「鎮定専務」の事柄と認識しており、彼の越後統治に対する非常な危機感を知ることができる。実際、越後での戦局はいまだ一進一退の情勢であり、占領地の治安維持をはじめ、新政府軍への物資供給を担っていた越後府にとって、「旧領主ヲ慕フ」民心をいかに収攬し、その信任を得られるかが大きな課題であった。

「3　京師ヨリ御布告書控」は、慶応四年六月から九月までの間に京都太政官において発せられた布告書などを越後府がまとめたものである。内容は多岐にわたり、各種人事や処分をはじめ、酒造や金札、衣服や印鑑の制など、様々な布告類が収められている。そのことは、当該期の布告の多様性を示す証左の一つであるが、こうした布告類のほとんどは全国一律のものであるので、本史料において越後府のみに宛てられた布告類の記載は極端に少ない。隆平が同年九月に越後府知事に任じられた際の御沙汰書の写しなど、ごく一部である。

「4　辞職歎願控」は、慶応四年六月から九月までに出された諸官員の辞職願を越後府が書き写したものである。本史料には、越後府権判事であった安井和介をはじめ官員数名の辞職願が書き写されており、これにより従来明瞭でなかった官員の辞職経緯の一端が明らかとなった。たとえば、安井の辞職は、隆平の命により越後府判事以下増員を要請するため上京したところ、安井自身に越後府判事任命と従五位下の宣下がなされ、その後帰府の途中「劇症」となり「速ニ快復仕間敷」なったため職を辞することを歎願したというものである。安井の辞職歎願は、ほかにも慶応四年八月一一日付小西直記（四條家家令）宛と同年八月付弁事宛のものが収められている。安井らの辞職歎願の特徴として、何の功名もなく官位・昇進を受けてしまっては、「諸人ニ不服」が生じ越後府政への妨げになるとの認識で共通している点があげられる。なお安井の辞職歎願については、東京大学史料編纂所所蔵「四條家維新文書」にも同内容のものが収められている。

「5　探索方御用書上帳」は、慶応四年七月一五日付で探索方「女谷村庄屋常吉」と「尾町村庄屋忠三郎」が民政局に提出した探索御用の報告書である。内容は、七月一〇日から一三日までの行程で行われた探索御用の具体的な活動である。民政局に探索方が設置されていたことは従来知られていない事実であった。探索方の設置時期などは判然としないが、本史料から少なくとも慶応四年七月段階で探索方なる役職が存在していたことは確認できる。本史料からは、戦局が安定しない前線地域における探索御用の実態が明らかになるとともに、統治側においても探索方を活用して戦闘で荒廃した各地の実情や民心の把握につとめていたことが浮かび上がってくる。

七月二七日、新政府は新たに越後国頸城・魚沼・刈羽の三郡を管轄する柏崎県を設置し、隆平を知県事に任命した。隆平は、それまで実質的に越後府知事を代行していたが、八月一四日に柏崎県知事任命の報に接している。

「6　御用諸方書状往来控」は、慶応四年八月から九月までの間に柏崎県と弁事官・行政官などを往来した書簡などを柏崎県がまとめたものである。とりわけ、隆平の柏崎県知事時代の書簡が多く、柏崎県知事としての動向を詳しく知ることができる史料である。また、本史料にある明治元年九月五日付四條隆平宛岩倉具視書簡は、東京大学史料編纂所所蔵「四條家維新文書」にも同内容のものが所収されている。なお、「4　辞職歎願控」と同内容の記事も収められている。

「7　京都ヨリ御布告控」は、慶応四年八月から九月までに太政官から発せられた布告類を柏崎県が書き留めた史料である。府県へ出された諸布告はもとより、柏崎県に出された達書も見られ、県の管轄・人事など、内容は多岐にわたる。そのほか、隆平宛弁事書簡なども含まれている。「6」の内容と対になる記事も多く、相互に活用することが望まれる。なお、本史料からは太政官より京都府職制や太政官日誌が定期的に送付されていることが分かり、新政府が「府藩県一定之規則」の確立に苦慮していることをうかがわせる。

「8　御伺書之控、御達書之控、在町御達書之控」は、慶応四年八月に柏崎県が発した書類の写しである。

内容は、人事のほか、民政局が発した民政方針が収められている。とりわけ、県下に発令した民政方針の中で、町年寄・大肝煎を「民長ニテ諸民之標準」と位置づけ、「旧習ヲ改革シ、是迄之仕癖之泥ミ等閑之分ニ無之様、可相心得候」ことを布告し、「其器ニ当ルモノヲ御登用ニ可相成」と掲げている点は、柏崎県の地方統治を分析する上でも興味深い史料といえる。

これら「6」〜「8」からは、従来詳らかでなかった第一次柏崎県政（慶応四年七月二七日〜明治二年二月二二日）の実態や柏崎県知事としての隆平の動向をつぶさに知ることができ、その詳細をより明らかにすることが期待できる。

「9　高田藩江御達控」は、慶応四年二月から八月一五日までの間に出された越後府から高田藩への達書や書類を、越後府が控えとしてまとめたものである。内容は、接収した幕領の管理・取締を高田藩へ命じた達書のほか、越後府の人事に関する記事も収められている。高田は北陸道総督府が置かれ、新政府軍の重要な戦略拠点であった。

ところで、隆平が代行していた越後府知事であるが、新政府は慶応四年七月四日、岩松俊純[7]を知事に任命した。隆平は、七月一三日に岩松任命の報を受け、翌一四日には弁事宛に書簡を送り、岩松着任後は直ちに職を辞してよいかとの伺いをたてている。この越後府知事人事問題については、溝口敏麿「「越後府知事」四條隆平の誕生」（小村弌先生退官記念事業会編・発行『越後・佐渡の史的構造』、一九八四年）に詳しい。右によると、岩松の起用については、当時江戸にあった三条実美が、同人が知事の器ではないこと、また新潟が開港地で外交事務があり、さらに越後は豊饒の地でもあるので人事を再考し、公卿などのうちから派遣すべきであると説いていたという。越後府知事人事は混乱の末、隆平が九月に知府事へ任命されることで決着する。

「10　書状往復控」は、明治元年一〇月から一一月までの間に越後府に往来した書簡や書類などを越後府がまとめたものである。北越戊辰戦争収束後の越後統治に関する記事が豊富に収められており、当該期の越後府政の実態がうかがえる史料である。

新政府は、一〇月二八日に隆平を越後府知事から免職し、代わりに西園寺公望を新潟府知事に任命した。「10」に収められた記事からは、越後府の府庁所在地を長岡にすることが判事らの「集儀」で決定されたことをはじめ、依然として越後では越後府の名称が使用されていること、隆平が越後府知事として活動していることなどが分かる。

「11　京師御布告到来控帳」は、主に明治元年一〇月から一一月にかけての行政官・外国官・会計官などからの布告類を書き留めた史料である。表紙に「越後府」と見えるが、越後府は九月二一日に新潟府と改称されていた。『新潟県史』通史編6・近代一（新潟県編・発行、一九八七年）によれば、当時越後府と新潟府は混同して使われており、現地ではむしろ越後府と旧名称で呼ばれていた。表紙のこの記載は、そうした当時の混乱の様子をよく示している。

「12　書状往来」は、明治元年末から翌二年初頭にかけて越後府を発着した書状類の写しである。明治初頭の越後統治はめまぐるしい府県の改廃、府県官員人事の混乱など迷走状態にあった。この史料からもそうした越後統治の実態をうかがうことができる。なお一二月一〇日付四條隆平宛万里小路博房書簡、一月一七日付小西直記・渋谷孫蔵宛南部彦助書簡、同日付小西直記・渋谷孫蔵宛渡辺儀右衛門書簡、一月二三日付越後府知事宛渡辺儀右衛門書簡については、同様のものが東京大学史料編纂所所蔵「四條家維新文書」にも収められている。

「13　京都御布告到来留」には、明治元年一一月二四日に到来した行政官布告から翌二年一月七日に外国官より到来した布告までが書き留められている。表紙には「11」同様に「越後府」と見える。本文には、各藩を政府の地方機関として組織する方針を打ち出した藩治職制や神仏分離令の一つである「法華宗三十番神配祀ヲ禁止ス」（『法令全書』）る通達など、府政の指針となる重要な布告が写されている。

「14　北陸道督府御申渡控」は、慶応四年一月から四月までの間に北陸道総督府から発せられた書類を、四條家の家政機関である「永昌館」が筆写したものである。内容は領地や支配、軍事、各種取締など、多岐にわたる。北陸道諸藩に宛てたものが特に多く、京都との往復書類は見られない。隆平が北陸道鎮撫副総督として新潟に入るのは同年五月のことであるから、本史料は北越戦争前の総督府の動向や北陸道諸藩との関係を知る上で興味深いものである。なお、東京大学史料編纂所所蔵「四條隆平戊辰日記」に本史料とほぼ同内容の記事がある。

「15　口上」は、慶応四年七月七日付で柏崎町の星野藤兵衛が民政局役人中へ提出した口上書とそれに対する民政局の対応が記されたもので、西園寺公望配下の役人が筆屋五郎右衛門宅に「御宿」した際の「水風呂之儀」を発端に起こった一件をまとめたものである。民政局は、西園寺公望配下の小頭衆四名が宿所での不調法を咎めた上に「御菓子料金五両」を受領したことを「御政道ニ差響候」行為として問題視した。小頭衆らへの処分は定かではないが、判事からの報告を受けて、西園寺本人へもこの一件が報知されている。なお、「2」にも本史料と同内容の記事がある。その他、関川関所の通行に関する記事も収められている。

これまで述べてきたように、めまぐるしく府県が改廃され、府県官員の人事をめぐって混乱する越後統治に起因してか、従来の研究史においては官員の構成や機構面に関する体系的な検討は十分なされていなかった。そうしたなか、「四條男爵家関係文書」には、越後府・柏崎県・各民政局の官員録が含まれている（華族史料研究会「四條男爵家文書」（四・完）」、〈『東京大学日本史学研究室紀要』一四、二〇一〇年〉掲載目録番号1、15、18、23）。これらの史料は、慶応四年五月・秋（八月頃）・冬（一二月）にそれぞれ作成されたものであるが、官員の構成や越後府・民政局の機構面を明らかにするものとして重要である。表1は、慶応四年五月の段階で作成された官員録であり、その後増員される官員について随時書き加えられている。表2からは、明治元年一〇月時点で柏崎県の所轄に柏崎・川浦民政局が置かれ、越後府は三条・村上・出雲崎・新潟・水原・長岡・奥州民政局を管轄していたことが確認できるが、柏崎県管轄であったはずの小千谷民政局だけは記載が見当たらない。これらの史料を明治二年二月に設置される第二次越後府（明治二年二月八日〜同年七月二七日）の官員（伊藤充「越後府官員の構成」〈『地方史新潟』第六号、一九七五年〉とあわせて検討することで、明治初年の越後地域における官員構成の全体像やその特徴などが明らかにできよう。

以上、戊辰戦争ならびに地方官としての四條隆平の活動をまじえつつ、「Ⅰ　四條隆平と戊辰戦争」に収めた主な史料の紹介を行った。これらの史料からは、当該期における四條隆平の活動の軌跡を克明に知ることができるだけでなく、直轄府県の創設と府県政の展開過程という、近代国家形成期の重層的な政治過程を跡づけることもできる。なぜなら、これらは統治側に立つ個人・組織によって作成・収集された記録という点に最大の特徴があり、とりわけ、明治初年のめまぐるしい府県改廃・変遷により府・県庁文書が現存しないという史料的制約を持つ越後・佐渡地域にとっては、事実上、それに匹敵する内容をもつ史料群と位置づけられるからである。本史料のさらなる分析とともに、先行研究や他史料との比較、検討を重ねることによ

表 1　「慶応四年戊辰年五月　日　越後府役録」

1　越後府

<table>
<tr><th>役職</th><th>氏名</th><th>出身</th><th>備考</th></tr>
<tr><td>判事</td><td>安井和介</td><td>加州藩</td><td>五位、四月権判事、八月当官</td></tr>
<tr><td rowspan="12">権判事</td><td>小笠原弥右衛門</td><td>長州藩</td><td>閏四月</td></tr>
<tr><td>南部彦助</td><td>越前藩</td><td>六月</td></tr>
<tr><td>渡辺儀右衛門</td><td>津和野藩</td><td>六月</td></tr>
<tr><td>宮原大輔</td><td>因州藩</td><td>六月</td></tr>
<tr><td>杉本行蔵</td><td>肥前藩</td><td>七月</td></tr>
<tr><td>井上謙三</td><td></td><td>八月加勢　罷免</td></tr>
<tr><td>植田宗平</td><td></td><td>八月当分加勢　罷免</td></tr>
<tr><td>峰　幸右衛門</td><td rowspan="5">加州藩</td><td>九月、十月十六日奥州若松民政局へ下ル</td></tr>
<tr><td>榊原三郎兵衛</td><td>九月十九日着</td></tr>
<tr><td>成田八九郎</td><td>九月十九日着</td></tr>
<tr><td>高嶺清八</td><td>九月廿日着、十月所労ニ付被免候事</td></tr>
<tr><td>神保八左衛門</td><td>十月七日、同十五日若松へ罷下候事</td></tr>
<tr><td rowspan="3">権判事試補</td><td>小西直記</td><td></td><td>八月</td></tr>
<tr><td>高須梅三郎</td><td>長州藩</td><td>当分加勢、十月十八日府権判事御雇</td></tr>
<tr><td>田宮一郎</td><td>新発田藩</td><td>同権判事試補心得ヲ以相勤候様被達候事</td></tr>
<tr><td>書記</td><td>（記載無し）</td><td></td><td></td></tr>
<tr><td>書記試補</td><td>（記載無し）</td><td></td><td></td></tr>
<tr><td rowspan="16">判司事</td><td>沢田覚之助</td><td rowspan="3">加州藩</td><td>五月、権判事</td></tr>
<tr><td>鈴木平介</td><td>同、十月十七日当分権判事加勢</td></tr>
<tr><td>丹羽権兵衛</td><td>同</td></tr>
<tr><td>宮部六右衛門</td><td>宇和島藩</td><td>同</td></tr>
<tr><td>村上雅之助</td><td>長州藩</td><td>同</td></tr>
<tr><td>星野斎</td><td>柏崎郷士</td><td>八月</td></tr>
<tr><td>小林文作</td><td>加州藩</td><td>同、十月廿日杉本行蔵所労ニ付権判事加勢相達候</td></tr>
<tr><td>木村幾次郎</td><td>越前藩</td><td>八月廿六日着</td></tr>
<tr><td>高山真人</td><td>津和野藩</td><td>九月、九月廿三日庶務方頭取</td></tr>
<tr><td>岩田大作</td><td></td><td>同十九日着、御用掛、榊原附属</td></tr>
<tr><td>瀬尾健三</td><td></td><td>御用掛</td></tr>
<tr><td>長香柳心斎</td><td></td><td>芳（吉）野附属</td></tr>
<tr><td>柳本寛蔵</td><td></td><td></td></tr>
<tr><td>横山忠兵衛</td><td></td><td>渡辺附属</td></tr>
<tr><td>吉川七右衛門</td><td></td><td>庶務方試補</td></tr>
<tr><td>益井純一郎</td><td></td><td>庶務下調方</td></tr>
</table>

1　越後府-2

役職	氏名	出身	備考
判司事	和田丈平		庶務下調方
	長岡秀右衛門		庶務下調方
	町田久太夫		宮原附属
	佐藤喜右衛門		
	小林文作		九月廿五日、庶務方頭取
	丹羽権兵衛		同断、右同断
権判司事	沢原源太郎		八月、当分勤仕
	高山真人	津和野藩	六月、転役
	渡辺浩三	越前藩	七月
	桑原忠右衛門		九月
	木村弘一郎		九月
	高　藤次郎		九月
	桑原忠右衛門		九月廿三日、断獄方
	木村弘一郎		〃、租税方
	高　藤次郎		〃、同断
	五十嵐訪三郎	加州藩	〃、庶務方
権判司事試補	松尾源六郎	高田藩	七月、十月廿六日所労ニ付御免之事
	神取佳久馬		同
	黒板二瓶二	糸魚川藩	同
	楢崎郁之進	長州藩	同、転役
	嶋田祐三郎		同、同
	木村弘一郎	脇ノ町陣屋付	同、転役
	里村藤次郎		同
	桑名忠左衛門		八月、転役
	横山忠兵衛	津和野藩	九月廿三日、庶務方試補
	吉川七右衛門		同、同断
	楢崎郁之進	長州藩	九月廿九日、同断
	嶋田祐三郎		同、同断
筆生	加藤司馬		八月
	白川七郎		同、被免九月
	石川文五郎		九月
筆生試補	福島大治	高田藩	七月
	秋山顕蔵	糸魚川藩	
	菊池又蔵	宇和島藩	六月
	山田勘介		同
	石川文五郎	津和野藩	七月、転役
	北村輯平	柏崎郷士	八月
	加藤主馬		八月、転役
	北沢金平		同
	多田金次郎		同

1　越後府-3

役職	氏名	出身	備考
御用取次	西巻文五郎		七月
	市川敬次郎		
	市川儀三郎		
	竹内庄右衛門		
	岡村為蔵		六月
	尾崎修蔵		
	植木小右衛門		
	山田孝三郎	出雲崎	
	山田波之助		
	新沢茂三郎		
	村山貞次	小千谷	
	松崎兵左衛門		
	大橋源次		
	細山忠三郎		
	内山三郎右衛門	三条	
	平田新九郎		
	木村伝次右衛門	長岡	長岡局
	幡　達治		長岡局
	塚越忠三郎		長岡局
	金子清一郎		長岡局
	風間番右衛門		長岡局
	宮内新太郎		長岡局
	小林善八郎		長岡局
	島宗綱蔵		書物手伝
	松之助		下書役雇
	周治		柏崎書役
	和吉		出雲崎書役
	倉吉		柏崎局小使
	甚作		
	忠兵衛		
	伊吉		
	三之丞		下書役雇

註：史料の中に貼付された紙切れがあり、そこには「十月廿日、一権判事試補高田藩藤田庄右衛門、一同断附属松崎幸之助〔他三名略〕、右依所労願之通被免候事」とある。

2　村上城詰合諸役人交名

役職	氏名	出身	備考
頭取	橋本寛三		
	長香柳心斎		
副頭取	久永惣右衛門		
庶務方本役	進藤保右衛門		
	下田与作		
	矢彦縫右衛門		
	山本文蔵		
庶務方手伝	山本文五郎		
	伊与部芳右衛門		
	坂井賢左衛門		
	伊藤俊太郎		
庶務方下調方	伊与部助次郎		右町方取締専務
郷村方取締方専務	板垣伴次郎		
	竹内藤次郎		
	辰左衛門		
	清左衛門		
郷村取締方手傳	佐藤三郎左衛門		
	河内茂平次		
	高沢義八郎		
	遠山太郎右衛門		
	丹呉平兵衛		
	三助		
御用取次	竹前甚五右衛門		
	弥惣右衛門		
	慶次郎		
	七郎次		
小遣	令治		
	直太郎		
	久太郎		
	勇次郎		

表2　「従明治元年辰猛冬　当（越後府）諸局役員帳」

1　県

	役職	氏名	出身	備考
柏崎民政局役員	判事	恒川新左衛門		
		岡田助三郎		当時休勤
		堀達左衛門		
		宮地友次郎		
		中村石平		
	庶務方専務兼会計方	山田平助		頭取ノ心得
	聴訟方専務兼庶務方断獄方	中西兵吉		頭取ノ心得
	租税方専務兼営繕方	折橋甚左衛門		頭取ノ心得
		山田六左衛門		頭取ノ心得
	営繕方専務兼駅逓方	福村安太郎		御用掛
	駅逓方専務兼聴訟方断獄方	多田孫三		御用掛
	会計方専務聴訟方	新保吉五郎		御用掛
	租税方下調理	勝山八十次		
		永野佐七		
	御用取次	五人		
	書役	二人		
	小遣	四人		
川浦民政局役員	県判事	林　太仲		
	御用掛頭取	沢原源太郎		
	聴訴方			
	御用掛頭取	稲垣直次郎		
	租税方			
	御用掛	加藤司馬		
	営繕方兼筆生			
	御用掛	村山善左衛門		
	会計方兼筆生			
	御用掛	福嶋大治		御用掛加人
	会計方兼筆生			
	御用取次	下鳥一郎		
		西山助右衛門		
		間瀬半治		
		渡辺平助		
		布施定六		
	石炭方御用	江尻貞衛		
		関口他助		
	門番	銀林松平		
		坂井栄蔵		
	小使	長左衛門		
		梅太郎		
		勝吉		

2　府

	役職	氏名	出身	備考
三條民政局役録	権判事	杉本行蔵		
		丹羽権兵衛		当時御暇中
	民政御用掛庶務頭取	小林文作	加州藩	(明治元年十月二十日付貼紙)「杉本行蔵所労ニ付保養中権判事加勢相達候事」
	民政御用掛会計租税営繕方	黒板二瓶二	糸魚川藩	
	民政御用掛刑法並応接	秋山顕蔵	糸魚川藩	
		岩田大作		
	民政御用掛租税堤防方	瀬尾健造		
	民政御用掛会計兼記録方	野崎他吉郎		
	営繕方試補	銀林正蔵		
	記録方試補	大戸大介		
	堤防方試補	若月保左衛門		
	刑法方試補	入沢文之丞		
	御用取次	細山忠三郎		
		内山三郎左衛門		
		中沢左平次		
		歌川徹太郎		
		高山平太夫		
	筆算掛合	清右衛門		
		左内		
	小使	五郎左衛門		
		武七		
		長之助		
	探索方	田村酒造助		
村上民政局役録	権判事	山崎伝太郎		
	庶務方頭取	橋本寛三		宮様随従御親兵
		長香柳心斎		
		久永惣右衛門		村上旧藩家老
		島田直枝		
	庶務方	進藤保太夫	加州藩	
		下田与作		
	筆生	矢彦縫殿右衛門		宮様随従御親兵
		山本文蔵	新発田藩	
		吉田省之進		越後郷士
		藤田賢之助		
		佐藤国之助		
		草野永介	加州藩	十一月

2　府-2

	役職	氏名	出身	備考
村上民政局役録	庶務方下調方	坂井健左衛門		元庄屋
		伊藤俊太郎		庄屋
		山本又五郎		村上町年寄
		伊与部芳左衛門		
		伊与部助次郎		村上大年寄
		板垣伴次郎		大庄屋
		竹内蔵次郎		
		辰右衛門		庄屋
		清左衛門		
		佐藤三郎左衛門		
		河内茂平次		
		高沢義八郎		
		遠山太郎左衛門		
		丹呉平兵衛		
		三助		
		竹前甚五右衛門		
		弥惣右衛門		村上町年寄
		慶次郎		
		七郎治		
	小間遣子供	金治		
		直太郎		
		久太郎		
		勇次郎		
	門番	市右衛門		
		和吉		
		利吉		
		又右衛門		
		丑松		
	使丁	甚左衛門		
		惣之丞		
		冊左衛門		
		太左衛門		
		又次郎		
出雲崎民政局役員	権判事	宮原大輔		十月二十八日
	越後国三島郡農政掛	稲葉左衛門		
	権判事加勢	鈴木平介	加州藩	(辰極月十五日付貼紙)「鈴木平介右当官ヲ以本府出仕申達候事」
	庶務方頭取	神取佳久馬	高田藩	

2　府-3

	役職	氏名	出身	備考
出雲崎民政局役員	庶務方頭取	平田小介	大聖寺藩	
	庶務方	橋尾平八郎	因州藩	
	庶務方試補	町田文太夫	与板藩	
		佐藤喜右衛門	椎谷藩	
	庶務方下調	久須美三郎右衛門		稲葉左衛門家来
		浅野佐五右衛門		出雲崎住庄屋
	御用取次等	五人		
	租税方手伝	二人		
	書記役	三人		
	小使	三人		
	門番	二人		
新潟民政局	権判事心得	高須梅三郎	長州藩	
	権判事助役	進　美祢人	長州藩	(辰極月十五日付貼紙) 権判事心得ヲ以可相勤事
	新潟民政局頭取	三宅助三郎	新発田藩	
		田宮一郎		
		上領直作		
		冨樫省吾		
	新潟民政局頭取試補	赤崎精一		
		河井金太郎		
		増田勝八郎		
		小宮山藤太郎		
		古谷栄太郎		
		福原広太郎		
		氏家春之助		
		植村虎之進		
水原民政局	権判事	小笠原弥右衛門		
	権判事加勢	村上雅之助		
		宮部六右衛門		
		滝川登		
		山田勘助		
		菊池又蔵		
	権判事試補	藤田庄左衛門	高田藩	十月二十日
		星野斎		
		松崎幸之助		
		小竹金兵衛		
長岡局	権判事	南部彦助	越前藩	
		渡辺儀右衛門	津和野藩	
	権判事試補	藤田庄右衛門	高田藩	

2　府-4

	役職	氏名	出身	備考
長岡局	庶務方頭取聴訟兼会計方	木村幾次郎	越前藩	
	聴訟方頭取断獄兼	林　才次郎	加州藩	
	聴訟試補産業掛	山川廉之助	三日市藩	
		高津道右衛門		
	聴訟方下調試補	木村伝次右衛門	(旧長岡藩)西組喜多村	
		風間伴右衛門	(旧長岡藩)北組福島村	
	断獄方試補	川口欽也	三根山藩	
	監察方試補	安田杢	旧長岡藩	
	民政御用掛	陶山善四郎	旧長岡藩	
		根岸四郎右衛門		
		中村誠作		
	民政御用掛下調方	益井純一郎	津和野藩	
	租税方頭取心得	松尾忠蔵	高田藩	
	租税方試補	松崎幸之助	高田藩	
		土田良三郎	与板藩	
		佐藤順太郎	新発田藩	
	租税方下調試補	和田丈平	津和野藩	
		幡　達治	(旧長岡藩)上組摂田屋村	
		塚越忠三郎	(旧長岡藩)上組中片村	
	会計方試補	吉川七右衛門	津和野藩	
		小竹金兵衛	高田藩	
		斎藤斧右衛門	新発田藩	
	営繕方試補	横山忠兵衛	津和野藩	
		阿部門右衛門	新発田藩	
	営繕方下調試補	永岡秀右衛門	津和野藩	
	書記試補	藤野友三郎	旧長岡藩	
	書記試補加勢	宮内新太郎	旧長岡藩	
	筆生	石川文五郎	津和野藩	
	筆生手伝	嶋宗綱蔵	(旧長岡藩)西組上除村	
	取次	小林善八郎	(旧長岡藩)北組新保村	
	御用使少年	木村立次郎	旧長岡藩	
		菅沼寛蔵		
		山岸利喜太		
		河村文治		

2　府-5

	役職	氏名	出身	備考
長岡局	下使部	伊藤勇兵衛		旧長岡藩足軽
		佐藤関右衛門		
		藤沢舛右衛門		
		田嶋猪野右衛門		
		牛込岩右衛門		
		小林忠右衛門		
		斎藤染左衛門		
		芹沢十三郎		
		高村茂十郎		
		新木孫作		
		林甚左衛門		
		渡辺清太夫		
		佐藤治野吉		
		西片和剛太		
		小林時次郎		
		酒井郡八		
		我妻丈左衛門		
		栄最右衛門		
	書役御雇営繕方付	桂左衛門	(旧長岡藩)西組岡村	
		松之助	(旧長岡藩)上組虎飯村	
		善左衛門	(旧長岡藩)西組七日町村	
	書役御雇書記方付	政太郎	(旧長岡藩)北組十二潟村	
		安左衛門	(旧長岡藩)北組永田村	
	書役御雇租税方付	倉吉	(旧長岡藩)脇野町	
		十左衛門	(旧長岡藩)上組十倉村	
		伊左衛門	(旧長岡藩)庄右衛門新田	
		四郎次	(旧長岡藩)上組瀧谷村	
		栄蔵	(旧長岡藩)上組飯島善兵衛新田	

2　府-6

	役職	氏名	出身	備考
長岡局	書役御雇租税方付	助八郎	(旧長岡藩)上組横越村	
		益太	(旧長岡藩)西組三ツマ屋村	
		助太	(旧長岡藩)西組浦村	
		灰吉	(旧長岡藩)河根川組成沢村	
		元之助	(旧長岡藩)長岡町	
	小間使少年	知弥		旧長岡藩足軽
		吉弥		
		与五郎		
		十士太		
	産所取締方頭取	仁左衛門	(旧長岡藩)長岡町	
		徳次郎		
	小使	津右衛門		旧長岡藩中間
		八蔵		
奥州民政局出仕	権判事	神保八左衛門		辰十月十五日
		宮治友次郎		
		峰幸右衛門		
		沢田覚之助		
	権判事加勢	平井喜代三	本水藩(御親兵)	(十一月十日付)権判事加勢心得ヲ以可相勤様申達候事
	庶務方	島田源太郎		辰十月二十日
		相島平右衛門	越前藩	
		大宮左門		
		市村義三郎	加州藩	
		江川弥八郎		
		多宮与七郎		
		広田平兵衛		
		石川平八郎		
	会計下調方	小川習太郎		辰十月二十日
	筆生試補	芳野信諾		辰十月二十日

2　府-7

	役職	氏名	出身	備考
奥州民政局出仕	民政御用	村田巳三郎		（十月晦日付但書）十月二十四日民政局総轄兼参謀
	庶務方試補	南部理平		
		長谷川貫一		
		河田次左衛門		
	庶務下調方	玉村琢蔵		
		佐藤十郎		
	小遣	（八人）		

り、明治維新史研究における新たな分析視角の提示や実証研究の一層の進展が期待される。

Ⅱ　四條隆平と明治国家

「Ⅱ　四條隆平と明治国家」では、四條隆平に関わる明治時代の史料を取り上げる。史料は書簡と書類に分けた。

■四條隆平宛書簡

〔1〕明治（　）年八月一九日付爵位局第三課書簡は、授爵後の定籍届の提出を求めたものである。

〔2〕明治三一年七月二〇日付醍醐忠敬書簡は、授爵に際しての配布書類の一覧と手続き上の注意を述べたものである。

〔3〕明治（　）年一月二五日付史談会惣裁東久世通禧書簡は、隆平に鳥羽・伏見の戦いにおける山崎砲撃事件についての事実確認を求めたものである。隆平は明治三二年（一八九九）三月二〇日に史談会で談話を行っており、前掲のとおり「四條隆平君国事鞅掌事歴付附三節」という題で

『史談会速記録』第八三輯に収められている（『史談会速記録』復刻版第一四巻〈原書房、一九七二年〉）。それは藤堂釆女とのやりとりから話が始まっているが、書簡中に見える「閣下為勅使御参向之実際、史談会御演説」はこの事を指すのであろう（同前三九二頁～三九四頁）。

■四條隆平関係書類

書類は華族制度関係と元老院関係に大別できる。華族制度関係は、さらに創設期の華族制度に関するものと、十五銀行設立関係に分類できる。

華族制度関係

「1　華族関係勅諭等書取」は、明治四年から明治九年にかけての華族宛の勅諭および指示を書き写したものである。国立公文書館内閣文庫所蔵「岩倉具視関係文書」（北泉社マイクロフィルム版、以下、「岩倉文書」と略す）に同内容の文書がある（「岩倉文書」五八―二）。ただし、それには華族懲戒例なども含まれている。

「2　華族会館司計概算書写」は、華族会館の資産にかかる公債証書残高および、同利子の額、そしてその利子によって購入する証書の額について明治一〇年から明治二四年までの数値を試算したものである。華族会館設立にともなって集められた資本、寄付、公債証書などの利子などをもとに更に公債などの買い増しをはかり、華族会館および学校の運営資金に充てることを企図したためと思われる。同内容の文書が「岩倉文書」（七八―一）に見えるほか、徳川林政史研究所所蔵の文書を底本にした抄録が『学習院百年史』第一編に掲載されている。

ただ、四條家に残された史料は綴じの順序が前後している上、さらに本来別の文書と考えられる記述が一続きの文書の中に紛れ込むなど錯簡が見られた。そのため本翻刻では前掲諸史料を参考に順番を並べ替えている。なお錯簡が生じた理由については不明である。

「3　華族の負債対策について」は、岩倉具視執筆にかかる華族現状救済措置についての指示書である。末尾に負債低減の方策、財産保護のみならず、教育程度の向上なども掲げられ、華族の質的向上をも視野に入れた救済策となっている。

「4　各類宗族長及触頭等へ示談書」は、宗族制度導入にともなう指示を記したものである。国立国会図書館憲政資料室所蔵「三条実美関係文書」(書類の部、六六―一〇、北泉社マイクロフィルム版)、「岩倉文書」(八四―一二)に若干の字句の異同はあるものの同内容の史料がある。本史料の内容は同族内での親睦を図るという一般的な指示のほか、宗族長、幹事、触頭を置くという制度運用上の指示、華族学校への士族入学許可の報告、書籍の寄贈、寄付金への反対給付としての優遇措置についての意見聴取などである。

「5　公家華族ニ常職ヲ授クル議」は、四條隆平の執筆にかかる公家華族救済意見である。内容は、公家華族が負債に苦しむ現状を述べ、公家華族の没落が皇室の藩屛を喪失するのみならず、皇室へ累を及ぼすことになることを指摘、その防止のために公家華族に常職を与えることを主張するものである。論理は公家華族と武家華族の対比によって組み立てられており、武家華族に比して公家華族が皇室にとって重要であるにもかかわらず、維新後、公家華族が不遇に置かれていることを強調しているのが特徴的である。

本史料は『明治天皇紀』巻六の明治一六年八月条に「四條隆平公家華族の救済及び奨励を建議す」として、太政大臣三条実美・左大臣有栖川宮熾仁親王へ呈された建議をもとに内容が紹介されている。臨時帝室編修局が明治天皇紀編修の際に作成した「三条家蔵秘簡目次／昭和」（宮内庁書陵部宮内公文書館所蔵、識別番号35323、35324）の「三条家秘簡　十九　明治十六年分」には「六、四條隆平建白　三条太政大臣有栖川左大臣宛八月」と題し、「公卿華族ノ旧藩華族ト権衡ヲ異ニスルノ実況ヲ陳シ急ニ之ヲ扶助奨励シテ華族タルノ名実相反セザラシムルノ必要ヲ論ズ」と概要が記されている。しかしながら原本は前掲「三条実美関係文書」中には収められておらず、宮内庁書陵部で公開されている「三条家文書」「三条公爵家文書」等の写本でも該当文書を確かめることができなかった。おそらく本史料は四條隆平が手許に控えとして残したものであり、史料的価値は高い。

「6　華族会館規則改正意見」は華族会館規則改正案であり、同内容の史料が前掲「三条実美関係文書」（書類の部、六七―五）に存在する。

「7　宗族仮条約写」は、四條隆平が属した宗族の仮条約であり、「8　宗族会議題案」は、その宗族運営のための会議での議題案である。後者では宗族長、幹事の任期、手当の件のほか、宗族内の妻妾姉妹の交際についての約款を定める件、また、宗族会同のための懇話会を開催する件が議題であったことがわかる。

「9　演述覚書・外債償却鉄道建築銀行創立順序書・諸家各自計算書」は、元来別々の三つの文書を筆写し、つづり合わせたものである。「演述覚書」は十五銀行創立のための必要書類の提出を宗族長に命じた指示書および、同書類の提出時の宗族長による添書の写しである。「外債償却鉄道建築銀行創立順序書」は十五銀行設立および、その資金の日本鉄道への投資の願書とその別紙からなる。『三井銀行八十年史』所収の「十五銀行小史」に、別紙の内、第一号「蜂須賀茂韶徳川慶勝以下十名建言」については明治五年十月の「蜂須賀茂韶建言」にあたる部分が、また第三号「銀行創立ノ方法」、第四号「外国負債償却並鉄道建築方法」についてはそのすべてが、若干字句の異同があるが翻刻されている。

「10　第十五国立銀行定款同創立証書（草案）」は、「第十五国立銀行定款」と「第十五国立銀行創立証書」からなるが、両者とほぼ同内容のものが、『華族会館誌』付録四の明治一〇年五月一九日の項、および前掲「十五銀行小史」に翻刻されている。しかし、『華族会館誌』と「十五銀行小史」記載の史料とは字句に異同があるほか、『華族会館誌』「十五銀行小史」には存在しない朱書の頭註が本史料には存在するといった違いがある。なお、この頭註は本史料の前段階の定款草案からの修正点を記したものであり、「10」はこの頭註の内容を反映済のものとなっている。以上のことからは、本史料はほぼ最終段階の定款草案であること、かつ四條隆平が何らかの形で定款の起草に関与していたことがうかがえる。

「11　宮内省差出定款」は、華族による国立銀行設立に際し、宮内省に提出した定款である。同内容の文書が『華族会館誌』付録四の明治一〇年五月二一日の条の「第十五国立銀行申合規則」という表題の文書として「月給規則」「旅費定則」とともに掲載されている。ただし、『華族会館誌』の当該箇所には「本舗ノ申合規則ヲ部長局ニ進達シ職員月給表幷仮規則ヲ各課ニ分布ス」とあるが、「職員月給表」（「月給規則」のことか）、「仮規則」は「11」には記載されていない。

「12　総会演説」は、第十五国立銀行の第一次総会における演説である。

「13　国立銀行創立願関係書類」は、ほぼ同文のものが前掲「岩倉文書」（八二）に「銀行創立順序第二報告」として収められている。右史料は「東京　第十五国立銀行」の罫紙に記されており、配列も本史料では最後に収録されている「銀行創立順序第二報告」が冒頭にあり、これに「第壱号」～「第五号」が続いている。内容は両者ともほぼ同じであるが、第五号「第十五国立銀行創立ニ付願請条件」の日付が本史料では

「明治十年四月　日」なのに対し、「岩倉文書」の方では「明治十年四月廿五日」となっているなど、わずかな差違がある。本史料のうち、「第一号」～「第五号」に関しては「岩倉文書」を底本にした翻刻が霞会館編『華族会館史』に収載されているほか、「第二号」～「第五号」は前掲「十五銀行小史」にも翻刻がある。ただし、第五号については「13」は全六条であるのに対し、「十五銀行小史」掲載のものには「銀行条例第五十四条」に関する箇条が「第五条」に挿入され、全七条となっている。

「14　第十五国立銀行開業関係書類写」は、銀行開業のための一連の準備が整った後、関係書類を岩倉具視に提出した際のやりとりの写で、提出書類の目録が添付されている。

「15　第十五国立銀行世話役増加の儀」は、岩倉具視からの世話役増加の照会について、頭取から株主に諾否を尋ねたものである。

「16　第四十四類各家銀行計算表」は、「9」に含まれる「諸家各自計算書」の書式に基づき、第四十四類について調査をした結果である。第四十四類は四條が属していていた宗族である。この宗族は、明治一一年に刊行された『華族類別録』では第四十五類となっているが、かつて第四十四類であったことは明治一〇年二月一六日付で「第四十四類宗族長」である山内豊範が部長局に対し、幹事である隆平に宗族長の事務を代理させることを届け出ている文書からわかる（宮内庁書陵部宮内公文書館所蔵「本局申稟」明治一〇年一月～四月、識別番号31442）。

以上、書類のうち華族関係についてみてきたが、特徴として、作成時期は明治初年の華族制度創設前後に集中しており、四條隆平が華族会館幹事を務めていた時期のものはほとんどみられないこと、また、「岩倉文書」や『華族会館誌』などに収められている文書と内容が共通するものも多いが、一方で字句まで完全に一致するものは少ないことがあげられる。「四條男爵家関係文書」の底本、および、写本の目的について更なる検討が必要であることが指摘できる。

元老院関係

つづいて元老院関係の書類である。四條隆平は、明治一五年五月一〇日、太政官権少書記官兼元老院権少書記官に任じられ、調査課勤務を命じられた(8)。はじめは太政官権少書記官を本務とし元老院は兼務であったが、翌日には元老院書記官専務となった。「四條男爵家関係文書」には四條隆平の書記官時代の史料が多数残されている。

「17」「18」は、ともに写しで、元老院の審議と直接には関係性が薄いが、同院における四條の活動を通じ手許に残った可能性がある。

「17　内田政風・海江田信義意見書」は、明治八年一〇月、元老院議官にあて、三条実美太政大臣の辞職を建白したものである。同文の文書が『明治建白書集成』第四巻(9)に収録されている。しかし、所蔵先とされる機関に問い合わせたところ文書の存在が確認できず、出典が不確かなことが判明した。また、この文書は、かつて川崎男爵家所蔵の「岩倉具視関係文書」に原本乃至写しが存在していたが、その後行方不明となっており、現在古文書として内容を確認できるのは「17」だけであることから、本史料の存在は貴重といえる。

「18　島津久光上奏書」は、明治政府の欧化政策を批判し、自分の提案が容れられないので、左大臣従二位の官位を返上したいとする島津久光の意見書である。『鹿児島県史料　玉里島津家史料　八』の「二四四八　久光公官位奉還ノ上書(10)」および、右を典拠とした『島津久光公実記(11)』、『明治天皇紀(12)』によって知られている文書とほぼ同文である。ただし、「18」が日付を「明治八年乙亥」としているのに対して、『鹿児島県史料』は「明治七年十月」としている点に違いがみられる。このため鹿児島県歴史資料センター黎明館保管「玉里島津家史料」で、先にあげた二四四八および、この史料の別の草稿である「二四五一　久光公ノ上書」[13]を参照した結果、後者の草稿の末尾に「右通ノ御書面去年十月御認ニ相成居候ヲ明治八年亥四月九日三条江御遣ニ相成候事」と書込まれているのを発見した。これによって、意見書の日付を「明治八年」とする「18」の記述は内容的に矛盾がないことが判明した。さらに、「三条実美関係文書」中の四月九日付三条・岩倉宛島津久光書簡[14]に意見書の奉呈を示す記述があることや、島津が三条・岩倉等の動きを記した覚書である「二五五一　三条岩倉両公ノ左府公訪問其他」[15]に「四月九日　一御書付御差出」とあることからも、このことが裏付けられる。以上のことから、従来明治七年一〇月のものと考えられてきた意見書は、実際に公表されたのは明治八年四月であることがわかった。

「19　商人手形流通ノ儀ニ付関係書類」は、「為替手形約束手形条例」（明治一五年一二月一一日太政官第五七号布告）が元老院で審議された際の参考資料と考えられる。内容は「為替手形約束手形条例」制定以前の手形流通関係の動きをまとめたもので、元老院の審議に際して調査した参考資料と考えられる。史料には、東京銀行集会所加盟の三井銀行ほか八行が手形取引関連の法制化を求めた明治一四年一〇月一四日の大蔵卿佐野常民宛意見書や、渋沢栄一が大審院長玉乃世履に手形流通について法制面で照会した書簡と玉乃の返書の写しが残されている。これらはいずれも『明治財政史』第一三巻の「手形法規ノ制定」に所収されているものだが、同書とは掲載の順番が違っているほか、同書では省略された部分が本史料では掲載されていた。

「20　合本銀行貯蔵銀行条例御発行ノ義ニ付上申」および「21　合本銀行貯蔵銀行条例」は、ともに「合本銀行貯蔵銀行条例」制定についての史料である。「20」は明治一六年一〇月付太政大臣三条実美宛大蔵卿松方正義の意見書であり、「21」は条例案となっている。「20」において、大蔵卿松方正義は、明治九年の国立銀行条例改正以来次々と設立されていた「合本銀行」「貯蔵銀行」について、これを「保護監督」する法令をつくるよう進言している。この当時政府は次々と設立され急激に勢力をのばしていた私立銀行について対応を迫られており、本史料は、こうした中で考案された条例案の一つと考えられる。結果的にはこの条例案は採用されなかったようで、私立銀行への規制は明治二三年の「銀行条例」まで実現していない。なお、本史料について「21」と同文のものが「箕作阮甫・麟祥文書」[16]にあるが、「20」は『明治財政史』中には掲載されておらず、また「松方正義関係文書」をはじめ、管見の限り各文書中にも見当たらないことから新出史料と思われる。

最後に、本書には収録されていないが、そのほかの四條隆平の書記官時代の史料にも触れたい。これらのほとんどは元老院での議案審議の際の配布資料と考えられる。ただし、元老院の議事録である『元老院会議筆記』[17]と同文書とを対照した結果、議事録とは一致しない部分に加筆、修正されている史料が少なからず見受けられることから、元老院書記官調査掛として議案の「照査」にあたっていた際の調査史料と推察される。また、同文書の中には、各種議案調査のために作成されたと考えられる参考資料もみられる。同文書と『元老院会議筆記』との関係については、以前華族史料研究会「四條男爵家文書（三）」（『東京大学日本史学研究室紀要』一二、二〇〇八年）で分析を行っているので、参照されたい。

すでに元老院関係の史料については、元老院の会議筆記をはじめとして国立公文書館に多数の簿冊が残されていることが知られており[18]、これらによって具体的な審議経過は明らかとなっている。また、これら公文書史料を活用した議事の内容分析や、元老院における国憲案をはじめとした法典の編纂に関する研究は少なくない。[19] しかし、本史料に見られるような審議に至る以前の元老院内の各課の活動を伝える史料はほとんど例がなく、これは元老院関係者の個人文書ならではの特色といえる。特に四條が在籍した「調査課」は「照査」を主業務とすることから、基本的に最終的な記録が保存される公文書内には活動の痕跡を見出しにくく、その実態はこれまでほとんど知られてこなかった。よって、今後本史料を、議事史料および元老院の業務記録である『元老院日誌』などと重ねて見ていくことで、元老院内部の様子がより明らかになるだろう。

Ⅲ　四條隆英と商工政策

「Ⅲ　四條隆英と商工政策」では、農商務官僚・商工官僚であった四條隆英（明治九〈一八七六〉～昭和一一〈一九三六〉）に関わる史料を取り上げる。史料は書簡と書類に分けた。

■四條隆英の経歴

四條隆英は、幕末に関白・摂政を務めた二条斉敬の四男として明治九年（一八七六）二月に京都に生まれた。公爵二条基弘は義理の兄にあたる。のち、四條隆平の養子となり、四條男爵家に入った。隆英は第二高等学校を経て明治三七年七月に東京帝国大学法科大学政治学科を卒業し、農商務省山林局書記となる。同年一一月に文官高等試験に合格し、三八年四月に農商務属となる。以後、農商務省山林局庶務課長、鉱山局鉱政課長などを経て、大正元年（一九一二）一二月に農商務大臣秘書官、大臣官房秘書課長となる。この間、明治四四年（一九一一）八月に家督を相続、襲爵した。

大正二年（一九一三）六月商工局工務課長となり、八年五月工務局長兼臨時産業調査局第三部長を経て、一三年一二月農商務次官となる。一四年四月に農商務省が農林省と商工省に分離したのにともない、商工次官に就任した。以後、昭和四年（一九二九）四月まで、三内閣五大臣の下で商工次官を務めた。

商工次官辞職後は安田財閥の本社である安田保善社の社員外理事となる。四條隆英の理事就任は昭和四年一月に安田保善社の顧問となっていた高橋是清の推薦によるものだった。安田財閥では保険方面の事業に関係し、安田生命保険社長のほか、安田系企業の社長や取締役を務めた。

昭和七年（一九三二）五月からは貴族院議員に当選し、公正会に所属した。経済人、政治家としてさらなる活動が期待されたが、昭和一一年（一九三六）一月二日に急逝した[20]。

■四條隆英宛書簡

〔1〕大正九年三月五日付維新史料編纂事務局書簡は、四條隆英宛に、隆平の地方官時代の文書の借用を依頼したものである。

〔2〕（昭和二）年一二月一〇日付、〔3〕（昭和二）年一二月二一日付一木喜徳郎書簡は、四條隆英にある人物の商工省への採用を依頼したものである。

〔4〕昭和（ ）年一〇月一九日付太田正孝書簡は、四條隆英に、横浜専門学校理事米田吉盛を紹介し、面会を依頼したものである。

〔5〕（大正一五）年一二月六日付金子堅太郎書簡は、四條隆英の尽力により河原田平助への褒章が決定し

たことに対する礼状である。

〔6〕昭和四年五月一日付四條隆愛書簡は、四條隆英からの経済的援助に対する礼状である。

〔7〕(大正一三)年一一月一七日付下岡忠治書簡は、四條隆英に対し、農商務省部内の人事について情報提供を依頼したものである。

〔8〕大正一五年一月七日付高橋是清書簡は、輸出織物業組合に尽力する静岡県の高柳信蔵なる人物を紹介し、面会を依頼したものである。書簡中に見える「工業組合法」は輸出組合法とともに高橋是清農商務大臣・四条隆英同次官の下で大正一四年(一九二五)に施行された重要輸出品工業組合法のことと思われる。中小企業による輸出組合結成は中小産業合理化の要諦とされていたが、その実現に向けた活動の一環を同書簡に見ることができる。

〔9〕(昭和七)年一〇月一二日付高橋是清書簡は、当時斎藤実内閣の蔵相であった高橋からの四條隆英に対する面会の依頼である。

〔10〕(昭和二)年六月六日付中橋徳五郎書簡は、当時田中義一内閣の商工大臣であった中橋徳五郎からの、四條隆英が審議の様子(何の審議かは書かれていない)を報告してくれたことに対する礼状である。

■四條隆英関係書類

隆英関係の書類は農商務省、商工省時代のものが大部分を占める。書類には各種委員・役員就任の通知のほか、隆英宛寄贈品受領の許可、大正天皇の葬儀関係なども ある。

「1　国産振興の真意義(四條次官講演要旨)」は、商工次官時代の講演の要旨である。年代不明ながら、同じく四条隆英の産業合理化に関する論考である「我が産業合理化の要諦」（時事新報社経済部編『日本産業の合理化』東洋経済新報社、一九二八年）と併せ、当時の商工省の産業政策を知る一端となるものである。

（1）成文社編刊『現代名家精彩』（一九一〇年）、大塚武松編『百官履歴』下巻（日本史籍協会、一九二八年）、大植四郎編『明治過去帳』新訂版（東京美術、一九七一年）、史談会編『史談会速記録』一四、二四（原書房復刻版、一九七二、七三年）、我部政男・広瀬順晧編『国立公文書館所蔵勅奏任官履歴原書』下巻（柏書房、一九九五年）、「正三位勲三等男爵四条隆平」（国立公文書館所蔵「叙勲裁可書」一九一一年、叙勲巻二・内国人二〈二A―一八―勲三四八〉）。

（2）東京大学史料編纂所所蔵「北征紀事」（請求記号4010．6―51）。四條隆平自身が、北陸道先鋒副総督任命の報に接したのは正月一一日であり、二月九日には北陸道鎮撫副総督兼鎮撫使拝命の報に接している。「北征紀事」は慶応四年正月一一日から同年（明治元）一一月一八日までの隆平の動向を記した史料である。以下、ことわらない限り、隆平の動向は「北征紀事」を参照。

（3）佐藤誠朗「新潟裁判所と越後府――四條家文書の紹介をかねて」（『見附市史研究』第二号、一九七七年三月）。

（4）越後における総督府と前線の「会議所」の関係については、滝沢繁「越後における民政局の成立と解体」（『新潟県史研究』第五号、一九七九年三月）などを参照。

（5）西園寺公望は、五月二二日に海路で越後入りした。西園寺は、三等陸軍将として北陸道における新政府軍の指揮を掌ることを命じられていた（前掲「北征紀事」五月二二日条）。

（6）前掲「北征紀事」五月二七日条。同内容は『復古記』第一二冊（東京大学出版会、一九七五年、九四頁）でも確認できる。
（7）岩松（新田）俊純は、慶応三年に新田勤王党を組織した人物で、戊辰戦争では上野国戸倉の会津軍追討を担当した（日本歴史学会編『明治維新人名辞典』〈吉川弘文館、一九八一年〉七四九頁）。
（8）明治一五年五月一〇日（『元老院日誌』三巻〈三一書房、一九八一年〉一二一四頁）。
（9）牧原憲夫、茂木陽一編（筑摩書房、一九八八年）九五三〜九五四頁。
（10）鹿児島県歴史資料センター黎明館編『鹿児島県史料　玉里島津家史料八』（鹿児島県、一九九九年）六〜九頁。
（11）三、覆刻版、日本史蹟協会編、東京大学出版会、二〇〇〇年。
（12）宮内庁、第三巻、二〇〇〇年、三二六〜三三〇頁。
（13）鹿児島県立歴史資料センター黎明館保管、玉里島津家史料二四五一「久光公ノ上書」。
（14）国立国会図書館憲政資料室所蔵「三条実美関係文書」書翰の部、三一一―三。
（15）前掲『鹿児島県史料』、一七七〜一七八頁。
（16）国立国会図書館憲政資料室所蔵「箕作阮甫・麟祥文書」一一七「合本銀行貯蔵銀行条例」。同史料は枢密院罫紙に書かれている。
（17）明治法制経済史研究所編、元老院会議筆記刊行会刊、一九六三〜一九九二年。国立公文書館所蔵史料の翻刻。
（18）柴田和夫「国立公文書館所蔵元老院関係資料について」（『北の丸――国立公文書館報』第六号、一九七六年）。
（19）元老院に関わる研究は膨大にありすべてをあげることができないが、稲田正次『明治憲法成立史』上・下（有斐閣、一九六〇・一九六二年）などの憲政史研究のほか、『元老院会議筆記』を利用した法制史関係の研究や元老院宛の建白書を使用した研究などがある。研究史については、大日方純夫・我部政男「解説」（『元老院日誌』四巻〈三一書房、一九八二年〉七三三～七六九頁）を参照のこと。
(20) 人事興信所編刊『人事興信録』第一〇版（一九三四年）、実業之世界社編輯局編『財界物故傑物伝』上巻（実業之世界社、一九三六年）、小汀利得『安田コンツェルン読本』（春秋社、一九三七年）、「安田保善社とその関係事業史」編修委員会編刊『安田保善社とその関係事業史』（一九七四年）、霞会館華族家系大成編輯委員会編『平成新修旧華族家系大成』上巻（霞会館、一九九六年）。

華族史料研究会 史料校訂者

阿部 幸子 あべ さちこ

荒川 将 あらかわ まさし
上越市立総合博物館学芸員

今津 敏晃 いまづ としあき
亜細亜大学法学部准教授

神谷 久覚 かみや ひさあき
公益財団法人三菱経済研究所史料館史料部研究員

久保 正明 くぼ まさあき
愛知県史編さん委員会（現代史部会）特別調査委員

清水 唯一朗 しみず ゆいちろう
慶應義塾大学総合政策学部准教授

清水 善仁 しみず よしひと
神奈川県立公文書館非常勤職員、駿河台大学非常勤講師

土田 宏成 つちだ ひろしげ
神田外語大学外国語学部准教授

内藤 一成 ないとう かずなり
宮内庁書陵部主任研究官

水野 京子 みずの きょうこ
独立行政法人国立公文書館公文書専門官

四《し》條《じょう》男爵《だんしゃく》家《け》関係文書《かんけいぶんしょ》

2013年 6 月10日発行

編　者　尚友倶楽部
　　　　華族史料研究会
発行者　山　脇　洋　亮
印　刷　藤原印刷㈱
製　本　協栄製本㈱

発行所　東京都千代田区飯田橋4-4-8
（〒 102-0072）東京中央ビル　㈱同成社
TEL 03-3239-1467　振替 00140-0-20618

ISBN978-4-88621-626-7 C3021